"十三五"普通高等教育金融系列规划教材

JINRONG YINGXIAOXUE SHIWU
YU ANLI FENXI

金融营销学实务与案例分析

主 编　徐　玫　杨佳妮

中国财经出版传媒集团

经济科学出版社
Economic Science Press

图书在版编目（CIP）数据

金融营销学实务与案例分析/徐玫，杨佳妮主编．—北京：
经济科学出版社，2021.1（2023.1 重印）
"十三五"普通高等教育金融系列规划教材
ISBN 978 - 7 - 5218 - 1963 - 2

Ⅰ. ①金⋯　Ⅱ. ①徐⋯②杨⋯　Ⅲ. ①金融市场 - 市场
营销学 - 高等学校 - 教材　Ⅳ. ①F830.9

中国版本图书馆 CIP 数据核字（2020）第 195586 号

责任编辑：刘　丽
责任校对：王苗苗
责任印制：范　艳

金融营销学实务与案例分析

主　编　徐　玫　杨佳妮

经济科学出版社出版、发行　新华书店经销

社址：北京市海淀区阜成路甲 28 号　邮编：100142

总编部电话：010 - 88191217　发行部电话：010 - 88191522

网址：www. esp. com. cn

电子邮箱：esp@ esp. com. cn

天猫网店：经济科学出版社旗舰店

网址：http://jjkxcbs. tmall. com

北京季蜂印刷有限公司印装

787 × 1092　16 开　13 印张　300000 字

2021 年 1 月第 1 版　2023 年 1 月第 2 次印刷

ISBN 978 - 7 - 5218 - 1963 - 2　定价：49.00 元

（图书出现印装问题，本社负责调换。电话：010 - 88191510）

（版权所有　侵权必究　打击盗版　举报热线：010 - 88191661

QQ：2242791300　营销中心电话：010 - 88191537

电子邮箱：dbts@ esp. com. cn）

前言
PREFACE

在金融业飞速发展的今天，现代金融业竞争日趋激烈。为了在竞争中保持和扩大市场份额，金融机构纷纷采用营销理念创新金融产品和金融服务。增强营销创意，培养营销环境，整合营销队伍，优化营销策略，运用营销理论引导金融企业的有序竞争，已成为金融机构的共识。但目前，我国金融机构对市场营销的认识仍然停留在较低的层次，并没有真正从市场的角度来研究金融产品的市场营销，对金融营销缺乏系统的理论认识和可操作的基本技巧。

本书围绕金融营销的主要实战模块进行整体构思和设计，运用大量专业理论、实战性案例和操作性图表，从市场视角分析金融营销。本书共分9章，主要包括营销导论，金融营销调研，金融营销环境分析，金融营销中的客户行为，金融市场细分与定位，金融产品与营销策略，金融营销计划、战略与顾客满意度，金融营销与风险管理，互联网金融与营销创新，每章包括基础理论、精选案例和实训模块三部分，非常契合高校创新实践教育的要求。书中所举的案例贴近金融工作实际，既有借鉴指导意义，又可拓宽学生的知识面，拓展课程资源，培养学生的学习实践能力。本书内容新颖，体现理论性与实践性的统一，适合高等院校金融学和财经类、管理类专业作为教材，也可供金融从业人员以及社会读者使用。

本书由重庆工商大学金融学院徐玫和杨佳妮担任主编，负责总体框架设计，编撰全书大纲、设计章节要点。各章节编写分工如下：第1章，刘蓉（重庆工商大学）、裴欣（重庆工商大学）；第2章，田杰（重庆工商大学）、刘方港（重庆工商大学）；第3章，徐玫（重庆工商大学）、黄浩然（重庆工商大学）；第4章，刘蓉、裴欣、张力丹（山西财经大学）；第5章，杨佳妮（重庆工商大学）、唐德红（重庆工商大学）；第6章，盛田（重庆工商大学）、陆勇（重庆银行）、陈维（中国农业发展银行）；第7章，杨佳妮、唐德红；第8章王韧（重庆工商大学）、张奇佳（重庆工商大学）；第9章，

1

徐玫、黄浩然。全书由徐玫、杨佳妮、刘蓉共同审阅、修改、总纂和定稿。校对工作由唐德红、盛田、席照兴（重庆工商大学）、邓新安（重庆工商大学）负责完成。

在本书的写作过程中，我们参阅了大量的国内外相关文献，收集了众多金融营销案例。在此，我们对相关专家、学者、银行及相关机构表示衷心的感谢。

由于编者的水平和时间有限，本书难免会有疏漏之处，敬请各位专家和读者提出宝贵意见。

编　者

2020 年 8 月

目录

第1章 营销导论

金融营销是经济与金融发展到一定阶段后企业营销理念在金融领域的运用。金融业独特的服务方式决定了金融营销不能生搬硬套工商企业那一套，而应根据行业特点，创新出适合自己特色的营销理论。作为第三产业的金融服务业，其营销实质就是服务。金融企业只有建立"大服务"观念，强化"大服务"意识，积极改进和创新服务品种、服务手段和服务设施，才能向社会提供高质量、高效率、高层次的金融服务，赢得竞争优势。当前随着金融市场的不断完善与金融体系的不断发展，金融营销的内容也日益丰富，在激烈的现代金融竞争中，金融营销正发挥着巨大的作用。

1.1 金融营销的兴起

1.1.1 西方国家金融营销的发展历程

市场营销，最早是一般工商企业尤其是生产消费品的制造商在经营实践中逐步摸索创造和运用的。西方国家金融企业对市场营销的认识及实施，相比一般工商企业反而较晚。纵观西方国家金融企业营销工作的历史进程，大致经历了以下五个阶段。

第一阶段（1958 年以前）：萌芽阶段。在此之前，人们普遍认为市场营销与金融业无关。在人们的印象中，金融业与客户之间向来用不着进行营销活动，因为在大多数人头脑中，总认为该去银行的时候准得去。直到 1958 年在全美银行业联合会议上，才第一次提到市场营销在银行的运用。美国有些金融企业开始借鉴工商企业的做法，在个别竞争较为激烈的业务上采用广告和促销手段。随后，许多竞争对手也被迫效仿采用同样的措施，这标志着金融业市场营销观念的诞生。

第二阶段（20 世纪 60 年代）：发展阶段。这一阶段，金融企业发现靠广告、促销带来的优势很快为竞争者的效仿所抵消，开始注意提升服务水平。许多金融企业开始对职员进行培训，推行"微笑"服务，移走出纳员窗口前的栏杆，以营造一种温暖、友好的环境。首批实施上述措施的金融企业在吸引客户方面捷足先登，但很快便被竞争者察觉，于是金融界又兴起了友好服务培训和装饰改进的热潮，这段时期整个金融业的服务水平确实提高了一个层次。

第三阶段（20世纪70年代）：创新阶段。自20世纪70年代中期以后，整个西方的金融业发生了一场称为"金融革命"的大变革，它推动了金融市场营销的迅速发展。许多金融企业开始意识到它们所经营的业务本质上是满足客户不断发展的金融方面的需求，于是不断地从创新的角度考虑向顾客提供新的、有价值的服务。为了获得差别优势，回避风险，寻求利润，他们开始在金融工具、金融市场以及金融服务项目等方面进行创新，力图通过金融创新，扩展自己金融产品线的长度和宽度，以满足更多客户更深层次的金融服务要求。

第四阶段（20世纪80年代）：市场定位阶段。随着金融企业都注重广告、微笑服务和金融产品创新，那么他们逐渐都成为同一个层次水平上的竞争者。于是，金融企业被迫探索如何发展自己的特殊优势。他们发现没有一家银行能成为所有顾客心目中的最佳银行，能向顾客提供所需要的全部金融服务；也没有一个投资基金公司能适合所有类型的投资者，满足所有不同投资者的需求。因此，每家金融企业应该有所选择，在本行业中寻找到自己的位置，把自己同其他竞争企业区别开来。在这段时期，许多金融企业纷纷各自选择确定自己的形象和服务重点。如有的把自己定位为商人银行，业务上偏重于保守的投资银行业务，强调自己精通各种金融技术，而客户对象主要为大公司；有的则把自己的服务对象限于中小企业；有的则强调规模形象，注意国际金融业务等。定位的目标在于帮助顾客了解相互竞争的各个金融企业之间的差异，这样便于客户挑选对他们最适宜的、能为其提供最大满足需求的金融企业。

第五阶段（20世纪90年代）：现代营销阶段。在西方发达国家金融营销发展的今天，已进入一段"营销分析、计划、控制"的时期，金融企业在注意广告、促销、友好服务、创新和定位之后，认识到要使自己的经营业务保持优势地位，获得持久的良好业绩，必须加强对金融营销环境的调研和分析，制定本企业的战略目标和经营策略，制订长期和短期的营销计划，也就是通过分析、计划、实施和控制，以谋求创立和保持金融企业与目标客户之间互利的交换，达到本企业的目标。

20世纪90年代以来，西方金融环境发生了巨大的变化，西方金融业特别是银行业处于新的转型期，十年前占主导地位的银行面临着巨大的竞争压力，其传统优势地位面临挑战，由于信息纰漏制度推广，对金融管制的放松以及科技的迅猛发展，使得银行业门槛降低。同时，金融全球化的步伐加快，许多国家开放金融市场，金融营销转向整个国际市场，银行、证券、保险和房地产企业之间允许业务交叉、相互兼并，西方银行出现业务综合化趋势。

目前，西方国家金融营销出现了一些新的特点：金融营销研究的重点开始由银行转向其他金融机构，金融营销研究的核心由战略转向关系，国际营销和网络营销成为新的研究热点；营销创新（包括产品创新、组织结构创新和方法创新）出现新的高潮；金融企业更加强调面对面的服务；由于白领阶层和新生代收入的增加，开始重新重视零售银行业务。为了适应现如今金融市场复杂又快速变化的节奏，金融营销会更加注重善变营销和快速营销，充分了解到客户不断变化的需求和对个性化、差异化服务的需要，捕捉到市场的新机会，及时推出新产品，才能够掌握营销的主动权。

1.1.2　金融营销在我国的兴起和发展

1978 年改革开放以前，金融业为国家垄断行业，金融机构的自主性很低，金融机构更多作为政府财政政策的执行者而存在，几乎没有什么金融营销的空间。

1979—1992 年，由于经济体制改革，金融业迅速复苏和发展，形成了一个以专业银行为主体、中央银行为核心、各种银行和非银行金融机构并存的现代金融体系。

1992 年中国共产党第十四次全国代表大会提出建立社会主义市场经济体制的目标为金融业的发展提供了更好的局面，金融营销从此快速发展，金融业尤其是银行业竞争日趋激烈，国内银行市场被国有四大银行垄断的格局被打破。

2001 年加入世界贸易组织（World Trade Organization，WTO）之后，外资银行和券商纷纷进入国内金融市场，由于外资金融机构有先进的国际金融交易经验、先进的管理模式、优质的服务等优势，使得金融营销大战愈发激烈。

2013 年以来，互联网金融在中国取得了蓬勃发展，在互联网金融的推动下，传统的金融组织要能适应网上营销环境的变化，不断提供相适应的虚拟金融产品。另外以网上银行和第三方支付平台为代表的新的金融组织正在通过新的营销技术、营销模式不断地推动金融营销创新。2019 年，"拥抱线上"成为各个金融子行业的主要命题之一，尤其在数字化营销领域，腾讯广告数据显示：银行、保险、证券正逐步进入广告投放主力阵营，在金融行业整体消耗中的占比都有较大提升。

1.2　金融营销学的内涵

1.2.1　相关概念释义

1. 金融营销

金融营销出现在工商企业市场营销之后，是市场营销在金融领域的新的发展。基本的市场营销活动通常由市场调查、产品开发、信息沟通、定价分销和售后服务等组成，贯穿于基本营销活动之中的是以顾客的需要和欲望为导向的经营哲学，它要求企业必须以顾客为中心，以满足顾客的需要和欲望为己任，以整体营销为手段来获得顾客对其产品和服务的认同、接纳和消费，通过优质服务赢得顾客的满意，从而实现企业的长远利益。

在市场经济体系中，金融机构专门为客户提供金融性服务以满足客户对金融产品消费的需要，它的营销既与生产消费品、工业品等企业的营销有着相似之处，同时又有其自身的特点和规律。金融营销的目的是借助精心设计的金融工具以及相关金融服务，促销某种金融运作理念并获取一定的收益。为了实现营销目的，金融机构在其经营过程中所采取的营销行为可以是多种多样的，一般可以概括为以下 4 个方面：①产品，主要是开发和提供市场所需要的各种金融产品；②价格，包括价格设定与调整；③渠道，包括营销路径设计、网点设置和中间商选择；④促销，包括形象定位、广告宣传、公共关系等。

可见，金融营销的核心是客户、产品、价格、渠道和促销等，金融营销的主要任务和目标是将客户的社会需要转化为赢利的机会，即以适当的产品价格、适当的促销方式、通过适当的路径和网点，适时地把适当的产品和服务提供给适当的客户，并在适度满足顾客需要的同时，使企业自身获得盈利和发展。

因此，金融营销是指金融企业以市场需求为核心，通过采取整体营销行为，以金融产品和服务来满足客户的消费需要和欲望，从而为实现金融企业利益目标所进行的经营管理活动。随着互联网金融的发展，金融营销开始了互联网化。金融机构通过非直接物理接触的电子方式，营造网上经营环境，创造并交换客户所需要的金融产品，构建、维护以及发展各个方面关系，从而获取利益。互联网金融营销，包括传统金融产品与服务的网络营销及互联网金融产品与服务的市场营销两个层面的内容，而互联网金融产品与服务的市场营销又包括线上营销和线下营销两个方面。

2. 金融营销学

金融营销学是在经济学、管理学、行为科学、金融学及营销学等学科基础上建立起来的一门交叉应用型管理学科。主要研究金融机构满足消费者需求而推出的金融营销活动及其规律，包括：研究金融机构如何通过对金融市场的调查，了解市场对金融产品、服务的需求及竞争者的动向；如何通过战略、策略的制定和实施，向市场提供能比竞争对手更好地满足其需求的产品和服务；建立多方关系、实现多方目的的活动过程及其规律。

1.2.2 金融营销的主体

金融营销的主体，即承担金融营销的机构，主要包括以下几种。

1. 银行

银行是传统的金融机构，在金融机构中一直处于主流地位。银行主要为消费者提供以下五项金融服务：①现金存取服务，以满足顾客对现金的保存和使用需求；②资产安全性服务，即通过保险箱和安全的货币存款保障消费者资产的安全性；③货币转移服务，比如向顾客提供信用卡等付款方式；④延期支付服务，也就是通过贷款的方式使消费者能实现先消费后付款；⑤金融咨询服务，包括提供投资、税收、租赁、兼并、收购、遗嘱等方面的咨询和建议。

2. 保险公司

保险是一种准公共性质的服务，保险公司通过向投保人收取保险费，建立保险基金，对其中因特定风险而遭遇不测的被保险人提供经济补偿或保险金给付。主要包括财产保险、人寿保险和再保险三大类。

保险作为一种非渴求商品，其营销受到广泛的重视。保险业务的开展，可以通过销售代表、邮购、自有机构、辅助渠道等直销方式来实现，也可以通过保险经纪人、专业机构、临时机构等非直销方式来进行。

3. 证券公司

证券公司主要承担有价证券的发行和流通。其中，一级市场为证券发行市场，承担着有价证券由发行者向投资者转移，以及资金由盈余者向短缺者转移的职能；二级市场为证券交易市场，承担着已发行的证券在投资者之间流通的职能。

4. 房屋互助协会

房屋互助协会主要是为购买住房的个体消费者提供贷款业务，也从事其他金融产品和服务的金融机构。英国、美国、德国、加拿大等欧美国家一般都设有房屋互助协会或类似的金融机构。

5. 信托基金公司

信托基金公司主要从众多投资者那里募集资金，然后将筹集到的资金集中投资到证券业务上。投资决策由全职的专业基金管理人员负责，他们代表着投资者的利益。

6. 金融公司

金融公司主要从事金融租赁和其他分期付款信用交易。如汽车、工业建筑设备及其他商品的分期付款信用等。金融公司按照政府有关贷款方面的政策办事，遵守有关特定商品的最少保证金和最长偿付期限的限制条款。

1.2.3　金融营销的特征

与其他商品生产企业不同，金融企业具有自身独特的产品和服务提供方式。由于金融业属于服务性行业，是专门为满足人们的各种金融服务需求而设立的，因而金融企业所经营的产品，既不同于一般的消费品和工业品，也不同于其他服务行业所提供的服务，它既可以通过某种金融工具提供相应的服务，诸如存单、债券等，也可以仅提供无形的金融服务，例如证券经纪、金融咨询等。因此，金融营销具有以下几个基本特征。

（1）无形性。金融服务多是无形的，金融客户在获取金融企业所提供的服务之前，对其服务是难以用视觉、触觉、听觉、味觉和嗅觉感知的。例如，金融企业经常向客户提供某种投资建议，某种财务安排方案或灌输某种理财观念，这些服务一般难以通过形象、直观、逼真的方式向客户展示，而只能运用抽象的数字、计算、分析和推测以表明其益处和功能来招揽客户。由于金融营销的无形性，金融企业的营销方式和渠道安排一般与消费品及工业品有着很大的不同，因而尽量多设营销网点或者上门推销便成为金融企业主要的营销方式。尽管如此，金融客户仍然可以从地点、人员、设备、标识、符号、宣传材料等要素来了解和判别一个金融企业的营销质量。所以，金融企业要想将营销的无形性转变为有形性，就应当不断地提供各种有说服力的证据，以使金融营销有形化。

（2）非歧视性。除金融需求差异外，金融客户的其他各种判别对于金融营销并没有特殊的要求。所以，金融营销可以一视同仁地提供给各类金融客户，而不会因为客户的种族、肤色、性别、长幼或宗教信仰等不同而有所不同，这使得金融企业可以面向社会大众提供广泛的无差异性服务。

（3）不可分性。金融产品与服务的供应和消费是同时进行且难以截然分开的。由于金融产品与服务不能储存，因而必须在一定时间或场合下消费，并且会随着需求和供给状况的不同而发生变化。例如，对于需求者，错过一定的时间就可能不再需要；而对于供给者，错过一定的时间和场合就可能无法提供。因此，金融产品与服务提供的时间和场所是金融营销人员以及客户所共同关心的。当然，广泛应用的信用卡则突破了这一约束，由于信用卡的提供与服务的分配出现了分离，因而使得金融客户也有了更多的消费选择。

（4）易模仿性。经营相同业务的不同金融企业，尽管可以有不同的金融服务方式和程序，但由于内容大同小异，因而很难形成自身的特色。由于金融业务无专利可言，新业务以及金融工具的开发，极易被其他金融企业所模仿，这就使得金融企业在广大客户心目中往往仅有规模和信用之别，而无业务实质之分。以前，我国四大国有银行的主营业务有一定的专业分工，例如，工商银行主要为工商企业以及城镇居民提供金融服务，中国银行主要经营国际金融业务，中国农业银行的业务范围主要集中于广大农村，中国建设银行则主要负责国家基建项目的投融资。然而改革开放后，金融业出现了"工行下乡、农行进城、中行上岸"的可喜变化，20世纪90年代更是提出了专业银行商业化的改革思路，打破了银行之间业务范围的界限，各银行都可经营不同的金融业务。这对于客户而言就有了较大的选择余地，对于银行而言，则对营销管理提出了更高的要求。因为较之其他企业，由于金融业务的易模仿性导致了产品的功能和特点不突出，所以就更需要通过营销管理树立金融企业的整体形象。可见，易模仿性的存在使得金融业的竞争更趋激烈，并在一定程度上决定了金融产品的趋同性，因而要求金融企业在向顾客推销金融产品过程中具有自身鲜明的特色以差异营销来吸引顾客，开拓市场；以优质服务来维系顾客，占领市场。金融企业必须注重提高从业人员素质，不断改进服务质量，并配以必要的形象宣传，以赢得更多客户的信赖。

（5）专业性。金融客户的需求往往在具有多样性的同时，更强调专业性。即要求金融营销人员具有广泛的专业知识，在营销服务过程中能够熟练处理各种问题，使客户满意，诸如解答客户的各种疑问，消除客户的种种顾虑，甚至充当客户的投资顾问，帮助客户分析、计算和谋划理财方案等。为了提高服务质量，增强竞争能力，金融企业需要大量雇佣各种专家型人才。从一定意义上说，金融企业的竞争就是金融人才的竞争。

（6）风险性。金融市场的风险无时不在，不论是对金融企业，还是对金融客户而言,防范和化解金融市场风险,保持收益与风险的均衡是金融企业独具特色的重要任务之一。对于主要由金融企业承担风险的业务,金融企业应加强风险控制,以确保自身经营的安全性;对于主要由金融客户承担风险的业务,金融企业也应加强营销服务,以使客户所承担的风险与其所获得的收益相对称。

1.3 金融营销的基本任务

根据现代市场营销观念,金融企业不仅应当高度重视市场营销,而且应当系统地设计并安排好企业的营销职能,明确金融营销的任务。

产品供应者和产品需求者是市场营销活动的重要两端,因为交换活动主要是在这两者之间进行。从产品交换过程来看,产品供应者以一定的产品和服务换取一定的经济收益,即供应者提供产品与服务,需求者提供货币进行交换,双方的需求可以在一次或者若干次交易中获得满足,双方一旦达成交易,营销活动似乎也告结束。但是,供应方所提供的产品与服务是否一定能够在市场上得以交换?营销活动是否始于交易也终于交易?对于这些问题的回答体现了现代营销观念与传统销售观念的根本差异。

现代营销观念认为,企业的营销活动在产品开发之前就已经开始,交易达成并不是营销活动的最终目的。这就使得营销活动从开展销售向前延伸到了生产过程、产前准备过程,甚至消费者的需求调查与分析等,同时,也从交易达成向后伸展到了对消费者的售后服务、用户信息反馈等。这样,市场营销就成为从研究消费者需求开始到以满足消费者需求为终结的一个循环往复的过程,这一循环过程被称为"营销循环"。这样,营销活动就不仅限于产品销售和交易达成,而且还包括市场信息搜集、消费者需求分析、产品开发设计、渠道选择、价格制定、宣传沟通、售后服务、信息反馈等各项活动。总之,消费者的需求既是营销管理的起始,也是营销管理的归宿。

从营销循环过程来看,市场营销的根本任务在于如何经济合理地满足消费者的需要。金融企业营销也不例外,金融营销也应当在发现市场、满足市场的同时,使金融企业获得赢利和发展。总体而言,金融营销管理的基本任务包括以下八个方面。

(1)金融信息管理。这是金融企业的一项基础工作。信息管理应为金融营销活动提供各种所需信息,包括客户信息、宏观经济信息、经济政策信息、法律信息、消费信息、产业发展信息、竞争者信息、国际金融市场信息、内部监管信息以及其他各种信息等。金融企业作为提供公众服务的组织,应重视信息的收集和管理,不断采用科学的手段,为营销工作提供快捷便利的服务。当今社会已步入信息时代,计算机管理、网络化服务已在各国的金融界得到广泛应用,这对于改进金融服务质量、提高金融营销效率发挥着极其重要的作用。我国金融企业也应适应时代的要求,加快金融信息管理现代化的步伐,不断提高企业的竞争能力。

(2)客户需求分析。金融企业要不断研究各类客户的金融服务需要及其动态变化情况,从中把握商机,寻求企业赢利和发展的机会。这就要求金融企业不仅要掌握老客户的需求，而且还要善于掌握大量潜在客户的金融需求。为了及时把握商机，金融企业必须随时了解不同客户群的收入状况、可支配资金的数量、闲置资金状况、消费特征、金融服务偏好、投资倾向、风险意识，分析其金融需求的动态变化情况。同时，也应关注同业竞争者的经营行为，了解其目标市场的定位信息。当然，了解和掌握客户的金融需求并非易事，必须有大量的金融专业人士从事专门研究。

（3）开发金融产品。金融企业应在客户分析的基础上，针对各个不同目标市场的客户需求特征，开发出相应的金融产品以满足其需要。金融企业的产品可以多种多样，有些产品是长期提供的，有些产品是后继开发的。金融企业既要不断提高服务质量、拓展老产品的使用深度，也要根据市场需求的变化，适时开发新产品、发现新市场、开拓新业务。

（4）制定营销方略。为了确保金融营销的成功，金融企业必须根据自身的业务许可范围、自身资源状况以及所处的经营环境，系统地制定营销方略，以达到扬长避短、趋利避害的目的。金融企业的营销方略具体包括目标定位战略、市场进入战略、形象战略、竞争战略以及产品组合策略、价格策略、渠道与分销策略、促销策略等，但对于不同类型的金融企业，则可以根据其业务的性质和特征，制定相应的营销方略，例如某些银行通常采取存款导向战略、大企业服务战略、批发业务战略等。

（5）提高服务质量。金融企业都是服务性机构，即使是某些有形的金融产品，也必须以大量的服务作为保证，因此，不断提高服务质量是金融营销的重要任务，也是维护金融企业信誉的基本方式。由于金融服务大多具有无差异性，因而在决定客户对某家金融企业的认可过程中，信誉往往发挥着主导作用。所以，金融企业要爱护自身的信誉和形象，树立"信誉至上""信誉就是市场""信誉就是企业生命"的观念。

（6）防范金融风险。金融市场的不确定性使得金融企业所经营的任何产品都存在不同程度的风险，因此金融企业应将风险防范作为营销管理的一项重要任务。不仅要将自身的经营风险控制在最低限度，以确保经营的安全性，同时也要使客户所承担的风险与其所获得的收益相对称，降低客户不应有的损失。这就要求企业在金融产品的开发环节中明确产品可能存在的风险，合理地安排收益与风险的匹配关系，制定必要的风险防范预案，并在营销过程的各个环节加强风险管理。同时，金融企业要加强对金融市场的风险预测，科学评估投资风险，扩展业务时必须量力而行，遵循金融市场的运行规律，防止因膨胀过快而形成资产泡沫，导致企业倒闭。对于开办离岸业务、从事跨国经营的金融企业，还必须密切防范汇率风险以及境外投资风险。

（7）提高经营效益。金融企业在向金融客户提供服务的过程中，还必须注重自身的赢利与发展，正确处理好社会效益与经济效益的关系。具体而言，应该做到：①充分发挥自身的资源优势，提高资源利用效率，减少浪费；②合理设计产品的价格体系，确保适度的价格梯度；③注意降低营销成本，对于长期提供的一贯产品可以实行目标成本管理，增加收益；④正确处理价量关系，以确保企业在保本点以上经营；⑤科学安排短期亏损和长期赢利的业务组合，提升企业的整体经济效益；⑥依法建立呆坏账准备金，及时化解风险隐患。

(8) 确保社会稳定。金融业是高风险性的特殊行业，其对国民经济影响的广度和深度是其他行业所无法比拟的，因而也是市场准入条件较高的行业。通常在市场经济国家中，金融业都扮演着极为重要的角色，发挥着特殊的作用，尤其表现在执行国家金融政策，发挥宏观调控作用方面。由于金融业影响面广、风险性强，因而各国政府对金融业的监管普遍十分重视。所以，金融企业在营销过程中必须认真执行国家的法律法规，接受金融监管机构的监督管理，同时还应加强与金融同业协会的合作，开展健康有序的市场竞争，本着对社会负责、对国家负责、对股东负责、对企业发展负责的精神，尊重金融市场的运行规律，共同维护社会经济的繁荣和稳定。

精选案例

案例1-1 数据预测分析——金融营销的未来

数十年来，数据分析一直是零售银行营销的核心。但尽管数据在不断增加，可是能有效利用这些数据，提高客户个性化体验，并进一步实现盈利的能力仍然难以提升。

简单来说，银行需要转变对于数据的使用方式，从过去的利用数据总结内部经验，转变为使用数据来解构客户需求。这种先进的预测分析方法可以重振与客户的关系，增加客户满意度，并提高银行盈利能力和提供新的有效竞争力。

一、大数据发现营销趋势

其实大多数银行已经意识到他们拥有庞大的数据库，但却很少有人知道有哪些数据是重要的，又有哪些数据是可利用的。随着数据来源渠道的增加，银行越来越难以了解哪些渠道提供的数据源是最有效的。正如艾特集团表示："银行必须弄清楚如何更好地融入数字世界，并找到独特的与客户沟通的方式，才能让客户根据自身需求参与互动。"

对于金融营销而言，其必须考虑的市场趋势包括：目标客户的收入；消费者行为和期望的演变；继续注重提高业务效率；通过数字参与进行竞争差异化的必要性等。而这种趋势，可以利用大数据加以分析并充分了解。

在客户与银行通过多种渠道进行互动之前，客户数据的激增，可以提供给银行和金融机构产生关键的数据，以此应对新的市场趋势和理解消费者行为。这可以帮助银行和其他非银金融机构创建更好的产品和提供个性化的体验，从而增加收入和降低成本。预测性数据分析的结果将优化非银行金融机构和银行业推出产品的能力。

在以前即使银行渴望使用大数据，但因为大多数银行的能力和预算都有限，这导致了数据来源和数据分析的不确定性。现如今，由于分析工具的功能已经得到改进，这些分析工具和大数据存储的成本大幅下降，许多障碍已经消失。银行可以利用大数据作出更为准确和前瞻性的分析，从而更好地识别客户，做精准营销。

二、将数据转化为洞察力

如何将理性的数据运用到感性的营销中去？根据艾特集团的报告，首先，银行需要确定需要哪些数据来回答哪些具体问题；其次，他们要确定需要什么类型的分析来解决这个问题；然后，他们需要通过实施某种营销模式来确定哪个消费者需要什么特定的产品或服务；最后，银行必须学习如何使用这些营销模式。换言之，即选择正确的数据，分析过程、营销模式和渠道，向具有明确需求的受众及时、准确地提供营销服务。

（一）准确的数据源

就像房子需要一个良好的地基，准确的分析需要以最准确的大数据作为基础。在人工智能时代，许多传统的数据来源变得并不那么重要，而新的数据来源则越来越引人注目。

艾特集团确定的金融服务营销人员需要的部分数据包括以下来源。

渠道偏好：作为数据分析的一个相对次要的组成部分，客户消费的渠道可能是提供个性化体验的最重要的数据点之一。

社交媒体：超过 2/3 的客户使用社交媒体，这是一个可以提供很多信息的数据来源。

移动数据：随着用户使用移动设备的时间不断增加。了解消费者如何使用手机程序及在使用应用程序中的偏好，可以以此渠道分析并提供正确的解决方案。

消费者评价和评论：现在的客户在使用什么应用和服务？他们喜欢这个应用程序什么？这些数据有助于分析客户的使用习惯与喜好，以此和客户产生共鸣。

付款方式：要了解客户习惯的付款方式，并思考这些付款方式可以提供哪些有价值的数据来帮助分析客户。

个人理财方式：了解消费者的财务状况是预测分析极为重要的一个部分。

地理定位：在使用先进的移动设备之前，基于客户的位置来提供解决方案的概念，仅仅是银行从业人员的一个梦想。但在科技发展的今天，基于位置为客户提供解决方案是金融市场营销人员最有力的工具之一。

天气和其他外部因素：在地理定位的数据点上应用天气和其他外部因素的分析，为金融市场营销人员提供了一层可预测性。当然，如果客户选择在线上进行互动，那么天气就不是一个问题。但是其他外部因素，如新闻事件、监管变更等都可能阻碍其与客户交流互动。

（二）从传统数据分析变为预测性分析

报告表示，基于传统数据的分析为我们提供了有关过去已经发生的事情的信息，从而进一步说明营销人员该做些什么。而预测分析主要用于具有风险的金融业，金融市场营销人员已经开始考虑将预测性分析应用在营销中，以此来为客户提供个性化的服务和消费体验。

随着传统分析逐渐向预测分析转变，银行也可以利用新技术向客户提供营销信息。除了直接发电子邮件，还可以利用新兴科技（如 Chatbot 之类的人工智能）来跟客户互动。

预测分析工具和先进的数字交付选项结合在一起，可以引导客户在合适的时机选择最佳的财务解决方案，有时甚至在客户意识到他们有需求之前。这种可预测性的解决方案将改善与客户之间的关系并增强客户黏性，使金融机构能够提供市场竞争所需的差异化金融服务。这种先进的数据分析，曾经只面向大型金融机构，但现在，它可以为各个规模的机构提供服务。

资料来源：数据预测分析——金融营销的未来［J/OL］. 零售银行，2013（3）：130 -131. （2018 - 04 - 12）［2020 - 04 - 20］. https：//xw. qq. com/cmsid/20180412B1JC9J00。

案例 1 - 2 花旗银行的国际营销战略

一、市场进入策略

考虑到本国金融体系的安全，世界上很多国家都对外国金融机构进入本国或地区金融市场的程度、进入渠道、经营活动进行了或多或少的限制，限制程度依各国经济发展水平、金融业的发展水平和金融监管水平而异。花旗银行的海外发展也同样遇到了这一问题。但是，花旗银行似乎从未放弃过在每一地区进行业务扩张的努力，其主要策略之一就是市场抢先，即一旦有机会就会抢在其他竞争者之前首先进入该市场，并迅速进行业务扩张。例如，在韩国、马来西亚、越南等国花旗银行都是抢先进入者。通过积极分设经营机构、不断扩展业务领域等手段，不仅能够迅速占领市场、扩大企业影响，同时还能对后进入的竞争者设置进入障碍，从而确保竞争优势。在进入一国市场后，花旗银行通常会在这一市场坚持深耕开发，而不轻易撤出，即使所在国家出现了经济衰退甚至是经济危机也是如此。例如 20 世纪末在发生金融危机的印度尼西亚，当许多外资银行纷纷撤离的时候，花旗银行却反其道而行之，追加投资开设新的分支机构，结果自身不但未受损失，并且业务量和利润都有了大幅提高，同时还赢得了当地政府和民众的信任。

二、STP 策略

市场细分、目标市场、市场定位（Segmenting Targeting Positioning，STP）策略是市场营销学中的一个重要策略。

花旗银行在进行跨国经营时，通过对客户市场进行细分，选择自己的目标市场，然后实施有效的市场定位，针对不同层次的客户，提供适合其需求的金融产品和服务。在进行市场细分时，花旗银行采用了地理区位、收入等多种细分变量相结合的细分方法。考虑到各国经济发展水平存在很大的差异，花旗银行为各国提供的金融产品和服务的种类也不相同。如对越南等不发达市场，主要业务方向是为美国跨国公司和当地企业提供现金管理、短期融资和外汇交易服务；对印度等国家，除了提供越南的业务外，还提供银团贷款、项目融资以及债券和零售业务；而在经济发展迅速的国家如马来西亚、新加坡，则提供更为复杂的证券业务、金融衍生品等服务；至于像日本这样处于成熟阶段的国家，花旗银行提供的服务就更全面了，金融、信托、证券、租赁、期货几乎无所不有。另外，花旗银行以收入水平、消费习惯为细分变量对各国消费者进行了细分，为不同的消费者提供各种不同的服务组合。同时，还积极发展多品种交易客户，不仅为其提供存贷款、信用卡、消费贷款服务，还提供投资信托、年金以及保险类金融商品的综合服务。在进行市场细分后，花旗银行选择了自己的目标市场。由于花旗银行企业文化的精髓就是提高服务质量和以客户为中心，因此，它把具有较高收入的消费群体和较好盈利水平及潜力的企业作为自己的目标顾客。比如在日本，花旗银行对自身的零售业务目标市场进行了以下规定：35 岁以上、年收入在 700 万日元以上的中高收入人群；再比如，花旗银行将自己在中国的企业客户界定为在华外商投资企业、大型国有企业特别是上市企业、有大量进出口业务的中资企业以及合资企业的中方母公司，优质民营企业也是其潜在目标客户。在确定自己的目标市场后，花旗银行采取各种措施确立和巩固自己的市场定位，在世界各地的分行建立了统一的蓝天北极星的企业品牌形象，并把它与广泛的全球业务网络、卓守信誉的敬业态度和开拓创新的企业精神有机地结合在一起，从而给客户留下了深刻的印象。

三、6P 策略

1960 年，麦卡锡提出 4P 理论，即以产品、定价、渠道和促销为手段组合的营销理论，奠定了现代营销学的基石。菲利浦·科特勒则在 4P 理论的基础上于 1984 年提出了 6P 学说，即在 4P 的基础上加上权力与公共关系。6P 理论强调企业不应单纯顺从和适应环境，而是要能够影响自己所处的营销环境。6P 策略的成功运用是花旗银行跨国经营成功的重要原因之一。

（一）产品和服务策略

花旗银行重视金融产品的创新和开发，并且积极向世界各地推广。20 世纪 80 年代末花旗银行首先在我国台湾地区引入消费者信用业务，包括汽车贷款和住房贷款；在印度，花旗银行首先引进交易银行业务，为印度前 500 家大企业提供了现金管理服务。此外，花旗银行还注重根据当地客户需要和实际情况进行产品创新。例如在日本，花旗银行开设了多重货币账户，以及一揽子货币产品和网上汇款业务等；在韩国，花旗银行还引入了记账卡服务；另外，在各国都设有以英语和东道国语言操作的 ATM 机。再如，当我国台湾地区宣布放宽两岸贸易结算业务后，花旗银行台北分行和大陆分行很快就推出了直开台湾信用证业务，大大方便了海峡两岸的经贸往来。花旗银行服务策略的一大特色是其标准化的服务，这突出体现在它的样板分行上，目的是使世界上任何国家的客户都能享受到同样的服务。

（二）价格策略

花旗银行的价格策略具有鲜明的特色。比如在中国，花旗银行规定，花旗智富管理账户（Citi Priority）管理费 100 元（或等值外币）/每月（若综合账户总额日平均余额不低于 150 000 元或等值外币，则免费）。要成为花旗财富管理账户（Citigold），享受理财服务，则账户管理费为 200 元（或等值外币）/每月（若综合账户总额日平均余额不低于 1 000 000 元或等值外币，则免费）。

（三）渠道策略

花旗银行采取参股或收购方式拓展营销渠道。花旗银行在全球 6 大洲 150 多个国家和地区都设有分支机构，在中国已有 12 家分行。然而，为扩大在中国的影响，它仍在积极参股国内的中资银行。在中国香港，花旗银行也时刻物色收购机会，除了最希望收购的银行卡业务外，还频繁与一些财务公司接触，以便能成功收购私人贷款业务。通过参股或者收购，花旗银行成功打入了所在国的金融市场，同时也尽可能地节约了新建海外营业网点的成本，加快了花旗银行金融产品在全球的扩张。另外，花旗银行还最先尝试了某些产品的直接销售。如 20 世纪 70 年代花旗银行根据已了解的一些顾客信用的情况，首创了直接向日本顾客寄送信用卡的直销方式。花旗银行另一个获取客户的办法是战略性公司收购。例如，20 世纪 80 年代末花旗银行通过收购澳大利亚信用卡服务公司，从而一举获得了 40 万名新客户群。

（四）促销策略

花旗银行采用各种促销手段争夺客户。除了积极利用常用的广告媒体和各种宣传数据外，还注重市场调查和信息的搜集工作。例如在印度，花旗银行的工作人员通过查阅电话簿把信用卡发放给那些安装电话的人。因为只有富裕人士才能装得起电话；而在印度尼西亚，花旗银行的目标则是那些拥有卫星电视接收器的家庭。成功的营销策略使花旗银行的信用卡业务赢得了广泛的客户群。

（五）权力策略

花旗银行积极发展与东道国政府、组织和企业之间的关系，认为与权力机构建立良好的关系是使商业活动取得成功的根本保证。在印度，花旗银行投资 17 亿美元购买印度政府债券；在斯里兰卡，它与当地政府共同投资设立合资银行；在中国，它帮助多家企业在美国成功地实现上市交易，推动了中国证券业步入国际市场。

（六）公共关系策略

花旗银行大力提倡其海外分支机构为东道国和地区的社区服务与发展提供金融支持，以此来提升花旗银行参与当地地区事务的影响力，树立良好的公共形象。例如在印度，花旗银行通过向 5 个非营利组织提供资金援助，帮助了 83 万名妇女获得了小额信用贷款；在中国，花旗银行在复旦大学管理学院设立了花旗银行奖学金、奖教金，以资助和奖励该院全面发展的优秀学生和在教学科研上作出突出成绩的中青年教师。

资料来源：李斐，王宇露．花旗银行的国际营销战略及其对我国商业银行跨国经营的启示 [J]．新疆财经，2006（4）：64－67．

案例 1－3　泰康保险的精准营销

泰康在线大数据精准营销的应用包括：一是"泰健康"体系的应用；二是用户的行为挖掘；三是场景式营销。在此选择"泰健康"体系这一应用来进行分析，因为"泰健康"是泰康在线从 2015 年成立开始就已经着手筹备经营的重点项目，经过三年的发展，已经慢慢走向成熟。

一、案例背景

随着互联网和保险科技的发展，整个互联网保险行业都在积极探索用户需求，抢占市场。对于泰康在线来说，要走"互联网＋"的路线，就要结合自身的优势制定战略，有泰康人寿的支持，泰康在线将目标定位于"大健康＋互联网"。从用户角度来说，大多数用户对保险产品都不是很了解，即使他们想要购买保险产品也不知道怎么选、怎么买，要考虑哪些因素；现在很多白领为了工作经常熬夜，没有时间锻炼身体，身体一直处于亚健康状态，对于他们来说，更加关注的可能是如何预防重大疾病的发生。泰康在线洞察用户需求、借助互联网和大数据技术，对用户的个人信息和健康数据进行搜集，从而知道他们需要什么样的保险保障。

二、案例介绍

（一）"泰健康"体系概述

"泰健康"项目成立的主要目的是为了帮助用户预防各类疾病，降低患病风险。其参考的数据主要来源于理赔核保、健康测试、用户行为和体检数据、智能硬件数据等，基于这些数据，"泰健康"能够更好地为用户提供疾病预防方案和办法，建立完整的用户管理系统。如表1-1所示，"泰健康"体系主要由资料完整度、健康指数、健康保障、健康活跃度、人际健康度五个方面组成，通过对用户的这五个方面进行测评，能够得出用户的健康评分，从而为他们提供健康管理方案。资料完整度的数据搜集维度包括用户的性别、地址、邮件、联系方式、收入等；健康指数包括用户的体检数据、运动健康数据、饮食健康数据等；健康保障包括用户面临的各类风险，以及这些风险对应的保额、会员的等级等；健康活跃度包括用户的行为数据，例如，微信、APP、泰康在线官网、第三方行为数据等；人际健康度包括用户本人的家族关系、邀请别人购买保险产品以及邀请别人关注下载等。通过对这些维度的调查测评和分析，多维度获取用户数据，从而更清楚地对用户健康等级进行细分，并对细分后的结果有针对性地提供保险产品。

表1-1 "泰健康"体系构成

资料完整度	健康指数	健康保障	健康活跃度	人际健康度
・客户手机号 ・证件号码 ・性别 ・邮件 ・地址 ・收入	・体检数据 ・基因筛查数据 ・运动健康数据 ・饮食健康数据	・全面打通各系统、各类型的风险保额 ・泰康在线会员等级	・微信行为数据 ・APP行为数据 ・官网行为数据 ・第三方行为数据	・家族关系 ・邀请关注 ・邀请购买

"一键闪购"就是依托"泰健康"的大数据支持，整合各种数据形成风控模型，并结合保费定价变化，实现对不同级别客户的精准营销。用户之前看到过或浏览过的保险产品，泰康在线会在活动期间第一时间向其推送相关的保险产品和服务，由于之前已经在"泰健康"体系里填写过个人信息数据，所以如果客户想要一键投保，可以省去填写个人信息的烦琐程序，更加便捷迅速，也提升了用户对"泰健康"的体验好感度。

（二）"泰健康"体系下的保险产品

"泰健康"体系下的健康险产品主要分为长期重疾、重疾给付、住院医疗、特定疾病高端医疗以及定期寿险。下面以微互助和轻松e保为例介绍大数据精准营销的应用。

（1）微互助。微互助是一款癌症疾病类保险产品，根据巨大用户流量，向微信用户推出的首款社交类的保险产品。微信用户首先需要关注"泰康在线"的微信公众号，公众号内有"微互助"计划，用户只需支付1元就能够加入该计划，获得1 000元的保险保障。支付成功后会出现"求关爱"的界面，根据公众号里的提示将这个界面分享到朋友圈，邀请好友一起加入"微互助"计划，每邀请成功一位好友，并支付1元，保单的保险金额就会增加1 000元，一直达到10万元的上限。这样一来，每一位微信用户都能够以1元保费获得10万元的癌症风险的保险保障。

在微信平台推出微互助这一保险产品,主要是因为微信本身具有的巨大用户流量,另外微信的使用者大部分都趋于年轻化,而这些群体因为工作一直缺乏锻炼,身体处于亚健康状态,抵御疾病风险的能力下降。泰康在线根据微信用户的特点,向他们推出最适合的保险产品,在"泰健康"评分数据的支持下,只要微信用户浏览过微互助相关信息,就能够立即收到与微互助保险产品和服务的推荐,做到精准推荐和营销。

(2)轻松e保。轻松e保是泰康在线和轻松筹合作开发的保险产品,轻松筹作为第三方合作平台,拥有大量的用户关注,主要是为大病患者筹集医疗费用,通过轻松筹平台,广大用户对患者病情信息扩散并捐款,得到越来越多人的关注,积累了大量的用户流量。2018年,轻松筹在全球的用户注册量已经达到了5.5亿,流量巨大,泰康在线利用轻松筹的用户流量和平台特点,再结合自身的产品特点,双方共同合作,促进了互联网保险行业的发展。

轻松e保在借助轻松筹这一销售平台时,运用了场景式营销,人们在对大病患者捐款时能够真实感受到疾病带来的风险和经济压力,在这样的情况下进行重疾类保险产品的销售,往往更能够提高产品销售率。首先,对于患者家属来说,由于家属已经身患重病,所带来的经济压力他们都能够真切地感受到,所以对于家属来说知道大病风险,往往更能够接受重疾类产品的推荐。其次,就捐款者而言,有患病家属的朋友也有社会上的爱心人士,他们在看到患者的大病信息之后往往会联想到自己如果也患上此类疾病该怎么办。就大病救助这一场景式营销来说,轻松e保针对性更强。

轻松e保内部调研结果显示,最需要保险保障的人群应该是家庭收入比较高的人,这些人往往年龄为30多岁,并且有父母要赡养,有小孩要抚养,还要还房贷,这些人如果患上重大疾病,对一个家庭来说会面临巨大的经济压力,所以这些人需要的是重大疾病类的保险为他们提供保险保障。

根据这样的用户信息,轻松e保为他们提供了以下个性化的互联网保险产品。

①对搜集到的用户数据进行分析之后,了解用户消费习惯和保险需求,根据不同的人群制定不同的营销策略,为他们提供合适的保险产品和服务,做到精准营销。

②轻松e保销售的保险产品与保险公司的区别在于,轻松e保能够对保险条款以及保险产品通过图片的形式向用户作出说明,使得用户更加容易明白并接受,从而下定购买的决心。

③缴费方式也有所创新,推出了"月付""轻松e保卡"等缴费方式,轻松e保卡将保险保障拟化为防护徽章的形式,只要用户能够在规定时间内将所有徽章集齐,便能获得保险保障。轻松e保基于轻松筹这一大病救助平台,在所有轻松筹用户真实感受到重大疾病带来的经济压力的同时,意识到购买保险保障的重要性,此时向他们推出重疾类保险产品,这种场景式的营销方式让每一位轻松筹用户都更容易接受。具体来分析,"大病救助"模式一方面面向的人群是急需"救命"的患者;另一方面则是"微信生态"下庞大的用户群。通过用户自主构建的"大病救助"场景,每一个人都成为救助事件的参与者——有些是求助者或亲友患病的亲历者,有些是为了朋友而伸出援手的转

发者，有些则是被感动后捐款的善良人。由形形色色的人来诉说、来捐助、来留言，让所有接触到的人对于疾病带来的隐患有了更为直观的认知，唤醒了用户的健康保障意识，在这一场景下轻松 e 保让用户真切地体会到了健康险的必要性。

（三）精准营销方式

（1）个性化推荐引擎。泰康在线的推荐引擎对于用户来说为他们节省了浏览时间和精力，用户在泰康在线官网或者 APP 上搜索自己想要了解的险种，都能够马上找到。如果用户想要了解重疾险类的保险产品，只需在搜索栏内输入"重疾险"，下面就会出现各种保险产品，像 e 无忧－泰康少儿重疾保、泰康环球睿选健康管理计划、e 无忧泰康重疾保等。推荐引擎的应用仅适用于泰康在线官网和 APP，是依据用户的需求和产品的特点推出的精准化的搜索引擎。泰康在线的个性化推荐包括数据的搜集、分析、推荐的实现。数据的搜集来自各合作平台以及泰康在线自身的点击量，包括美团、淘宝、蚂蚁金服等第三方合作平台。数据分析包括数据清洗和建模，对于一些不真实不安全的数据，专业技术人员会对这些数据进行清洗处理，剔除不符合要求的数据。对数据的清洗完成之后要按照不同的标准对这些数据建模，泰康在线的数据建模主要是对用户画像进行建模，用户画像的建模数据来源于用户的行为和交易数据，行为数据包括浏览量、点击量、注册量、访问的内容和程度以及在网页浏览的时间。用户的交易数据包括用户购买保险产品的价格、续保情况、退保情况等。对用户的画像进行建模之后就能够实现个性化推荐，做到精准营销。

（2）电子邮件或短信营销。为了提高客户续保率，泰康在线对于已经购买保险产品或浏览过泰康在线相关网站的用户会不定期地发送一些建议或保险到期和注意事项，这些建议主要是通过短信、邮箱或广告推送的方式进行推荐。通过对用户之前的购买情况和浏览情况推荐一些相关的保险产品，有的用户会接受自己一直想买却没有购买的保险产品，通过这次的推荐可能就会有意向进行购买，提高了泰康在线的销售率。在没有对用户进行画像之前，所有用户接收到的信息内容几乎都是一样的，但是通过大数据分析描绘出了用户画像，就可以根据画像的标准向不同种类的人推荐不同的保险产品，从而做到精准化营销。

资料来源：姚慧兰.大数据在互联网保险中的精准营销研究——以泰康在线为例［D］.蚌埠：安徽财经大学，2019.

实 训 模 块

一、实训目的

了解金融营销对金融机构业务发展的作用，营销在金融机构发展过程中的重要地位。

二、实训内容及要求

（一）对金融营销成功或失败案例进行解读，了解金融营销的主要内容和作用。

（二）掌握目前我国金融营销存在的问题以及现代金融营销的发展趋势。

三、实训方式

通过网络查询、实地调研等方式，搜集金融营销成功或失败的相关案例，了解金融营销的发展历程、特点及其在金融机构发展过程中的作用。

四、实训结果

熟知金融营销的特点及其对金融机构发展的重要作用。

第2章 金融营销调研

市场情况瞬息万变，环境变化难以预测。激烈的竞争给金融企业进入市场带来困难的同时也创造出许多机会。金融企业通过市场营销调研，可以确定产品的潜在市场需求，了解顾客的意见、态度、消费倾向、购买行为等，据此进行市场细分、确定目标市场；分析市场的销售形势和竞争态势，进而发现市场机会，明确企业发展目标；评估服务绩效、做好客户关系的维护。

2.1 金融市场调研概述

2.1.1 金融市场调研的基本含义

1. 金融市场调研的概念

金融市场调研是指金融企业有目的、系统地收集与企业经营活动相关的信息资料，并运用科学方法对其进行分析研究以及得出有效结论的一种营销活动，即金融市场调研是运用科学方法，对金融产品和服务由金融企业转移到客户过程的全部经营活动的相关资料，进行系统地搜集、整理、分析和评估，为企业决策提供客观依据的一种活动，调研的目的是满足金融市场和客户的需要。

2. 金融市场调研的历史沿革

金融市场调研作为一项相对独立的企业经营活动，是近几十年才发展起来的。20世纪以前，西方金融企业的业务功能较少，其技术程度还不很复杂，金融企业通过业务活动来了解市场状况，基本可以满足其经营决策的需要，因而对于金融市场调整，并未予以应有的重视。直到20世纪60年代初，才有少数金融企业认识到市场调研对金融业务活动的重要作用。1973年，英国所有的大清算银行都成立了市场营销部，并且有目的地开展金融市场调研。此外，随着金融业发展竞争的加剧以及外部环境的变化，金融企业日益清楚地认识到开展市场调研的必要性，并着手对诸如客户的数量和构成、开立活期账户和定期账户的种类、影响客户选择银行的因素、企业形象的比较、金融产品和服务如何更好地吸引客户、申请贷款者的情况及其贷款用途等进行认真的调研分析。而其他金融企业，如保险公司、财务公司、证券公司、养老基金、信托公司、投资公司等各种非银行金融机构，也认识到开展市场调研的重要性。

3. 金融市场调研在我国的发展状况

在计划经济体制下，我国金融企业尤其是银行由国家集中统一管理控制，其业务范围界限分明，经营活动按照政府指令性计划进行，而客户的需求只能服从行政计划安排，因而忽视了金融市场调研。而近年来，随着改革开放的不断深入、社会主义市场经济体制的日益形成，以及金融企业的职能逐步转型，金融市场调研的作用迅速凸显。具体表现为：多种性质的商业银行已经建立，其分支机构也急速增加，同时各种非银行金融机构也纷纷成立并开展业务。此外，外资金融机构也开始参与竞争。在这种情况下，我国金融企业为了在市场竞争中求得生存和发展，就必须更加重视金融市场调研。

2.1.2　金融市场调研的任务

1. 了解目标市场

金融企业为在激烈竞争的市场环境中有效地拓展营销业务，可以把构成金融市场的不同客户按照地区、人口、心理、习惯等因素，划分为若干个不同的客户群体，并从中选择为之服务的目标市场。通过调研了解目标客户的需求状况，企业的市场占有率以及该目标市场中其他金融机构的数量、产品、服务和营销方略，从而取得充分的信息资料，助力企业为目标市场提供更优质的金融产品和服务，满足目标客户群体的需要。

2. 评估营销方案

为了明确金融营销部门所制定的营销方案是否符合市场实际，在方案实施之前，需对金融产品和服务以及营销方略等进行充分评估，并根据金融市场和企业自身的具体情况来判定营销方案的正误，以便调整、修改，并最终确定金融营销方案。这样既可以使企业及早发现问题，采取有效措施减少或避免风险，更好地满足客户的需求，又有利于改善企业自身的形象，提升其社会影响力。

3. 权衡营销结果

金融企业应根据市场调研所收集的数据资料以及售后反馈的信息，来分析客户需求的满足程度、偏好变化的趋势以及企业经营的优劣等，从而权衡营销方案的效果，以便认定现行营销方案是否可以继续实施或者加以修正。具体可从以下 3 个方面着手。

（1）调研内部各种账户，如新开账户、结清账户以及余额等的数量变化，以确定某项金融产品和服务的经营状况。

（2）调研外部因素对金融营销的影响，这些外部因素主要包括储蓄存款意识、广告渗透力、账户转移、金融机构选择、国家经济政策、金融法律法规等。

（3）定期调研企业的市场形象，开展市场细分研究。这样有利于准确地把握市场动态，寻求市场机会，以便保持和扩大市场份额，实现企业的营销目标。

2.1.3 金融市场调研的重要意义

在现代市场经济条件下，市场状况复杂多变，营销竞争异常激烈，金融企业要适应这种环境，制订正确的经营计划和营销方略，以优质的金融产品和服务满足客户需要及其变化趋势，金融市场调研对于企业营销管理的重要意义体现在以下 5 个方面。

1. 有利于掌握金融市场的动态

由于金融企业是在市场经济条件下从事经营活动，因而必须及时准确地了解市场状况及其变化趋势，例如金融企业应掌握金融产品和服务的供求、价格以及利率、汇率、股市行情的变动等。同时，金融企业的经营活动还要受到国内与国际市场的影响和制约，因此，国内与国际市场的动态，有关国家政策、法律、法规的制定和执行情况，以及人口、心理、购买习惯等因素也会对金融市场和金融企业的经营活动产生直接或间接的影响。只有通过上述各种因素的市场调研和综合分析，才能准确掌握市场动态，从而为金融企业制定经营方略和营销计划提供科学依据。

2. 有利于改进金融产品和服务的品质

随着人们生活水平的提高，广大客户对金融产品和服务在质量和品种上提出了更高的要求。为此，金融企业必须不断改善和创新产品和服务，以满足客户的需求。这就要求其系统地开展市场调研，了解和掌握客户对金融产品和服务的需求变化及其发展趋势，制订和实施正确的营销计划，为市场提供丰富多彩的金融产品和服务，从而使得企业在竞争中不断发展壮大。

3. 有利于制定市场目标和营销方略

金融企业要制定正确的经营目标和营销方略，主要依靠市场调研所提供的信息资料，才能使企业推出合适的金融产品和服务，并以合适的数量、品种和价格，在合适的时间和地点提供给合适的客户，以满足其需要，从而作出正确的营销决策。

4. 有利于促进金融产品和服务的销售

金融广告宣传是促进产品和服务销售的重要手段。广告宣传的作用在于引起广大客户对本企业产品和服务的注意和了解，诱发其购买欲望，提高其购买信心，促成其购买行为。达到上述目标的关键在于了解客户的需要、动机与态度。而只有通过市场调研，掌握上述情况，分析和预测其变化趋势，才能有针对性地开展广告宣传活动，达到促进销售的目的。

5. 有利于提高金融企业的经营绩效

金融企业经营管理的核心是以最小的耗费取得最大的绩效。金融企业应及时向市场提供适销对路的产品和服务以满足客户的需要，不断扩大销售，从而使企业经济效益不断提高。而只有通过市场调研，了解市场需求及其变化趋势，才能有针对性地制定或修正企业的营销决策，改善经营管理，向市场提供客户所需要的金融产品和服务，从而取得良好的经营绩效。

2.2　金融市场调研内容

2.2.1　金融市场调研的对象

金融市场调研对于改善金融企业的营销管理十分重要。而市场调研的对象十分广泛，对于直接或间接影响金融营销活动的各种信息均应列入调研范围，以便收集信息资料，开展全面分析。一般而言，金融市场调研的对象主要包括以下 4 个。

1. 营销环境

金融营销环境是客观存在的，为了使金融营销活动能够顺利开展，必须了解宏观环境中的各种相关因素，分析其对企业的影响，从而避免所制订的营销计划与实际环境发生偏离。营销环境具体由以下 3 个部分组成。

（1）法律政策环境。法律政策环境在很大程度上决定了金融企业的客户范围和业务领域。不同的国家以及同一国家不同地区间的法律政策也会不尽相同，而企业只能在严格遵守法律政策的基础上开展营销活动，并根据法律政策的变化及时调整其营销计划。

（2）宏观经济环境。金融营销活动在很多方面受到宏观经济环境的制约。在萧条期，企业普遍不景气，客户对金融业务（如贷款）的需求量就会大大下降；而进入繁荣期，贷款需求又会急剧上升。因此，宏观经济环境直接影响着金融市场的需求变化，企业应根据经济发展水平与市场特点采取不同的营销方略，制订相应的营销计划。

（3）社会文化环境。人们的社会风尚、生活传统、消费习惯、消费模式以及消费结构的差异会对金融营销活动产生较大影响。例如，在一个具有节俭习惯的社会中，金融营销应着重于储蓄产品的开发，以吸引更多的存款；而在一个消费倾向较强的地区，金融企业则应积极开拓消费信贷业务，以引导客户的消费。此外，文化因素在金融营销活动中亦不容忽视，企业只有根据人们文化知识、思维方式的特点有针对性地开展营销活动，才能实现其经营目标。

2. 客户需求

金融营销的出发点是满足客户需求，因此，企业在制订营销计划时应充分考虑客户的基本状况，以便更好地适应客户的要求，从而吸引更多的客户，占领更大的市场份额。对客户需求的调研主要包括以下内容。

（1）人口数量与构成。一般而言，人口数量决定着市场需求量，人口数量越多，对金融业务的需求量也就越大。同时，确定人口数量也要充分考虑流动人口的影响。此外，企业还要对人口构成进行分析。人口构成主要包括年龄构成、职业构成、性别构成、民族构成、收入构成等，而不同的人口构成会形成不同的市场需求。

（2）金融客户行为。金融客户的消费行为多种多样，由于受到需求动机、文化程度、宗教信仰、经济状况与生活方式等因素的影响，金融企业对其消费动机、购买方式、购买习惯等要进行全面分析，通过了解各种因素变化对其消费行为的影响，从而制订营销计划，以正确引导人们的购买活动。

3. 市场供求

市场供求是金融市场调研的一个重要组成部分，它主要包括以下内容。

（1）金融产品的市场供求情况，即供过于求还是供不应求或供求平衡。

（2）市场潜在需求量，即金融产品在市场上所能达到的最大需求量是多少。

（3）不同的细分市场对于某种金融产品的需求状况，以及各个细分市场的需求现状与潜在需求量。

（4）金融产品的市场占有率，哪些细分市场对于企业经营最有利。

（5）金融产品如何进行优化组合以满足不同客户的需要。

（6）其他金融企业的市场动态及其在竞争中的地位和作用，本企业如何扬长避短，从而在竞争中发挥自身优势。

（7）金融新产品投放市场的最佳时机。金融企业通过对市场供求状况的分析研究，从而制订出更优的金融营销计划。

4. 金融产品

金融产品调研主要涉及以下内容。

（1）金融产品的种类、数量及其覆盖范围和市场占有率。

（2）金融产品生命周期，该分析有助于金融企业根据产品生命周期的不同阶段采取相应的营销方略。

（3）如何提高现有产品质量，增强其对客户的吸引力，从而维系老客户、增加新客户能力。

（4）如何通过产品创新，不断开发新产品，以使产品升级换代，增强产品的市场竞争。

（5）如何改进金融营销过程中的服务质量，诸如咨询服务、信托服务等。

（6）如何确定本企业的资产组合，使得盈利性、安全性与流动性获得满足。

（7）如何对金融产品进行比较分析，提出增强企业金融产品竞争力的建议和措施。

（8）如何树立优秀金融企业形象，增强企业的知名度和影响力，从而不断提高客户对企业金融产品的信任程度。总之，调研金融产品的目的就在于使企业能够更好地提供适应市场需要、满足客户需求的金融产品和服务，以取得良好的经营绩效。

由于上述市场调研对象之间互有联系和影响，因而金融企业不仅要根据其所获取的信息资料制定营销方略，而且还应对各方面的信息资料进行综合分析，从而制订整个企业的营销计划，充分发挥金融市场调研的效用。

2.2.2 金融市场调研的程序

金融市场调研只有遵循一定的程序、采用科学的方法和手段，才能使得调研工作获得应有的成果，达到预期的要求。金融市场调研具体包括以下程序。

1. 收集和评价现有资料

金融市场调研的任务就是收集分析相关的信息资料，并据此作出相应的营销决策建议。信息资料具体包括现有资料与实地调研资料。现有资料的来源有两方面，即企业内部资料和企业外部资料。前者指企业内部的市场调研部门所收集积累的资料和数据；后者指官方和非官方公共机构提供的已出版或未出版的资料和数据，包括国家统计机构公布的统计数据、金融行业组织发布的行业资料、专业组织（如消费者协会、质量监督机构、股票交易所等）提供的调研报告、统计资料以及研究机构提供的调研报告和研究论文等。现有资料搜集后，需要加以评价和筛选，即衡量资料是否准确可靠，所涉及的时间是否适当，资料的取得是否便捷等，并要在已收集的资料中选取研究所需的内容。

2. 实地调研分析

通常依据现有资料开展调研有其局限性，因为所收集的现有资料不完整，难以满足研究要求，尤其是缺乏相关市场的最新资料，会影响调研成果的实用价值，所以有必要通过实地调研以收集和分析金融市场的第一手资料，即实地调研资料。

实地调研的工作包括以下几个步骤。

（1）明确调研任务。

（2）收集案头资料，诸如本企业的营销记录、公开发行的统计资料、竞争对手的产品资料、受访人员名单等。

（3）确定调研课题，即规定调研的目的、范围、对象等，以便高质高效地完成调研任务。

（4）制订调研计划，即具体确定调研地点、调研对象、调研方法、调研工具、抽样计划、时间安排、经费预算等。

（5）试探性调研，即先进行一次小规模的非正式调研，以检验调研计划是否正确完善，以便修改或调整，具体可以采取座谈、访问等方式，有针对性地收集资料进行统计。

（6）结论性调研，即按照计划进行金融市场调研活动，通过获取全面准确的数据资料，以便得出调研结论。

3. 撰写调研报告

运用科学方法对所获资料进行分析研究、得出结论，并在此基础上撰写调研报告。调研报告具体包括以下内容。

（1）封面，写明调研标题、承办部门、人员、日期。

（2）摘要，简要说明调研过程、调研结论和建议事项。

（3）正文，阐明调研目的、方法、步骤、样本分布情况、统计数据、误差估计、调研结论和参考建议。

（4）附录，列入相关资料，以供对照参考。

4. 后续调研

由于金融市场复杂多变，因而完成调研报告并不意味着调研工作的结束，金融营销部门还需要继续进行后续调研，以了解调研结论与营销实践是否相符，参考建议的实际应用效果如何。金融企业通过后续调研，可以从中发现新情况、新问题，及时总结经验，纠正决策偏差，加强对金融营销活动的监管和控制。

2.3 金融市场调研方法和问卷设计

2.3.1 金融市场的调研方法

金融企业开展市场调研应注意调研方法的选择。即针对不同的调研对象，根据不同的调研目的，应采取不同的调研方法。金融市场调研的主要方法有以下 3 种。

1. 访问法

访问法是调研人员通过书面或口头询问方式向调研对象提出问题，并以其答复作为调研结果。其具体采用以下两种方式。

（1）面谈访问，指与被调研者进行面对面的沟通，通过访谈，可以直接倾听被访者的回答，并从其言谈举止以及表情中获得某种有益的信息。一般采取小组访问，访问方式灵活自由，有利于双方相互沟通，信息真实全面，易于把握，还可以获得一些意外信息，但它对调研人员素质、谈话技巧的要求较高，费用也较多。

（2）电话访问，指通过电话询问被访者的意见。运用这种方式收集信息简便快捷，易被人接受，费用也较低，但是通话时间不能过长，内容单一、不易深入，获得的信息量也不大。

（3）问卷调研，指调研人员预先设计好调研问卷，面交或邮寄给调研对象，请其在一定时间期限内填好后交回或寄回，这种调研方式应用范围广，调研对象回答问题的时间充分，结果客观，成本较低，但也易受到调研对象个人态度的影响，并且回收周期长，回收率较低。

（4）上网访问，即在计算机网络的条件下，被访者坐在一个终端旁，阅读显示器上的问题并输入答案。随着科学技术的发展和普及，这种调研方式会越来越多地被采用，但也需留意其有效性。

2. 观察法

观察法是调研人员在现场观察与记录人们的金融行为，以收集营销信息资料。其具体采用以下两种方式。

（1）现场观察，即调研人员亲自到现场观察实际发生的情况以取得数据信息，例如到银行、股票交易所、期货交易所等金融场所进行现场观察。

（2）仪器观察，即运用先进的科学仪器针对选定目标进行摄影、录音、录像等，以收集所需要的资料。观察法可以消除对调研对象的干扰，使所收集到的资料更加客观可靠，也可减少调研人员的主观影响，保持信息的真实性，但它一般仅能看到事实的表象，并受时间与空间限制，且成本也较高。

3. 实验法

实验法是假定其他条件不变时，在小范围内观察调研对象对于新产品或新服务项目的反应，以取得这种影响的定性与定量数据，从而作出相应的分析判断，即设置供实验用的市场，通过控制自变量来研究因变量的反应。其具体采用以下两种方式。

（1）正式市场实验，即选择某一特定市场，控制一个或几个营销自变量，研究其他营销因变量的因果关系。当金融产品改变设计、价格和促销策略时均可应用这种方法。

（2）模拟市场实验，即在模拟正式市场条件下进行实验，尽管稍欠精确，但所得数据亦可供参考，并且省时省钱。可见，实验法较科学准确，但调研时间长，调研成本相对较高。

近年来，科学技术的突飞猛进为市场调研提供了极大便利，市场调研的效率获得了迅速提高。现代金融企业在进行市场调研时，普遍采用了先进的技术设备和手段，如电子计算机、微缩胶片、闭路电视、复印机、录音机、摄像机、传真机以及其他先进技术设备，以收集、挑选、分析和处理信息资料，甚至还建立了市场营销信息系统，应用先进技术手段开展市场调研现已成为金融市场调研活动的发展趋势。

2.3.2　问卷设计

问卷调研是目前调研业中所广泛采用的调研方式——即由调研机构根据调研目的设

计各类调研问卷，然后采取抽样的方式（随机抽样或整群抽样）确定调研样本，通过调研员对样本的访问，完成事先设计的调研项目，最后，由统计分析得出调研结果的一种方式。它严格遵循概率与统计原理，因而，调研方式具有较强的科学性，同时也便于操作。

1. 问卷结构

一份完整的问卷都是由标题、引言、指导语、问题与答案及调研过程记录五部分组成。

2. 问卷类型

（1）从问题间的联系来划分，分为系列性问题和非系列性问题。系列性问题指围绕一个调研项目逐步深入并展开的一组问题；非系列问题指设计的各问题之间无递进关系，而是一种平行的关系。

（2）从问题与答案的联系来划分，分为伪装问题和非伪装问题。伪装问题指问题后不列举明确答案，从而隐瞒具体目的的问题，在探索性调研中，在使用联想法和故事法完成时，常设计使用这类问题；非伪装问题指把询问的具体目的（答案）列举出来，由被调研者按要求选择，问卷中使用的多数都属于这类问题。

3. 问卷设计原则

（1）合理性。合理性指问卷必须紧密与调研主题相关。而所谓问卷体现调研主题其实质是在问卷设计之初要找出与"调研主题相关的要素"。

如"调研某化妆品的用户消费感受"，从问题出发，特别是结合一定的行业经验与商业知识，要素是能够被寻找出来的：一是使用者（可认定为购买者）。包括她（他）的基本情况（自然状况：如性别、年龄、皮肤性质等）。使用化妆品的情况（是否使用过该化妆品、周期、使用化妆品的日常习惯等）。二是购买力和购买欲。包括她（他）的社会状况（收入水平、受教育程度、职业等）；化妆品消费特点（品牌、包装、价位、产品外观等）；使用该化妆品的效果、评价。问题应具有一定的多样性，但又限制在某个范围内，如价格、使用效果、心理满足等。三是产品本身。包括对包装与商标的评价、广告等促销手段的影响力、与市场上同类产品的横向比较等。应该说，具有了这样几个要素对于调研主题的结果是有直接帮助的。

（2）一般性。一般性即问题的设置是否具有普遍意义。应该说，这是问卷设计的一项基本要求，但我们仍然能够在问卷中发现这类带有一定常识性的错误。这一错误不仅不利于调研成果的整理分析，而且会使调研委托方轻视调研者的水平，如以下"居民广告接受度"的调研。

问题：你通常选择哪一种广告媒体？
答案：A. 纸　B. 电视　C. 杂志　D. 广播　E. 其他
而如果答案是另一种形式：
A. 报纸　B. 车票　C. 电视　D. 幕墙广告　E. 气球　F. 大巴士　G. 广告衫
H. ……

如果我们的统计指标没有那么细（或根本没必要），那就犯了一个"特殊性"的错误，从而导致某些问题的回答实际上是对调研无助的。

在一般性的问卷设计中，需要注意不能犯内容上的错误。如

问题：你拥有哪一种信用卡？

答案：A. 长城卡　B. 牡丹卡　C. 龙卡　D. 维萨卡　E. 金穗卡

其中，D 的设置是错误的，应该避免。

（3）逻辑性。问卷的设计要有整体感，这种整体感即问题与问题之间要具有逻辑性，独立的问题本身也不能出现逻辑上的谬误，从而使问卷成为一个相对完善的小系统。如

问题：

①通常每日读几份报纸？

A. 不读报　　　　　　B. 1 份　　　　　　C. 2 份　　　　　　D. 3 份以上

②你通常用多长时间读报？

A. 10 分钟以内　　　B. 半小时左右　　　C. 1 小时　　　　　D. 1 小时以上

③你经常读以下哪类（或几类）报纸？

A. ×市晚报　　　　　B. ×省日报　　　　　C. 人民日报　　　　D. 参考消息

E. 中央广播电视报　F. 足球……

在以上几个问题中，由于问题设置紧密相关，因而能够获得比较完整的信息，调研对象也会感到问题集中、提问有章法；相反，假如问题是发散的、带有意识流痕迹的，问卷就会给人以随意性而不是严谨性的感觉。

因此，逻辑性的要求是与问卷的条理性、程序性分不开的。在一个综合性的问卷中，调研者有时会将差异较大的问卷分块设置，从而保证了每个"分块"的问题都密切相关。

（4）明确性。所谓明确性，事实上是问题设置的规范性。该原则具体是指：命题是否准确，提问是否清晰明确、便于回答；被访问者是否能够对问题作出明确的回答等。

如以上问题中"10 分钟""半小时""1 小时"等设计是十分明确的。统计后会告诉我们：用时极短（浏览）的概率为多少；用时一般（粗阅）的概率为多少；用时较长（详阅）的概率为多少。反之，答案若设置为"10～60 分"，或"1 小时以内"等，则不仅不明确、难以说明问题，而且令被访问者也很难作答。

再则，问卷中常有"是"或"否"一类的是非式命题。如

问题：您的婚姻状况是（　　　）。

答案：Ⅰ. 已婚　　Ⅱ. 未婚

显而易见，此题还有第三种答案（离婚/丧偶/分居）。如按照以上方式设置则不可避免地会发生选择上的困难和有效信息的流失，其症结即在于问卷违背了"明确性"的原则。

（5）非诱导性。非诱导性指的是问题要设置在中性位置、不参与提示或主观臆断，完全将被访问者的独立性与客观性摆在问卷操作的限制条件的位置上。如

问题：你认为这种化妆品对你的吸引力是（　　　　）。

答案：A. 色泽　B. 气味　C. 使用效果　D. 包装　E. 价格　F. ……

这种设置是客观的。若换一种答案设置：

A. 迷人的色泽　B. 芳香的气味　C. 满意的效果　D. 精美的包装……

这样一种设置则具有了诱导和提示性，从而在不自觉中掩盖了事物的真实性。

（6）便于整理、分析。首先，调研指标是能够累加和便于累加的；其次，指标的累计与相对数的计算是有意义的；再次，能够通过数据清楚明了地说明所要调研的问题。只有这样，调研工作才能收到预期的效果。

4. 问题及答案设计

（1）敏感问题的处理方法。

①释难法，即通过在问题之前加一段有助于不使被调研者感到为难的文字，使提问自然化。

②人称代换法，指将要直接向被调研者询问的问题，改成关于第三人称的问题，使被调研者处于纯客观的地位，便于回答问题。

③数值归档法，即将要研究的变量的取值划成几个连续的区间，由被调研者选择。在询问像年龄、收入等敏感问题可使用。

（2）答案设计。答案设计的主要类型有四种：是非两分型、多项单选型、多项多选型和半封闭型。

①是非两分型又称"二项选择型"，指对问题只给出两个合理的答案，且这两个答案一般还是具有相反意义的，回答者选其一即可。它主要适用于简单真实的具体问题调研或适用于引导回答者转移到合适的问题上（即所谓分叉式问题）。

②多项单选型是指预先给出三个或更多的备选答案，被调研者可以选择其中一个最合适的答案。设计时应注意，答案须包括所有的可能情况，各答案之间要互斥，避免答案交叉重复。在选定全部备选答案后，应该按照随机原则对答案的排列顺序做不同的处理，以便尽可能抵消某些被调研者在回答时极端倾向带来的负面影响。

③多项多选型会预先给出三个或三个以上答案，被调研者可以选择其中符合自己想法的一个、多个或全部答案，或者也可不选。设计时应注意，供选择的答案不能太多，一般应控制在 10 个以内，以免填表人厌烦。

④半封闭型，即在一系列备选答案之后，留出空白，标明"其他"或自由填写。它主要适用于下述几种情况：

A. 当探索性调研不深入而导致备选答案不能包容所有可能的情况时。

B. 根本不存在穷尽可能时。

C. 类别情况太多，没有必要一一列出，或列出后过于烦琐时。

另外，对于答案结构相同的问题，可以将它们压缩组合在一起，以使问卷显得紧凑，同时也便于回答和数据处理。具体形式有矩阵式和表格式（见表 2 - 1）。

表 2 - 1　　　　　　　　　　　　　　　　表格式

因素	极重要	很重要	重要	不甚重要	不重要
价格性能比					
型号多样化					
售后服务					
易保养					
易操作					
耐用					

5. 编制问卷的步骤

（1）预先准备。设想问卷的全部工作。包括确定问卷目的、确定信息提供者、与信息提供者的联络手段、使用的测量方法、要求得到的资料的确切含义、信息提供者的态度等。这些内容都要落实在文字上，使其起到工作指南的作用。

（2）收集的资料列表。首先，应制定出十分完美的资料收集表，将各种不同信息提供者可能供给的具体资料列成表，准确地阐明要寻求的资料。其次，调研者应检查每一项资料是否与研究目的有关，检查表格和所有项目是否必要。不必要的进行删除，并排除那些不相干的或超出回答者能力的项目。

（3）设计提问标题的顺序。要易于实施问卷和使回答者易于回答。一般应从引言开始，使被调研者对访问人员和本次调研有一个大致了解，消除顾虑。其次，可安排填表说明即指导语。然后就出现一系列提问标题和问题。常使用的方法是"花瓶法"，即将问题按其作用不同划分为五大类，形成五类标题，然后按其所涉及的广度或普遍性分层排列，确定各标题的顺序。一般先安排最普遍的问题，而后的问题变得越来越具体或范围越来越小。

问题应按以下顺序：前导性问题，引起流畅的回答并建立融洽的关系；过滤性问题，查明所选对象是否符合要求；试探和启发性问题；实质性问题，调研的主要目的；个人背景问题并感谢合作。

（4）决定每个标题下问题的数量和方式。每个标题下问题的数量多少不是固定的，它取决于调研目的和目标资料的要求。一般前导性问题只需 1～2 个即可；过滤性问题不宜超过 5 个，且有时可与前导性问题合并；试探性和启发性问题也不宜过多；个人背景性问题也是有限的；问题数量最多最丰富的应是实质性问题。实质性问题内可能又会分为多个标题，而每一个标题下都应有足够数量的问题，以利于获取调研所需的足够的信息量。

每个问题采取哪种提问方式最合适，也应该事先确定。考虑这个问题时有以下几种思路：①借鉴问卷编制者过去曾使用过的提问方式；②参考有关文献中他人的经验；③事先进行有关提问方式的实验。此外，有的问题在提问时，需要对回答者补充以说明或图示、展示实物等。

（5）写出并编排所有问题和备选答案。该阶段的工作实际上是要完成问卷的编制工作，落实所有的问题和对应的备选答案。

（6）预先检查和修改。调研人员在使用问卷之前应反复推敲，设想各种可能的情况；有时也可以把问卷交给有关专家或有经验的管理者，请其对问卷草稿提出意见，发现不妥之处及时修改。在条件许可的情况下，最好经过试用，以便对问卷进行实际的检验和评价。

对于出现的废卷应具体分析并加以修订。对于弃而不答的问卷：①在已答出的问题中间出现一两个未答问题。对此我们应检讨那些未答题是否不为被调研者所理解，或他们不掌握这方面的信息，或答案设计方式有问题等。②出现连续成片的未答问题。对此应检讨成片空白的第一个问题是否属于敏感性问题，或者属于较难回答的问题，以至于使其放弃合作。对于填答错误的问卷：①所答非所问。这说明被调研者对问题不理解或有些词语容易引起误解。②填答方式错误。这主要是由于问卷的填表说明没有交代清楚，或者是填答方式太复杂。

此外，引言设计应瞄准被调研者对调研项目的关注和兴趣，以促使其很好地合作。引言一般包括以下内容：调研者自我介绍；调研目的和中心内容；选样方法和保密承诺；感谢词。关于指导语，如果单独列出，它一般紧跟在引言之后，而在正式问题之前，并标有"填表说明"字样。

6. 问卷整体外观设计

（1）问卷本身应该庄重大方，以显示对被调研者的尊重。如果是重大调研课题，或者是有实力的执行者或委托者参与的课题，更应该使问卷做到印刷精良，以引起被调研者对调研的尊重感。

（2）问卷的尺寸规格应该尽可能采用小型纸张。如果页数不多，则可以采用折叠式；如果页数较多，则应装订成册。问卷的每一页都应当印有一个供识别用的顺序号，以免在整理时各页分散。

（3）文字的大小要适当，在行距不使人感到过密的情况下，要尽可能把内容排印得紧凑一些，尽量减少页数。

（4）问题应当只印在纸张的一面，而且必须为答案留出足够的空白，特别是自由回答的问题。

（5）有些问卷为了方便填答，对于问题和答案可分别使用不同字体。

精选案例

案例 2-1　关于农户融资的调研问卷

调研对象：中西部地区农户家庭

农民朋友：

您好，当您接过这份问卷时，请接受我们最诚挚的新年问候。为了深入了解农村金融需求状况，进一步解决你们关心的农村金融问题，我们特组织此次调研。

本次调研只为了解您的真实情况，问题的回答无对错之分，请您如实填写。

此次调研的结果，本课题组将提交党中央、国务院有关部门，作为制定农村金融体制改革和培育农村金融市场的政策参考。

再次感谢您对本次调研工作的支持。

××大学国家社会科学基金课题组

请您在符合您本人（户）或意见的答案序号上划"√"或填写具体内容。

请您认真填写，不要漏项。

一、您家庭的主要经济情况

（一）您所在地区是_____省_____市（县）_____乡（镇）。

（二）您的家庭年人均纯收入属于下列哪个收入段？

1. 1 000 元以下　　2. 2 000 元以下　　3. 2 000～3 000 元　　4. 4 000 元以上

（三）您家庭的人数_____人；家庭总收入_____元。

（四）您家庭的耕地面积

1. 1 亩　　　　　2. 2 亩　　　　　3. 3 亩　　　　　4. 4 亩

5. 5 亩及以上

或直接写准确数据共_____亩。人均耕地有_____亩。

（五）2019 年您家庭的收入来源

1. 来自纯农业收入_____元；2. 来自非农业收入_____元。

（六）2018 年您家庭的收入来源

1. 来自纯农业收入_____元；2. 来自非农业收入_____元。

二、您的借贷资金需求情况

（七）您家庭有无借贷需求？

1. 有　　　　　　　　　　　　　2. 无

（八）您家庭如果有借贷需求，借款需求盼望值是多少？

1. 大于 2 万元　　2. 1 万～2 万元　　3. 5 000～10 000 元　　4. 5 000 元以下

（九）您家庭借款需求的期限要求是？

1. 6 个月以内　　2. 1 年以内　　3. 1～3 年　　4. 3～5 年

5. 5 年以上

（十）您的家庭对保险有哪些需求？

1. 种植业保险　　2. 畜牧保险　　3. 财产保险　　4. 人寿保险

（十一）如果您需要这些保险，您现在能够买得到哪些保险？

1. 种植业保险　　2. 畜牧保险　　3. 财产保险　　4. 人寿保险

三、您家庭的借贷行为

（十二）您家庭有无借贷现象？

1. 有　　　　　　　　　　　　　2. 无

（十三）您家庭如果有借贷，2019年借了_____元。

（十四）您家庭借贷的途径

1. 民间方式借贷　　　　　　　2. 向国家金融机构借款

（十五）如果您选择的是民间借贷，您的借贷是下列哪一种借贷，利率有多高。

1. 互助性借贷（即亲戚/朋友/邻居，无息）

2. 有息借贷，利率是_____

3. 高息借贷，利率是_____

（十六）如果选择的是民间借贷，您的借款

1. 有担保　　　　2. 有借据　　　　3. 有抵押

（十七）如果您选择的是向国家金融机构贷款，是向下列哪类金融机构借的款？

1. 农村信用社　　2. 农业银行　　3. 农业发展银行　　4. 其他商业银行

（十八）如果您是向国家金融机构借的款，利率是_____。

（十九）您家庭借款的主要用途

1. 农业生产性用途　　　　　　2. 生活消费性用途

（二十）如果是用于农业生产性用途，具体用于下列哪些项目？

1. 购买农业生产资料如种子、化肥等

2. 购买农机具　　3. 畜牧养殖　　4. 其他

（二十一）如果是用于家庭生活消费性用途，具体用于下列哪些项目？

1. 盖房　　　　2. 看病　　　　3. 子女上学　　　4. 买大件消费品

5. 生活困难　　6. 人情往来　　7. 婚丧嫁娶　　8. 培训升学参军

9. 交纳税费　　10. 偿还借款　　11. 其他

四、您对目前农村金融服务总体评价

（二十二）您对目前金融机构提供的服务是否满意？

1. 很满意　　　2. 满意　　　　3. 基本满意　　　4. 不满意

（二十三）您从国家金融机构贷款难易程度

1. 比较困难　　2. 很困难　　　3. 比较容易　　　4. 容易

（二十四）您认为金融机构向农村贷款量与农村融资实际需求量之间是否存在差距？

1. 差距大　　　2. 差距小　　　3. 无差距

（二十五）您认为目前向金融机构贷款手续是否麻烦？

1. 不麻烦　　　2. 比较麻烦　　3. 很麻烦

（二十六）您及您家庭对我国农村金融关心的问题有哪些？

1. 降低贷款利率　　　　　　　2. 解决贷款难问题

3. 结算问题　　　　　　　　　4. 提高贷款额度

5. 放松贷款条件　　　　　　　6. 加强透明度

7. 贷款品种多样化　　　　　　　8. 增加银行网点

调研人（签名）：

201　　年　　月　　日

资料来源：https：//www.doc88.com/p-5773522396194.html。

点评：该问卷涉及以下知识点。

①金融市场调研的对象——客户需求。

②金融市场调研的程序——收集和评价现有资料以及实地调研分析。

③金融市场的调研方法——访问法。

④问卷设计——问卷结构、问卷类型、问卷设计原则、问题及答案设计和编制问卷的步骤。

案例 2-2　华为产品满意度调研问卷

尊敬的先生/女士：

您好！

我是××大学金融学院的学生，我们正在进行一项问卷调研，目的在于了解消费者对华为产品的满意程度，恳请您的支持与协助！该问卷匿名填写，您的所有信息我们将会保密，请您放心回答。感谢您的热心帮助与合作！

您根据实际情况在符合您的选项下面打"√"。

1. 您的性别：

A. 男　　　　　　　B. 女

2. 您的年龄段：

A. 18 岁及以下　　B. 19~30 岁　　C. 30~40 岁　　D. 41 岁及以上

3. 您正在攻读或已获得的最高学位：

A. 初中及以下　　B. 中专或高中　　C. 大专或本科　　D. 硕士、博士及以上

4. 您目前从事的职业：

A. 学生　　　　B. 个体　　　　C. 公司职员　　　D. 无业　　　E. 其他

5. 您目前的月收入：

A. 3 000 元以下　　B. 3 001~5 000 元　　　C. 5 001 元以上

6. 您是否购买过华为的产品？

A. 是　　　　　　B. 否

7. 你购买过华为哪些产品？

A. 手机　　B. 交换机、路由器　　C. 服务　　D. 其他终端产品　　E. 没有购买过

8. 您是通过什么途径了解到华为网络产品的？

A. 朋友介绍　　B. 广告　　C. 网络　　D. 店员推销　　E. 其他　　F. 不了解

9. 在购买之前，您觉得华为产品的质量（或服务）是否符合您的需求？

A. 非常满意　　B. 基本满意　　C. 满意　　D. 不满意　　E. 非常不满意

10. 您认为华为产品在产品质量方面是否能够满足您的需求?

A. 非常满意　　　B. 基本满意　　　C. 满意　　　D. 不满意　　　E. 非常不满意

11. 总体来说,您认为华为产品在服务质量方面是否做得很好?

A. 非常满意　　　B. 基本满意　　　C. 满意　　　D. 不满意　　　E. 非常不满意

12. 基于您支付的价格,华为产品所包含的服务是否令您满意?

A. 非常满意　　　B. 基本满意　　　C. 满意　　　D. 不满意　　　E. 非常不满意

13. 如果有需要,您是否愿意再次购买华为的产品?

A. 非常满意　　　B. 基本满意　　　C. 满意　　　D. 不满意　　　E. 非常不满意

14. 您消费过以下哪些厂家的产品?(多选项)

A. 思科　　　　B. H3C　　　　C. 中兴　　　　D. TP‑LINK　E. 都没买过

15. 与华为产品相比,您觉得表2-2中的厂家在哪些方面做得更好?(多选项)

表2-2　　　　　　　　　　　　各厂家产品对比

厂家	价格	质量	外观	功能	服务
思科					
H3C					
中兴					
TP‑LINK					

提示:都没买过可不填。

感谢您的帮助和支持,祝您身体健康!生活幸福!万事如意!

资料来源:https://wenku.baidu.com/view/9930423c4693daef5ff73d6C.html。

点评:该问卷涉及以下知识点。

①金融市场调研的对象——产品。

②金融市场调研的程序——收集和评价现有资料以及实地调研分析。

③金融市场的调研方法——访问法。

④问卷设计——问卷结构、问卷类型、问卷设计原则、问题及答案设计和编制问卷的步骤。

案例2-3　平安、太平洋和人保车险对比分析

越来越多的保险公司参与车险市场,作为车险市场的三巨头,人保、平安和太平洋是众多车主的属意对象。在该案例中,我们将从价格、服务两大方面对比分析三家的产品车险报价。

一、价格方面

假设新车投保,购置价128 880元,投保项目为:车辆损失险,全车盗抢险,第三者责任险5万元,车上人员险一座1万元,玻璃单独破碎险,车身划痕险2 000元,各

项不计免赔。根据网上提供的各家保险公司计价器算得的具体信息见表 2 - 3。

表 2 - 3　　　　　　　　　　各家保险公司计价器算得的价格

险种	保险公司		
	人保车险/元	平安车险/元	太平洋车险/元
车辆损失险	1 775.53	1 614.12	1 614.12
第三者责任险	508.2	462	462
全车盗抢险	588.59	535.08	535.08
车上人员险（司机）	31.57	28.7	28.7
车上人员险（乘客）	80.08	72.8	72.8
玻璃单独破碎险（国产）	188.55	171.41	171.41
车身划痕险	308	280	280
不计免赔特约险	477.03	433.67	433.67
附加不计免赔险	46.2	67.71	67.71
优惠系数	0.77	0.7	0.7
保费合计	4 003.75	3 665.49	3 665.49

　　从报价器算得的价格来看，人保车险的保费稍高，平安和太平洋价格是一致的。当然，在实务中各家还是有差异，但是差别不会太大。

　　目前除了传统渠道，各家也陆续推出电话销售，以降低中间费用，让利给客户。假设，使用期一年的续保车辆，购置价 17.99 万元，投保相同组合的车险，人保车险的电销报价为 4 200 元，平安为 4 100 元，太平洋为 3 900 元。如此看来，电销续保，太平洋在价格上占据优势。

　　而新车电销投保，太平洋保险公司表示新车不参加 15% 优惠活动，只有 1 ~ 8 年车龄的车辆可以参与优惠。平安和人保车险都可以给予消费者 15% 的优惠幅度，但两家的报价仍存在一些差额，平安略低 100 元左右。

　　平安再次率先推出网上销售，网上投保使用的是经保监会审批通过的电话及网络营销专用费率，这套费率将比其他传统渠道低 15% 以上，和平安电销价格一致。

　　总体分析：价格战，平安车险胜出。

　　二、服务方面

　　三家保险公司在提供基本险种之外都提供不同的附加保险的选择，大体上相近，但在具体条款中存在一些细微的差异性，车主可以根据自身情况进行选择。表 2 - 4 提供了一些差异性的比较。

表 2 - 4　　　　　　　　　　　　　差异性比较

险种	保险公司		
	人保车险	太平洋车险	平安车险
车辆损失险	对非营业用车，自燃损失包括在内	受保险车辆所载货物、车上人员意外撞击造成的损失可保	
第三者责任险	含有车载货物掉落责任		
车辆盗抢险	60 天寻找期	3 个月寻找期；"驾驶人饮酒、吸食或注射毒品、被药物麻醉"也在责任范围内	3 个月寻找期

从这几个较基本的险种对比，人保车险在保障程度上比较有优势，特别是人保推出了种类繁多，诸如：异地出险住宿费特约条款这样的险种，合理搭配更能全面的保障车主利益。

保障内容战，人保车险胜。

保险公司的服务主要是体现在理赔上。有经验的车主都知道，理赔方便快捷是选择保险公司最重要的一项指标。

对常跑外地的车主来说，能否全国通赔是非常重要的。在网点上，三家公司都推出了全国联网通赔业务。三家公司的网点分布都比较广，人保车险更是深入中小城市，在全国的服务网点达到 4 500 多家，是网点最多的财产险公司。网点战，人保车险胜出。

从表 2 - 5 数据来看，赔付效率，平安车险胜出。

表 2 - 5　　　　　　　北京保险行业 2008 年车险理赔时效测评结果

公司名称	有效报案数/件	已决案件数/件	结案率/（%）	结案周期/天
人保北分	1 110 693	891 512	80.27	33.7
太保北分	394 554	335 462	85.02	39
平安北分	321 869	277 320	86.16	28.5

也有业内人士认为，不能单看绝对数据，业务量大的公司需要处理的案件多，在周期对比上就不占优势。不过，这也反映出，目前我国各公司业务和服务还不匹配，车险规模增长，相应的服务投入相对滞后。

资料来源：https：//wenku. baidu. com/view/45c9ec061fd9ad51f01dc281e53a580217fc500E. html？from = search。

点评：该案例涉及以下知识点。

①金融市场调研的任务以及意义。

②金融市场调研的对象——金融产品。

③金融市场调研的程序——更体现在撰写调研报告和后续调研上。

④运用了调研方法—实验法的理念——通过控制自变量以研究因变量的反应，并借助了互联网技术。

实 训 模 块

一、实训目的

1. 掌握金融产品调研问卷设计的思路及基本方法，掌握调研问卷的发放及回收方法。

2. 熟悉调研问卷的数据处理方法，掌握调研问卷的撰写方法及写作技巧。

二、实训内容及要求

（一）实训内容

1. 分组进行金融产品的问卷调研设计。

2. 撰写调研报告。

（二）实训要求

1. 实训项目的完成以小组为单位，合理分工。

2. 调研问卷设计要符合教师授课的要求及规范。

3. 调研问卷的发放及回收必须真实、可信、到位，教师进行随机回访。

4. 调研报告应结构规范、内容完整、分析到位、建议合理。

三、实训方式

1. 分组进行调研问卷设计、调研问卷的发放及回收。

2. 分组进行数据统计。

四、实训结果

1. 设计金融产品调研问卷。

2. 总结调研问卷样卷评分及调研问卷回收情况，撰写调研问卷发放的心得体会。

3. 根据调研问卷撰写一份金融产品的市场调研报告。

第3章 金融营销环境分析

美国著名的营销学家菲利普·科特勒将营销环境定义为："企业的营销环境是由企业营销管理职能外部的因素和力量组成的，这些因素和力量影响营销管理者成功地保持与发展同其目标市场顾客交换的能力。"即营销环境是指与企业营销活动相关的所有外部因素与力量之和。该定义对于金融企业也同样适用。金融市场营销的一切活动都是在市场营销环境下进行的，市场营销环境总是制约着市场营销活动的进行。只有在科学正确地分析、了解了市场营销环境以后，才能为市场营销活动提供决策依据。

3.1 金融营销环境分析概述

3.1.1 金融营销环境的定义

金融营销环境是指金融企业生存和发展所需的、独立于企业之外的、对企业营销绩效起着潜在影响并约束其行为的各种外部因素或力量的总和。

金融市场营销环境是对金融企业营销环境及经营绩效起着直接或间接潜在影响的各种外部因素或力量的总和，包括影响金融企业与其目标市场进行有效交易能力的所有行为者和力量，分为宏观营销环境和微观营销环境两部分，它是金融企业的生存空间和开展营销活动的基本条件。

3.1.2 金融营销环境分析的特征

金融营销环境分析的基本内容涉及金融企业经营与管理的各个方面，具有以下几个特征。

1. 客观性

金融企业总是在特定的社会、市场环境中生存与发展，这种环境是不以人的意志为转移的。金融企业营销管理者虽然能认识、利用营销环境，但无法摆脱环境的制约，也无法控制营销环境，特别是间接的社会力量，更是难以把握。

2. 层次性

依据与营销方略的相关程度，金融营销环境从层次上可以划分为宏观环境和微观环境两大类。

3. 整体性

尽管金融营销环境可以划分为不同的层次，但事实上不同层次的营销环境是相互影响、相互制约而难以截然分开的。

4. 变化性

金融营销环境永远处于动态变化之中，尤其是宏观环境的变化更是频繁。金融营销环境一方面具有变异性、随机性、不可控性，另一方面也具有一定的规律性。

5. 复杂性

金融企业营销环境不同于工商企业营销环境，其宏观环境的涉及面广泛，既受国民经济宏观因素的制约，也受地方经济发展水平的限制，还受到各种经济、行政法规的约束，因而其经营条件的限制是十分严格的。

3.2　金融营销的宏观环境分析

宏观营销环境既可能对金融营销活动带来市场机会也可能产生威胁。对于金融机构来说，影响最大的是政治法律、经济、社会和技术环境，这种分析框架通常称为 PEST 分析，如图 3 - 1 所示。

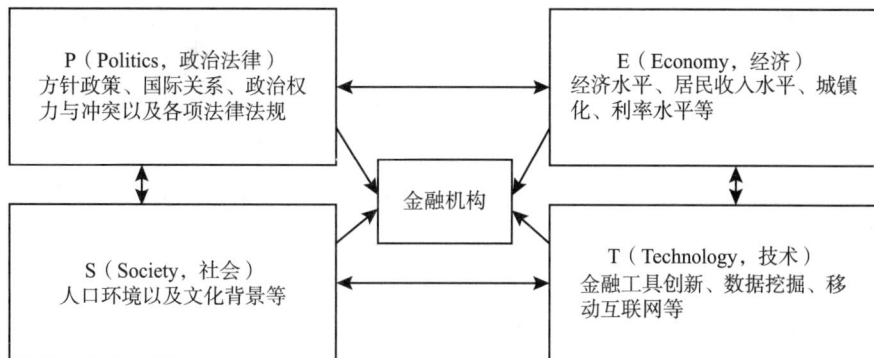

图 3 - 1　宏观环境 PEST 分析

3.2.1　政治法律环境

金融机构作为社会经济的一个微观主体，其营销活动必定要受到政治法律的影响和制约。政治法律环境是指金融市场营销活动的外部政治法律形式和状况，以及国家方针、政策、法规的变化对金融产品营销活动带来的影响。

1. 政治环境

政治环境就是指一个国家或地区在一定时期内的政治大背景，是金融市场营销的外部政治形式。政治环境的稳定与否是金融营销成败的保障性条件。政治环境一般分为国内政治环境和国际政治环境两大类，包括政府方针、国际关系、政治权力和冲突等。

政府的方针、政策确立了国民经济的发展方向和速度。安定团结的政治局面不仅有利于经济发展和人民收入的增加，刺激消费，扩大内需，而且直接关系到社会购买力的提高和消费需求的增长，从而形成良好的金融营销环境。

国际关系是指国家之间的政治、经济、文化、军事等关系，包括世界和平所处的具体状态、本国与其他国家政治、经济和商贸往来的密切程度等。金融的市场营销环境离不开国际政治环境的变化，特别是拥有国际业务的金融机构。

政治权力影响金融市场营销，主要表现为：政府机构采取措施约束外来金融机构，如外汇管制等。政治冲突指国际上的重大事件和突发性政治事件，对金融营销工作影响或大或小，有时带来机会有时带来威胁。例如，政治动乱和突发政治事件，伴随着由此导致的股票市场大起大落，金融机构可能会遭受巨大的违约风险和挤兑风险。

2. 法律环境

法律环境是指国家或地方政府颁布的各项法规、法令和条例等。法律环境对金融市场需求的形成和实现，具有一定的调节作用。

研究金融机构并熟悉法律环境的必要性主要体现在三个方面。第一，在开展市场营销活动过程中，保证自身严格依法管理和经营；第二，运用国家制定的各项法律、法规来维护金融企业自身的正当权益；第三，我国的金融企业法律、法规环境处在不断的健全和完善之中，其改革方向和最新动向直接影响金融机构的经营领域、业务范围、管理方式、风险环境等诸多方面，对我国金融机构依法经营、规范发展具有重要作用。例如"一带一路"倡议的提出以及亚洲基础设施投资银行（简称亚投行）的成立，我国金融机构面对更加开放的市场环境和更大的市场机遇，在国内外开展营销活动，更需要了解、熟悉相应的法律环境，遵循相关国家的法律、法规。再比如，2005—2014年，我国对电子支付、P2P网贷、虚拟货币及传统金融互联网发展提出了相关监管意见。随着互联网金融的快速发展，互联网金融创新模式不断出现，当初监管尚处于滞后状态，随着互联网相关法规的完善，金融机构通过互联网营销的模式需要相应的调整与完善。

3.2.2　经济环境

经济环境是指金融营销活动面临的外部经济条件，是对金融营销影响最大的环境因素。经济环境包括经济发展水平、居民收入水平和结构、城镇化程度、利率水平等。

1. 经济发展水平

经济发展水平的高低直接影响金融市场营销活动。不同阶段经济发展水平不同，居民收入水平也不同，对于未来的预期会存在较大差异，因此通过金融机构进行融投资活动的频度和规模不同。2019 年中国经济增长率继续放缓，全年 GDP 增速约为 6.1%，当前中国宏观经济形势面临较大的下行压力。在经济增长持续下滑的过程中伴随通货紧缩特别是债务通缩的可能性大为增加，实体经济整体走势疲弱，消费信心下降明显，投资整体增速下滑，进出口增速持续低迷，民营企业倒闭潮、外迁势头扩大，并加速向金融业传导，使金融机构坏账持续大幅增加。这些给金融营销带来很大的压力。

2. 居民收入水平和结构

居民收入水平作为国民经济发展的重要变量，直接影响市场容量大小和客户的购买力，也是金融机构开展营销活动必须考虑的因素之一。

居民收入水平和结构的变化决定了一定时期的消费水平、消费结构和消费模式。2019 年，全国居民人均可支配收入 30 733 元，比上年增加 2 505 元，首次超过 3 万元。2019 年，全国居民人均可支配收入名义增长 8.9%，比上年加快 0.2 个百分点，也是近 5 年来的相对较高水平；扣除价格因素影响后，全国居民人均可支配收入实际增长 5.8%，快于人均国内生产总值增速 0.1 个百分点，收入增长与经济增长基本同步。2019 年，全国居民人均消费支出 21 559 元，首次超过 2 万元，名义增长 8.6%，比上年加快 0.2 个百分点；扣除价格因素影响，居民人均消费支出实际增长 5.5%，比上年回落 0.7 个百分点。在我国城乡居民收入水平和消费水平不断提高的背景下，消费结构加快转型升级，正逐步由温饱型消费向享乐型和发展型转变。相应的恩格尔系数逐步下降，从 2013 年的 31.2% 降到 2014 年的 31%，2019 年全国居民恩格尔系数 28.2%，连续八年下降。[1] 居民消费模式早已不是 20 世纪时期的生存型消费，而是处于基本需求消费模式向着品质需求消费模式发展的阶段。现阶段的主要表现形式是对住房、汽车、生活配套的消费需求增大，同时对旅游、时尚等方面的消费需求也逐渐上升。这些因素直接影响着金融营销活动的内容和方式。

3. 城镇化程度

城镇化是指农村人口转化为城镇人口的过程。以往旧城镇化政策下的核心是运营土

---

[1]　资料来源：方晓丹. 居民收入和消费稳定增长　居民生活水平再上新台阶［N］. 经济日报，2020 - 01 - 19。

地，单纯依靠土地财政促使农民走向城市，后果是使其丧失土地成为市民后承担着高房价、高消费，这些在一定程度上制约了我国经济前进的步伐。当前新型城镇化强调不断稳定提升城镇化建设的质量和内涵，涉及产业升级、优化和产业空间结构调整。

与过去相比，新型城镇化建设的金融需求呈现出多元化、公益性和均衡性的特征。城镇化不是简单地增加城市人口比例和扩张城市规模，而是在产业支撑、公共服务、人居环境、生活方式等方面全面实现由乡到城的转变，是一项涉及多类经济主体、多种经济活动的系统工程。

城镇经济的复杂多样性决定了金融需求的多层次、多元化，但是从金融供给角度看，金融机构在经营理念、业务模式、产品服务等方面仍不能完全满足各类城镇经济的金融需求，很多方面有待提高与拓展。金融机构应针对新型城镇化的实际情况，创造性地开发不同的金融产品，通过业务流程的再造主动适应城镇化，捕捉城镇化背后的商业发展机遇。

4. 利率水平

利率水平变化主要意义在于促进金融创新，促使金融业之间的竞争更加激烈，影响存款水平和人们的投资行为。随着利率市场化的不断落实，利率水平的变化加大了金融机构的竞争压力，导致市场份额的重新分割。银行间的竞争不再局限于对客户资源的简单争夺，而是扩展到与存款和贷款以及相关的中间业务领域。2020年1月6日央行决定下调金融机构存款准备金率0.5个百分点，支持实体经济发展，降低社会融资实际成本。本次降准释放流动性约8 000亿元，其中，省级行政区域内经营的城市商业银行、服务县域的农村商业银行、农村合作银行、农村信用合作社和村镇银行等中小银行获得长期资金1 200多亿元。商业银行的存贷款利差空间有可能被市场供需关系压缩，商业银行的盈利空间进一步缩小，息差收益将会大幅减少。银行的实力、信誉、存贷款利率报价水平、金融产品与服务创新能力将成为银行竞争的关键。对于议价能力低的银行，净息差将会更加收窄。利率市场化将会挑战银行市场营销的定价能力。

3.2.3 社会环境

社会环境是指社会中人口分布与构成、受教育程度、家庭规模、传统风俗、道德信仰、价值观念、消费模式与自然环境变化等，影响最大的为人口环境和文化背景。

这些社会环境虽然与政治环境和经济环境相比较为稳定，但对金融营销的影响是多层次、全方位、渗透性的。

1. 人口环境

人口环境是指人口的数量、年龄结构、受教育程度、家庭规模、分布等情况。人口环境既是企业生产经营活动必要的人力资源条件，又是企业的产品和劳务的市场条件，因而是企业生产经营的重要外部环境。

　　按国际通行的标准衡量，我国已进入老年型社会。人口结构往往决定着市场产品结构、消费结构和产品需求类型。金融机构在进行市场人口环境因素分析时，必须关注我国年龄结构的变化趋势。比如，老龄人口作为一个特殊的群体，对高风险产品相对趋于回避，而对储蓄、养老保险等投入较多。金融机构应该针对老年客户群体的特征，设计不同的服务和产品。

　　人口受教育程度决定着客户的行为，由此影响金融服务目标市场的方式。我国人口总体受教育水平虽然有很大的提高，但是受教育水平较高的人口主要集中在城市地区，而镇和县级地区人口受教育水平与城市相比仍存在很大差距。这就迫使金融营销活动必须根据各地区受教育水平的情况，制定相应的营销战略。在城市地区，由于客户受教育程度较高，有较强的投资理财意识，所以金融机构新开发的产品能够得到很快的推广，也能够较快地被客户接受并实现经济效益；而在县级地区，受到知识层次的制约，客户的金融意识相对淡薄，理财知识相对贫乏，观念相对保守，储蓄多于投资，因此，金融机构在县级地区的产品和服务应当充分体现简单、直接、实用、易于操作的特点。

　　家庭是社会的细胞，也是金融产品和服务消费的基本单位，一个市场拥有家庭单位和家庭平均成员的多少，以及家庭组成情况等，对金融市场消费需求的潜力和需求结构都有十分重要的影响。随着人口红利消失、人口老龄化、出生性别比例失调等问题，2015 年 10 月，国家实施全面二孩政策，家庭规模将会有所扩大，金融机构也要多开发适合中等规模及以上的家庭产品。

　　我国东南部的人口密度大，西北部的人口密度小。随着对外开放和经济改革的深入，我国经济日趋繁荣，人口的地区间流动性大大增强。我国人口流动的特点是：农村人口大量流入城市或工矿地区；内地人口迁往沿海经济开放地区；经商、学习、观光、旅游等使人口流动加速。金融机构相应地在策划营销活动时应考虑到人口的地理分布以及变化相应地制定策略，避免资源浪费等情况的发生。

2. 文化背景

　　文化背景主要包括人们日常生活中形成的价值观念、风俗习惯和宗教信仰等。

　　价值观念是指人们对社会中的各种事物的态度、评价和看法。在不同的社会或不同的人群中会有不同的评价标准，从而对人们的消费行为、消费方式等产生重大影响。不同价值观念的人群对金融机构所提供的产品和服务的要求也是千差万别的，这就要求金融机构营销人员针对不同的客户采取差异化营销策略，提高营销效率。

　　风俗习惯是人们在长期的生活中自发形成的行为模式，不同的国家、不同的民族有着自己特有的风俗习惯，而不同的风俗习惯对人们的投资行为和消费行为都带来很大的影响。金融营销人员对此应该有足够的研究和了解，设计和推广适合特定客户需求的金融产品。

　　人类的生存活动充满了对幸福、安全的向往和追求。在生产力低下的时期，人们对自然现象和社会现象迷惑不解，这种追求容易带有盲目崇拜的宗教色彩。沿袭下来的宗教色彩逐渐形成一种形式，影响着人们的消费行为。这也是金融机构设计营销策略时的密切关注点。

3.2.4　技术环境

从技术环境层面看，随着央行第二代支付系统的上线和金融机构会计结算电子化技术的应用，未来的自动取款、电子汇兑和网络金融机构等业务将更具服务效率。各种衍生金融工具的开发和应用使得金融机构能更准确、快捷、高质量、大容量地为客户提供新的金融产品和服务。金融营销可以根据现有金融工具寻求满足客户需求的服务方案，并通过数据挖掘技术以更低的营销成本发掘潜在客户。

随着我国金融业 IT 投资的不断提高，互联网将成为主战场。2011—2014 年，中国金融业 IT 投资规模不断提高，截至 2014 年，中国金融业 IT 应用投资规模高达 1 140 亿元，同比增长 5.2%。随着金融改革与对外开放，国内资本市场的景气度将进一步延续，金融 IT 市场也将持续扩容。2018 年，我国金融机构技术资金投入达 2 297.3 亿元，其中投入以大数据、人工智能、云计算等为代表的前沿科技资金为 675.2 亿元，占总体投入比重为 29.4%。从金融机构技术资金投入结构来看，支付业务因其受众最广、交易最高频的特性投入占比最高。艾瑞咨询预计，到 2022 年中国金融机构技术资金投入将达到 4 034.7 亿元，其中前沿科技投入占比将增长到 35.1%。2018 年国内金融机构中已经使用云计算和有计划使用云计算的合计占比达 88%。到 2023 年我国金融云解决方案市场规模将达到 35.90 亿美元，五年间复合增长率达 40.24%。2018 年中国区块链市场规模达 1.60 亿美元，同比增长 92.77%，预计 2022 年中国区块链市场规模将提升至 14.20 亿美元，五年间复合增长率达 72.60%。预测 2022 年中国银行业 IT 解决方案市场规模将达到 894.2 亿元，近五年复合增长率 20.8%；保险业 IT 解决方案市场规模将达到 178.0 亿元，近五年复合增长率达 21.1%。[①]

在互联网金融时代下未来金融行业对 IT 的投入主要会集中在以下两个方面：一方面，数据收集及处理。通过数据可以帮助金融企业迅速精准地找到目标客户，并针对这些客户进行精准的广告投放。而随着营销手段和呈现方式的逐步丰富，已有的金融产品也更容易找到目标客户，使得金融企业在互联网上获取新用户的能力以及产品销售能力大大增强。另一方面，移动互联网。移动互联网是互联网的升级和进化，在互联网领域，各金融企业的竞争格局相对固定，未来谁能够在移动互联网占领先机，则可以提前取得战略优势。

3.3　金融营销的微观环境分析

3.3.1　微观环境分析框架

微观环境也称个体环境，金融市场营销微观环境是指与金融营销活动直接发生关系

---

① 资料来源：中国产业信息（http://www.chyxx.com）。

的具体环境，是决定其生存和发展的基本环境。本节将从行业内竞争、潜在入侵者威胁、替代品威胁、资金供给方和资金需求方议价能力五个维度对金融营销微观环境进行分析，即"波特五力"分析框架，如图 3 - 2 所示。

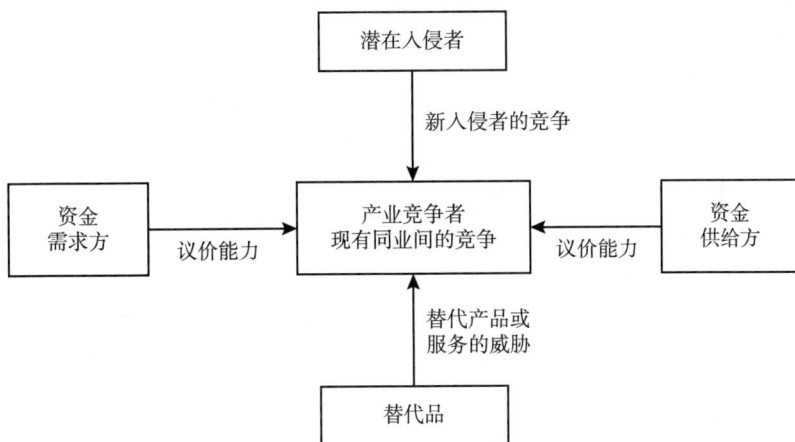

图 3 - 2　微观环境"波特五力"分析框架

3.3.2　微观分析的主要内容

1. 产业竞争者分析

行业内竞争的程度可以运用市场集中度、产品差异化程度等指标予以衡量。

（1）产业集中度。所谓产业集中度是指某行业的相关市场内前 N 家最大的企业所占市场份额的总和，是对整个行业的市场结构集中程度的测量指标，用来衡量企业的数目和相对规模的差异，集中反映了市场的竞争和垄断程度。

以金融市场的银行业为例：我国共有六家国有大型商业银行，根据中国银行保险监督管理委员会网站公布的相关数据显示，它们的行业集中度超过 50%，垄断力很强，属于典型的寡占型垄断。但是有微弱迹象表明，由于金融管制放松，其他类型的银行（如股份制商业银行、城市商业银行以及外资银行）有了较大发展，市场的竞争因素越来越强。

随着金融业务的发展，金融机构的数量不断增加，分支机构的设立也日趋增多，而金融机构业务范围的扩大使得各家金融机构都努力朝着综合型、多功能型金融企业的方向发展。为了在激烈的竞争中求得生存与发展，各金融机构不得不大力开展营销活动，吸引更多的客户，争取更大的市场份额。

（2）产品差异化。所谓产品差异化，是指企业在其提供给顾客的产品上，通过各种方法造成足以引发顾客偏好的特殊性，使顾客能够把它同其他竞争性企业提供的同类产品有效地区别开来，从而达到使企业在市场竞争中占据有利地位的目的。

2. 潜在入侵者分析

金融业的进入壁垒因素主要集中在规模经济和政府政策这两个要素上。

（1）规模经济影响。金融业的高负债率和高风险性以及强大的社会效应等，要求其具有一定量的资本并且在经营上要有一定的规模。我国民营企业数量非常庞大，民营经济对中国 GDP 的贡献度高达 50% 以上。民营企业对我国的税收、就业也作出了巨大的贡献。而且随着存款保险制度、利率市场化等一系列制度安排的陆续推出，以银行业为例：2014 年 3 月 11 日首批 5 家民营银行已经开始试点，分别是深圳前海微众银行、浙江网商银行、上海华瑞银行、天津金城银行和温州民商银行，截至 2020 年 4 月，共有 19 家民营银行营业。可以预期，我国民营银行将迎来一轮发展的新高潮。

国家开放民营银行的目的主要在于完善现有的金融体系，弥补小微企业融资市场的欠缺，形成机构合理的金融体系，从而为实体经济特别是中小微企业、"三农"发展提供支持，以及为大众创业、万众创新提供有针对性、更便利的金融服务。总体而言，由于银行业外部环境的变化以及政策上的定位，民营银行的发展不会对现有银行业结构产生根本性冲击。然而并不意味着其未来没有发展成为大银行的可能。少数经营良好、客户基础广泛的民营银行，完全有成为大银行的潜力，并产生相应的规模效益，而政策上对此也保持着相当开放的态度。传统银行业应当做好相应的准备以应对营销带来的竞争。

（2）政府政策影响。行政壁垒是我国金融业主要的进入壁垒。根据法律规定，金融机构的设立、分立和合并等，都要经银行保险监督管理委员会审查批准。另外，一些具体事务也要获得审批才能开展，比如变更注册资本、变更总行或者分支行所在地、调整业务范围等。这表明，我国对金融中介的设立等环节实行了严格的审批制。

在我国加入 WTO、金融逐步开放的过程中，我国金融机构面临的最直接的潜在进入者是外资金融机构。伴随数量持续增加的同时，外资金融机构入股中资金融机构的广度、深度不断增加，经营人民币业务数量也逐渐增多。

科技巨头，以数据、科技为名，意图将触角渗透到更广泛的领域。当下的信息革命，以互联网与全球化普及为重要标志，正在冲击着金融行业。2018 年微众银行联合腾讯发布的一份报告显示，互联网平台已成为用户流动资金主要管理平台，选择微信或支付宝的用户占 50% 以上，选择银行的由 2017 年的 40.1% 下降至 33.1%；近 30% 的用户通过互联网进行转账、汇款……新竞争者与传统金融的全面合作已经开始，科技赋能金融将更多的在纵向上的金融各环节应用上，如何深潜金融科技的应用，挖掘金融服务中潜在的痛点和需求，成为下一阶段的关键，这对我国金融业带来的营销压力将显著增大。

3. 替代品的威胁

金融业面临两方面的替代威胁：资本性脱媒和技术性脱媒。

金融市场分为直接金融和间接金融，间接金融亦称媒介金融。随着以资本市场为中心的新金融商品的开发和需求的创造，特别是随着资本需求的超强劲增长，使得以证券市场为中心的资本市场功能日趋凸显，而传统金融媒介作用则趋于萎缩，利润下降，存贷利差收入减少，依靠传统的存贷业务难以维持生存的状况。这就是所谓"资本性脱媒"现象。

技术性脱媒是指 IT 业也将会占领金融支付的领域，金融作为社会支付的平台，其支付功能是借助 IT 实现的。但是当前很多 IT 企业，从微软到索尼，都在试图进入支付领域。2019 年第四季度中国移动支付市场交易总额高达 59.8 万亿元，增长速度同比提升了 13.42%。第一名支付宝在 2019 年第四季度已将其市场份额占比扩大到 55.1%，环比增长了 0.6%；腾讯财付通则以 38.9% 的市场占有率位居第二，环比下降 0.6%；第三名为壹钱包，其市场份额为 1.4%。总的来看，支付宝和腾讯财付通在移动支付市场的占有率高达 94%。

第三方可以通过帮助基金、保险公司扩大销售渠道，做大直销和代销服务，在一定程度上将冲击传统金融中介的代理销售的垄断地位；对金融业存贷款业务也有潜在影响。随着第三方支付平台的高速发展以及业务领域拓展，对存款的"投资"功能形成分流和竞争。同时，第三方支付机构凭借对产业链上下游之间交易行为和资信记录的全面掌握，为中小企业和商户打造网络融资平台，未来将与传统的信贷业务产生竞争。例如，淘宝推出的基于支付宝平台的贷款业务，包括订单贷款、信用贷款，具有一定供应链融资的雏形，使其业务拓展到金融传统的信贷领域。

4. 资金供给方（金融产品购买者）议价能力

随着我国居民收入水平的提高，资金供给方（金融产品购买者）获取信息的渠道越发丰富，对金融产品的需求也越发多样化，而且金融产品和服务日趋增加，资金供给方（金融产品购买者）可选择性也大，有较强讨价还价的余地。

近年来，随着我国居民收入水平的提高，金融消费观念也随之更新，资产投资、资产增值的意识日益加强。一是寻求可靠的保值渠道。例如，选择购买国债、保险和一定额度股票，购买用于出租的保值前景看好的街面房等。可见，金融行业单一的吸收存款功能已不能顺应客户资产多元化发展的趋势，而这也正是国内金融营销十分薄弱的环节。二是追求更大的资产增值。在追求更大资产增值的动机下，客户为了达到不同时期的资产增值目标，努力寻求不同时期最为理想和合适的资产增值渠道，如选择股票投资、外汇买卖、开办企业、炒房地产等。

不同的客户对金融服务有着不同的要求，金融行业必须从客户（包括现实的客户与潜在的客户）的角度出发，对他们的需求进行认真分析，才能制定出与市场相符的营销战略，提供让客户满意的服务，最终实现金融行业的营销目标。

5. 资金需求方（贷款者）议价能力

金融机构的资金需求方可以理解为资金的需求方即贷款者。相对贷款者而言，我国金融机构的垄断能力也较强，这使国内金融机构一度忽视了客户关系管理。

由于金融产品购买者相对金融机构数量而言要多得多且相对分散，其购买能力不集中。而且金融机构须遵照有关规定以确定存款利率和发放贷款，所以各金融机构提供的产品具有较强的同质性，属于标准化产品，因而金融机构业是一种标准化行业。这些都决定了金融机构具有更大的讨价还价能力。

3.4　金融营销环境综合分析法

3.4.1　综合分析框架

3.2 节和 3.3 节分别介绍了金融机构营销宏观环境和微观环境分析方法，然而在实际营销活动中，我们不仅要考虑到宏观环境的变化，也要注重微观环境改变带来的影响，因此常常把宏微观环境作为一个整体来进行综合分析。本节将从优势（Strengths）、劣势（Weaknesses）、机会（Opportunities）、威胁（Threats）四个方面对金融机构营销环境进行综合分析，即 SWOT 分析法，如图 3 - 3 所示。

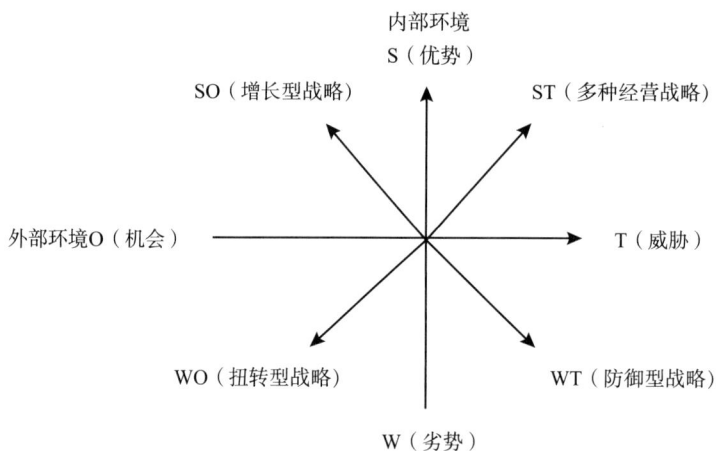

图 3 - 3　宏微观综合 SWOT 分析

3.4.2　综合分析内容

1. 外部环境分析

外部环境因素包括机会因素和威胁因素，它们是外部环境对公司的发展有直接影响的有利和不利因素，属于客观因素。常用的外部环境分析方法就是 3.2 节介绍的 PEST 分析法，从政治法律、经济、社会和技术四个方面总结出金融机构营销面临的外部机会和威胁。

（1）机会分析。机会，是组织机构的外部因素。它是指对公司行为富有吸引力的领域，在这一领域中，该公司将拥有竞争优势。环境机会是影响公司战略的重大因素，公司经营者应当确认并充分把握每一次机会，评价每一次机会给企业带来的成长和利润空间。具体包括：新产品、新市场、新需求、外国市场壁垒解除、竞争对手失误等。

（2）威胁分析。威胁，也是组织机构的外部因素。它是指环境中一种不利的发展趋势所形成的挑战，如果不采取果断的战略行为，这种不利趋势将导致公司的竞争地位受到削弱。具体包括：新的竞争对手、替代产品增多、市场紧缩、行业政策变化、经济衰退、客户偏好改变、突发事件等。

2. 内部环境分析

内部环境因素包括优势因素和劣势因素。它们是公司在其发展中自身存在的积极和消极因素，属于主动因素。在调查分析这些因素时，不仅要考虑到历史与现状，而且更要考虑到未来发展问题。常用的内部环境分析方法就是在 3.3 节介绍的波特五力分析法，通过该方法总结出金融机构组织自身的优势和劣势。

（1）优势分析。优势，是组织机构的内部因素。它是指一个企业超越其竞争对手的能力，或者指公司所特有的能提高公司竞争力的东西。具体包括：有利的竞争态势、充足的财政来源、良好的企业形象、技术力量、规模经济、产品质量、市场份额、成本优势、广告攻势等。

（2）劣势分析。劣势，也是组织机构的内部因素。它是指一个企业与其竞争对手相比，做得不好或没有做到的东西，从而使自己与竞争对手相比处于劣势。具体包括：设备老化、管理混乱、缺少关键技术、研究开发落后、资金短缺、经营不善、产品积压、竞争力差等。

3. SWOT 分析战略

通过宏微观分析后，可列出 SWOT 矩阵各个要素的要点。

（1）SO 战略（增长型战略）。增长型战略，即最大与最大对策，着重考虑优势因素和机会因素，目的在于努力使这两种因素都趋于最大。SO 战略是一种发挥企业内部优势而利用企业外部机会的战略。

（2）ST 战略（多种经营战略）。多种经营战略，即最小与最大对策，着重考虑优势因素和威胁因素，目的是努力使优势因素趋于最大，使威胁因素趋于最小。ST 战略是一种利用本企业的优势资源回避或减轻外部威胁影响的战略。

（3）WT 战略（防御型战略）。防御型战略，即最小与最小对策，考虑弱点因素和威胁因素，目的是努力使这些因素都趋于最小。WT 战略是一种旨在减少内部弱点，同时回避外部威胁的防御型战略。

（4）WO 战略（扭转型战略）。扭转型战略，即最小与最大对策，着重考虑弱点因素和机会因素，目的是努力使弱点趋于最小，使机会趋于最大。WO 战略是一种通过利用外部机会来弥补内部弱点的战略。适用该战略的基本情况是企业存在一些外部机会，但企业内部有一些弱点妨碍着它利用这些外部机会。

4. SWOT 分析法整体框架

SWOT 分析法将金融机构宏微观环境进行整合分析，最后得出有效战略。SWOT 分析框架如图 3-4 所示。

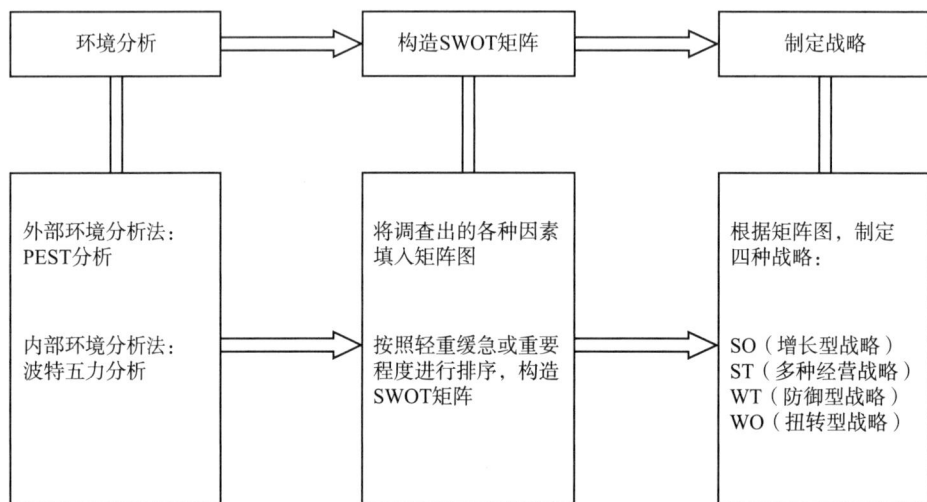

图 3-4　SWOT 分析框架

精选案例

案例 3-1　招商银行信用卡营销环境分析——基于 SWOT 分析

一、招商银行简介

招商银行于 1987 年在深圳成立，是中国境内第一家完全由企业法人持股的股份制商业银行，也是国家从体制外推动银行业改革的第一家试点银行。成立 33 年来，伴随着中国经济的快速增长，从当初只有 1 亿元资本金、1 家营业网点、30 余名员工的小银行，发展成为资本净额超过 3 600 亿元、资产总额超过 4.7 万亿元、全国设有超过 1 200 家网点、员工超过 7 万人的全国性股份制商业银行，并跻身全球前 100 家大银行之列。凭借持续的金融创新、优质的客户服务、稳健的经营风格和良好的经营业绩，招行现已发展成为中国境内最具品牌影响力的商业银行之一。

二、招商银行信用卡的 SWOT 分析

（一）优势分析

1. 良好的公司治理机构

招商银行作为我国真正意义上的由企业法人持股的股份制商业银行，已根据国家相关方面的规定完善了股东大会、董事会、监事会等相关制度，建立了较为完善的公司治理机构及机制。

2. 服务与品牌优势

招商银行的"葵花"文化生动地诠释了招商银行"因您而变"的服务理念。2014年 4 月 3 日，招商银行被《亚洲银行家》评为"中国最佳零售银行""中国最佳零售股份制银行"和"最佳小微企业银行"。据尼尔森研究报告显示，招商银行信用卡已成为最受中国消费者欢迎的信用卡品牌。

3. 多样化的创新

自 2002 年 12 月招商银行推出国内首张一卡双币全球通标准信用卡开始，其不断寻求创新。并根据产品开发的特点和推广范围，将新产品开发分为三种类型：总行开发，全行推广；分行开发，分行推广；分行开发，总行验收后推广。招商银行推出了第一张Mini 卡、第一张航空卡；国内第一家将公益事业与企业经营无缝对接的"信用卡慈善平台"；最早提出积分有效等。每一次创新都是一个业界的标杆，招商银行信用卡更是被专家誉为国际信用卡发展史上的一个奇迹。

4. 主动抓住机遇

1998 年招商银行准确把握住了历史机遇，率先推出"一网通"服务，"一网通"服务的推出成功弥补了招行在物理网点上的不足，"一网通"的推出还使招行快速抢占了金融服务领域的制高点。至此，招商银行已然在客户和业界心目中树立起科技领先型银行的形象。

（二）劣势分析

1. 银行业同质化现象严重

市场复杂、客户分散、需求多样，是零售银行业务的基本特征。招商银行虽然采取了市场细分战略，信用卡的品种多达数十种，而且新产品的推出方面也比其他国有控股银行更先一步，但是银行产品很容易被复制，其他银行只需很短时间便可以推出相似类型的产品。这使得诸多银行在信用卡的营销上只能打价格战，最终导致营销效果不明显，也不利于信用卡市场的健康发展。因此，招商银行要把个性化视为产品的生命力。

2. 营销渠道单一

目前招商银行信用卡业务在保留原分行渠道和网络渠道的同时，率先引入了直销渠道。信用卡直销规模在国内最大，成为信用卡营销的第一渠道。与我国信用卡的发放渠道是客户到银行申请相区别，但是仍然没有明显改观。与发达国家信用卡的营销渠道相比仍显得过于单一。

3. 资产实力与力量较弱

招商银行于 1987 年成立，起步较晚，与六大国家控股大型商业银行相比，有较大的差距，不利于发挥规模效应。

4. 机构网点不足，限制业务拓展

招商银行的营业网点相对于国有大型商业银行来说，规模较小。网点不足的根源在于招行的资产规模与大型商业银行规模差距较大。

5. 忽视信用卡知识的普及

招商银行在营销信用卡时不断通过各种优惠政策和营销手段大力推进信用卡发行量，但是与此同时却不能及时跟进对持卡人信用卡知识的普及。这使得很多低收入人群误以为信用卡只能是高收入、高学历人群才能使用。此外，信用卡销售人员在营销新客户时往往一味地强调信用卡的投资消费功能，这与中国人历来量入为出的消费习惯相悖，令很多中国人难以接受。

（三）机会分析

1. 外资银行的参与

发达国家的银行在长期的实践中积累了宝贵的金融营销实践经验。入世以来，外资银行涉及的领域及层次得到发展，这在给国内银行带来更大挑战的同时，也更有利于我国银行学习更加先进的管理经验。

2. 信息技术的迅猛发展

虽然国有商业银行有国家信用的支持，遍布全国的网点布局，在传统银行业务的开展方面具有一定优势，但是信息技术的快速发展推动了网上银行、电话银行、手机银行等无形渠道的迅猛拓展。招商银行的一网通是我国国内第一家网上银行，电子银行渠道的快速成长，在一定程度上能够有效弥补招商银行网点的不足。2013 年，招商银行的电子渠道在个人零售业务方面的柜面替代率超过 91%。2018 年年末，招商银行的零售电子渠道综合柜面替代率已经达到了 98.24% 的水平。

（四）威胁分析

1. 银行业同业竞争加剧

除了传统的六大国有控股银行以外，新型机构的发展也在一定程度上受到政府政策扶持。随着我国金融业的对外开放，对外资银行实行国民待遇，这使得招商银行面临更大的挑战。

2. 优秀人才抢夺更加激烈

外资银行想要在中国长期地发展下去，就必须要人才本土化。因此，使得各大银行对于优秀人才的争夺更加激烈。

3. 银行卡刷卡手续费下调

自 2014 年 2 月 25 日起，银行卡刷卡手续费新标准正式实施。而招商银行的信用卡收入主要来自利息收入、交易手续费收入和年费收入三部分。刷卡手续费的下调会使信用卡业务的部分收入下降，也会对招商银行现行的信用卡商业模式带来很大变化。

三、改善招商银行卡营销现状的启示

（一）积极利用信息技术，拓展营销渠道

信息技术的迅猛发展与应用推广，给信用卡的营销方式带来巨大的变化，只有准确把握消费者对信用卡营销方式的最新需求，才能抢占商机，获得长足发展。

（二）重视人才，实行人才新兴战略

中国本土的信用卡营销方式与外资银行还具有较大的差距，而招商银行想要弥补金融营销经验和方法上的差距，最好的方法就是重视人才的引进和培养。增强专业人才的成就感和归属感，以此促进招商银行的长远发展。

（三）拓宽营销渠道，提供差异化服务

为适应市场竞争，提高市场占有率。招商银行必须拓宽发行渠道，创新出更多的营销方式，开发新的营销平台。随着信息技术的快速发展，信用卡和互联网的结合成为必然的选择，电子银行以其低成本、高效率的特点成为未来营销方式的重点。只有找准突破口，有的放矢，为客户提供有针对性、个性化的服务，才能卓有成效地开拓零售银行业务。

（四）营销手段实现从量的竞争向质的竞争的转变

信用卡业务的主要竞争不仅是发卡数量的竞争，而是信用卡自身带来的利润率水平高低的竞争。因此，在产品开发上应该努力提高真正对银行利润有贡献的信用卡占总发卡量的比例，以及单张信用卡的使用率，减少"死卡"和"睡眠卡"给发卡行带来的损失。招商银行应该认真审查申请人的资格并对其消费能力进行评估，保障信用卡的质量。

资料来源：高萍. 浅析招商银行信用卡营销环境——基于 SWOT 分析［J］. 新经济，2014（8）：38-39。

案例 3-2　普惠金融的模式对比分析

一、五种典型产业扶贫模式的案例情况

（一）宾川茹村葡萄种植——本地龙头+合作社

茹村位于大理州宾川县大营镇，是国家级贫困县宾川的 23 个贫困村之一。茹村产业结构单一，近年来农民的主要收入来源于葡萄种植，由于气候冷凉、雨水较多，葡萄产量不高，增收带动有限。为了增强县主导产业葡萄的带动作用，采用"党支部+龙头企业+合作社+基地+贫困户"的党建与产业扶贫双推进模式让全村 141 户贫困户实现了稳定脱贫。2010—2015 年茹村人均收入从 3 695 元增长到 8 360 元。其主要做法：一是引入本县龙头企业华侨庄园建立种植基地，主要提供技术及销售服务；二是多方融资，基地的启动资金共 1 500 万元。分别为龙头企业以水果权证为担保提供 500 万元扶贫贷款（每带动一户贫困户，按 5 万元的标准可向银行申请项目贴息贷款，并享受年利率 3% 的扶贫项目贷款贴息和年利率 2% 的县财政补贴），县扶贫办风险金质押贷款 500 万元，合作社来自贫困户每户 5 万元的扶贫贷款。农户主要受益：一是贫困户每年 3 200 元的分红；二是土地流转受益；三是协议价收购；四是基地务工收益。

（二）温氏大德生猪养殖——外地龙头+合作社

曲靖温氏大德扶贫小区是温氏股份进入云南的第一个生猪养殖产业扶贫小区，采取"村党总支+龙头企业+专业合作社+贫困户"的产业扶贫资产收益模式。小区主体建设及附属工程总投资共计 560 万元，由政府各部门整合资金入股 210 万元；村集体投入 50 万元（多数为征地补偿款），此两部分形成资产为村集体所有；温氏垫资投入设备共

120 万元，盈利后分期偿还；挂钩单位区司法局协调帮助该村 52 户贫困户贷款共计 26 万元入股，并垫付 3 年的利息。由承建方垫资 154 万元的建设资金，盈利后分期偿还。小区采取合作经营与委托经营并行的运营模式，由大德村委会委托合作社对养殖示范小区全面负责经营管理。即合作社与沾益温氏畜牧有限公司签订养殖合作协议，养殖扶贫示范小区经营管理采用"委托经理人＋贫困户"的模式，聘请合作社理事长作为经理人进行经营管理，履行职业经理人职责。合作社与温氏盈余分配比例为 6：4，即按照可分配盈余的 60% 对合作社成员进行分配，2017 年合作社每户分红 5 000 元。

（三）沾益大坡万寿菊种植——龙头＋政府推动

沾益区大坡村于 1998 年开始种植万寿菊，现已成为全村的主导产业。该村现建有万寿菊标准化示范基地 3 000 亩，万寿菊产值 846 万元；2012 年人均纯收入 4 600 元，万寿菊产业收入 3 496 元，占人均纯收入的 76%；万寿菊产业覆盖农户 960 户，占总农户的 87%。该村依托国家级龙头企业曲靖博浩生物科技有限公司，按照"公司＋政府＋农户"的模式，实行订单生产。该模式通过"十个统一"：统一品种、统一播种期、统一机耕、统一移栽期、统一移栽规格、统一测土配方施肥、统一中耕管理、统一病虫害防治、统一收购、统一加工销售，形成了产、供、销一体化服务。为扶持万寿菊产业，乡政府通过补助的方式鼓励并发动广大群众种植，如每 50 亩以上的连片种植给予村委会 70 元/亩的机耕补助，完成收购任务的村委会给予鲜花产量 20 元/吨的补助。2017 年全乡共种植万寿菊 1.28 万亩，收购鲜花 1.1 万吨，实现产值 1 100 万元。其中大坡村委会带动贫困户 72 户，户均收入 4 000～6 000 元。

（四）石林烟叶合作社——国企＋合作社

石林县林口铺和摩村，一直以来农户经济收入来源单一，多数农户 2016 年年均收入仅 2 860 元，生活水平较低。自 2016 年以来，通过石林烟草分公司牵线搭桥，在林口铺村和摩村成立烤烟技术服务专业合作社，利用"公司＋合作社""公司＋合作社＋农户"组织模式，充分利用土地、富余劳动力等有效资源，形成以发展烤烟主业为基础，开展多元化经营为渠道的致富方式，进一步拓展烟农增收渠道，助力提高烟农增收。2017 年务工收益人均 5 000 元。其他种养殖收入贫困户分红户均 6 万元。

（五）南涧恒忠乌鸡养殖——能人带动

大理州南涧小湾东镇集民族、山区、贫困于一体，贫困面大贫困程度深。其中岔江村是南涧县最偏远的一个行政村，到县城有 80 公里。村民茶恒忠抓住全县"一只鸡"产业的培植政策，发展当地建档立卡贫困户入股成立恒忠专业合作社。采取"带鸡入社""委托代养"等方式，吸纳了部分有强烈发展欲望的建档立卡户，还采取"借鸡还本"等方式，实现精准对接帮扶。目前，恒忠无量山乌骨鸡养殖专业合作社年出栏商品鸡 20 余万羽。其中有 23 户在村民合作社也入股的农户实现了重叠式入股分红，这 23 户人家通过在两个专业合作社中务工与分红，年收入最高的可达 5.4 万元，最低的也有 2 万元。

二、五种模式的微观对比分析（见表 3 – 1 ~ 表 3 – 5）

表 3 – 1　　　　　　　　　　　　案例对比

维度	茄村葡萄	温氏大德产业扶贫示范小区	大坡万寿菊种植	石林烟叶合作社	恒忠乌骨鸡养殖
组织模式	本地龙头 + 合作社 + 党支部	外地龙头 + 合作社 + 党支部	本地龙头 + 政府推动	国企 + 合作社 + 党支部	能人带动
经营主体	合作社	曲靖温氏	博浩生物	合作社	个人
产业类型	资源禀赋	市场需求	市场需求	市场需求	资源禀赋
资金构成	公司抵押贷款 500 万元，县扶贫办风险金质押贷款 500 万元；贫困户产业扶持贷款入股 500 万元，共 1 500 万元	政府整合 210 万元，村集体土地流转入股 50 万元，贫困户扶贫贷款 26 万元，温氏与承建方各垫资 120 万元、150 万元，共 556 万元	每年政府提供给村委会 35 万元的各种补助	合作社贷款 200 万元，烟草公司资助 40 万元，土地流转入股 200 万元，合作社理事 20 万元，共 460 万元	产业扶持资金 30 万元，合作社贷款 120 万元，恒忠投资 72 万元，共 222 万元
带动规模	141 户贫困户	52 户贫困户	699 户，其中 79 户贫困户	425 户，栽烟户其中 39 户贫困户	147 户，其中 96 户贫困户
覆盖地域	1 个村委会	1 个村委会	全乡	3 个村委会	5 个村委会
参与方式	土地租金、种植收益、扶贫资金入股分红	村集体土地入股、贫困户扶贫贷款	订单农业	村集体土地入股、扶贫资金入股分红	委托代养、务工、订单养殖
户均年收益	2016 年分红、种植收益、务工收益年均共 9 190 元	2017 年户均 5 000 元，村集体收入 2.7 万元	2017 年户均 4 000 ~ 6 000 元	2017 年务工收益人均 5 000 元，种养殖收入贫困户均 4 ~ 6 万元	一般社员养殖 1.7 ~ 6 万元；23 户建档立卡贫困户，务工 + 分红 2 ~ 5.4 万元
利益分配模式	贫困户认养并享有其 50% 收益；无劳动能力的从整体收益中提取 20% 保障最低收益	总利润的 60% 支付给温氏和承建方的垫资，其余的 40% 归合作社（4：6 比例分配给村集体和贫困户）	种植收益	收益 60% 用于贫困户及受益农户，40% 归合作社	养殖收益、务工分红
主要风险	市场波动、自然灾害	市场波动大、猪瘟疫情	自然灾害	市场波动、瘟疫、自然灾害	市场波动
风险分担	保底价收购，自然风险不明确	温氏集团	保底价收购，农户自然风险	烟草价格稳定，其他农户承担	保底价，其他养殖户
可复制性	好，全县推广	中等，扩张取决于龙头需要	好，全区推广多年	中等，受限于主要烟草区	好，全县推广

续表

维度	祐村葡萄	温氏大德产业扶贫示范小区	大坡万寿菊种植	石林烟叶合作社	恒忠乌骨鸡养殖
可持续性	好	好	好	中等	中等
能力培养	获得种植技术及储备发展资本	村集体获得稳定收入和管理经验	万寿菊种植技术	种养殖技术及储备发展资本	养殖技术，获得起步发展资本
村两委组织能力	强，镇政府动员组织200亩土地流转	中等，合作社职业经理人为村两委人员	强，乡政府组织各村委会大力推动	强，理事长任村小组党支部书记组长	强，核心成员多为党员

表 3 - 2　　　　　　　　　　　　资金使用效率得分

资金使用效率	祐村葡萄	温氏大德	万寿菊	合叶烟叶	恒忠养殖
可覆盖范围	22.22	11.11	33.33	22.22	22.22
吸纳贫困户	33.33	13.33	19.99	6.66	26.66
每户收益/投入	13.13	6.66	19.99	26.66	33.33
总计	68.68	31.1	73.31	55.54	82.21

表 3 - 3　　　　　　　　　　　　利益联结机制得分

利益联结机制	祐村葡萄	温氏大德	万寿菊	合叶烟叶	恒忠养殖
收入的稳定性	16.66	25	25	25	16.66
项目的盈利性	15	10	10	25	20
分配的扶贫性	25	25	16.66	16.66	16.66
风险分担	16.66	25	16.66	16.66	16.66
总计	73.32	85	68.32	83.32	69.98

表 3 - 4　　　　　　　　　本地/外地龙头类型扶贫绩效对比

龙头类型	资金使用效率	利益联结	项目瞄准	总平均分
本地龙头	71.1	70.82	73.33	71.45
外地龙头	43.32	84.16	76.65	68

表 3 - 5　　　　　　　　不同比较优势类型扶贫绩效对比

比较优势类型	资金使用效率	利益联结	项目瞄准	总平均分
资源禀赋 + 本地投资者	75.54	71.65	73.33	73.39
市场需求 + 外地投资者	31.31	85	100	72.03
市场需求 + 本地投资者	73.31	68.32	80	73.87

三、分析结论与政策启示

基于以上案例比较与分析可以归纳出以下五方面的发现。

（1）不同组织模式总体扶贫绩效差异不大，但在不同的维度上各有优缺点。"能人＋合作社"型资金使用效率最高，但该种模式的限制性也很明显。比如项目的成败对"能人"的依赖太大，其综合素质直接决定了项目收益的稳定性；同时能人对抗风险的能力与大企业相比明显不足，因此风险在所有模式中也最大。"龙头＋合作社"型项目的瞄准性和利益联结表现都很好，但资金使用效率低，特别是投入/收益比上显著低于其他类型。"龙头＋政府推动"型项目瞄准最好，但利益联结机制欠佳。"国企＋合作社"型利益联结机制最稳固，同时资金使用效率和项目的瞄准得分最低。

（2）本地投资主体比外地投资主体的扶贫绩效更加稳定和均衡。本地投资主体的模式整体扶贫绩效略高于外地型，在三个不同维度上表现都十分稳定。外地投资主体的项目利益联结机制和项目瞄准较好，但资金使用效率不理想。

（3）资源禀赋型扶贫项目比市场需求型整体扶贫绩效更好。资源禀赋型与本地投资型一样在三个维度上都比较均衡，表现良好；而市场需求型和外地投资型均在资金使用效率上很低。

（4）不同的类型的产业模式相互组合可以弥补短板，加强优势。如"市场需求＋外地投资者"的组合方式相互加强了二者各自在不同维度上的优劣，即资金使用效率仍然很低，而在项目瞄准和利益联结机制上都得到了增强。"市场需求＋本地投资者"组合同样在资金使用效率上相互弥补，本地投资型在资金使用上的高效弥补了市场需求型在此维度上的短板。

（5）企业越大扶贫资金使用效率越低。主要是与企业自身的资金实力和管理成本上特点相关。一方面企业自身的资金实力造成了在选择项目产品上的差异。小企业为解决资金短缺、周转困难的难题自然而然地会避开那些投资规模大、产品周期长的产品，从而选择那些投资小、见效快的产品，而大企业相对不用太过担心这个问题。如恒忠乌鸡养殖鸡圈及鸡苗的投入最多十几万元甚至二十几万元，一般100天就可以出栏。而温氏大德养殖前期基地建设就高达500多万元，温氏还要垫付猪苗、饲料等费用，肉猪最快也要十个月出栏。一头肉猪的上市成本就高达1 291元，而一只鸡则不会超过100元。另一方面大企业的管理成本要成几何级的高于小企业，如温氏集团员工雇员就达3万多人，每年的产品研发经费基本在2亿元。

资料来源：陈忠言.产业扶贫典型模式的比较研究——基于云南深度贫困地区产业扶贫的实践［J］.兰州学刊，2019（5）：161－175。

案例 3 - 3　车险竞争的新趋势

商业车险费率改革的推进，使财险公司的市场策略更为积极，促进了业务的快速发展、产品设计的不断改善、服务水平的提升、科技应用加速。未来，商业车险市场将呈现多元化竞争的趋势。

一、车险市场竞争愈加激烈

商业车险费率改革的不断深化，促进了最充分的市场竞争，以充分的竞争刺激分工的深化，推动技术进步，提升专业知识积累。充分竞争的程度越高，整个市场运行相对来说就会越有效，进而更有利于促进经济的增长和让消费者获得更多更好的利益。愈加激烈的车险市场竞争和市场发展空间的争夺，将使财险公司的车险经营能力面临进一步考验，迫使财险公司为改善承保情况，对业务增长、费用率、赔付率等因素进行综合考虑，在防风险、降成本、提质、增效上下功夫，以控制综合成本率。车险市场竞争程度的进一步提升，会促进产品供给，有利于提高服务质量，使市场更活跃。

二、车险市场个性化发展

商业车险费率改革的深化，将促进车险市场个性化发展。这对追求专业精准、效益优化的保险公司来说尤其利好，经营优势将会凸显。国内中小财险公司或将借机推动车险市场加快进入个性化区分，与大型财险公司错位发展，找准自身市场定位，从努力于规模扩张转为致力于有效增长，从老套路经营转为差异化、多样化、专业化经营，从主要靠资本驱动转为主要靠科技驱动，创新个性化突出的车险业务模式，开拓别具一格的车险发展路径。中小财险公司是保险业发展的重要动力和保障经济持续健康发展的关键群体，在保险市场体系中最具创新活力，商业车险费率改革越走向市场化，越可能为其提供创新、提效、"超车"的机会。

三、各营销渠道间竞争发生变化

随着线上线下保费净价格趋同，以及向客户返还保单以外的利益等促销手段被抑制，返利高的一些渠道受影响或竞争力下降，网销等渠道或将提升竞争力。从数据上看，2018年一季度，互联网财产保险业务累计实现保费收入144.56亿元，同比增长30.90%。其中，互联网车险保费收入84.07亿元，同期增长13.17%，并连续3个月保持正增长，扭转了2016—2017年连续24个月负增长的状态；但业务占有率仍持续下滑，一季度互联网车险业务占比58.16%，同期下降9.11个百分点。互联网车险业务在互联网财产保险业务的占比举足轻重，潜力也非常大，随着改革带来的车险市场积极因素作用于互联网渠道，以及保险科技对互联网渠道的赋能，必将激发互联网车险的创新活力，促进互联网车险的竞争力不断提升。

四、去中介化趋势愈发显现

保险公司竞争最激烈的就是渠道竞争，渠道主要指的是中介。而随着改革深入，使车险价格透明度越来越高，信息不对称情况再也不易被利用，对保险中介经营的车险业务范围将形成严峻的挑战，部分较为依赖个人和中小企业客户的保险中介的车险市场份额将面临很大冲击。加之监管层严禁中介代理给车主垫付保费，而各大型财险公司又在积极搭建自家的交易平台，原有营销渠道的格局也许将面临重大改变，保险中介又缺乏服务场景和用户黏性，随着事态的发展，去中介化的趋势愈发显现。不过，在"BAT"等互联网巨头和中车集团、北汽集团等国有重点企业以及国寿财险、太平财险、大地保险等保险公司纷纷积极布局保险中介行业的情势下，保险中介会发生什么？是否会有颠覆性的变化？还有待市场观察。

五、车险产品创新

商业车险费率改革不断深化与车联网数据技术的发展，将力推车险产品创新。例如，保额大小的判断依据会加快从车型向以"人"为中心转变，越是优良的司机享受的车险价格及服务越优，行为习惯差的司机得付出更高的成本。这一基于客户行为的车险产品，通过驾驶员行车过程中的各种行为数据，按照实际的风险进行精细化及精准化保险产品设计和定价。在数据模型的支持下，驾驶车辆的年限、驾驶习惯、个人信用记录等数据都会被保险公司作为判断驾驶员的关键因素，并据此给出相应的保险费用方案。

六、科技将更多应用于车险

车险改革必将为行业引入更多的保险科技应用，会加快对车险原有的获客、产品、市场营销、服务、风控、管理以及数据等业务环节的改造，重塑车险的整个服务链和价值链。新技术与车险业务的深度融合，会大大促进效率及客户体验的提升、成本及风险的降低。科技赋能于车险，会驱动车险管理模式创新，给车险动态管理创造更好的条件，催生更多的车险创新产品，运用"大数据"分析技术准确识别优质客户和精准定价、费用配置，运用 AI 语音识别技术全方位满足客户电销需求，实现智能化车险定损和理赔风险管控，通过多场景海量数据挖掘和整合客户资源，推动车险行业朝科技化方向发展。

七、车险市场制度建设将逐渐完善

市场经济制度是最合理最有效的，但市场经济制度并不是自发形成的，需要一系列极其重要的制度安排来支持。我国车险市场制度的基础设施建设需要不断完善，一是要加强知识产权保护，这是车险市场制度能够高效率运行的关键基础，保护知识产权不能停留在概念上，在实际操作层面上有着非常丰富的细节，需要许多扎实具体的执法行动和实践；二是必须破除垄断，抑制资源过度集中，保证公平和充分的竞争，这也体现出市场制度安排的能力；三是需要通过政府设置的监管层的强制力来维护。车险市场制度建设的逐渐完善，将为该市场正常运行提供更好的保障，为公司经营和业务发展打造更佳的环境，以更优越的条件促进产品创新和服务效率提升，使车险市场能够长期健康发展。

八、规模日增的车主群体为改革提供有力的市场条件

我国汽车市场在 2009 年就已超过美国，成为占世界整体约 3 成的最大市场，而且保持了持续稳定增长。2017 年，我国汽车的新车销售量增至 2 887.89 万辆，比 2016 年增长 3.0%，占据全球汽车销售量的约 1/3（2017 年全球汽车销售量约为 9 421 万辆）。其中，以纯电动汽车为中心的新能源汽车增长 53.3%，达到 77.7 万辆，增长幅度很大。2019 年，我国汽车产销分别完成 2 572.1 万辆和 2 576.9 万辆，同比分别下降 7.5% 和8.2%，产销量继续蝉联全球第一。我国政府推出了以纯电动汽车为核心的增长战略，将自 2019 年起实行要求企业制造和销售一定比率新能源汽车的制度，计划到 2020 年销售 200 万辆，预计新能源汽车的市场需求将进一步扩大。汽车市场的增长规模，带动了车险市场的持续扩展，使车主群体规模日益高涨，这为车险改革不断推进提供了有利的市场条件。

当前，我国保险业按保费收入已居全球第二，已经成为全球最重要的保险市场。随着金融行业对外开放提速，保险业参与主体及产品结构有望逐步优化，并有助于国内保险公司向发达国家保险业看齐，不断提升国内保险公司核心竞争力。我国保险业进一步对外开放后，国内保险公司必将会与不同的外资保险公司一起做大"市场蛋糕"。从车险行业看，将要迎接新的更大的挑战，也会有更加广阔的发展空间。

资料来源：http：//insurance. jrj. com. cn/2018/06/27122024734094. shtml。

实 训 模 块

一、实训目的

掌握金融宏微观营销环境分析框架与步骤，并能灵活运用。

二、实训内容及要求

（一）通过对金融营销环境分析相关案例的阅读，学习各个细分环境的分析内容与对应的战略。

（二）运用所学的知识选取一家银行进行调查，并运用 SWOT 分析法对该银行的营销环境进行分析，最后提交调查报告。

三、实训方式

通过查阅相关书籍、网络搜索、实地调研、讨论研究等方法进行学习分析。

四、实训结果

写一篇所选取银行的营销环境分析报告。

第4章　金融营销中的客户行为

在现代市场经济条件下，金融企业要想有效地提供市场所需要的金融产品和服务，就必须研究金融市场中的客户，分析其消费行为，从而为金融企业开发金融产品、改进金融服务、发展客户关系、制定营销方略、决定营销渠道以及加强促销宣传提供基本的理论依据。

4.1　金融客户的含义与分类

4.1.1　金融客户的含义

金融客户是指使用金融企业所提供的金融产品与服务的个人或组织，即金融企业的服务对象。无论是在货币市场还是在资本市场，参与各种金融交易的主体或中介，甚至某些金融机构本身，在不同的时间、场合以及不同的交易过程中，都有可能会成为金融客户。

4.1.2　金融客户的分类

1. 个人或家庭

个人或家庭是社会资金的盈余部门，出于教育、婚丧嫁娶、生老病死等动机参与金融交易，是金融市场中主要的购买者。但因为其可运作资金量较少，所以大多数个人或家庭是从事间接投资，成为金融机构的资金供给者。

2. 企业

主要包括生产性企业、流通性企业和非金融服务企业。它们是金融服务的主要对象，既可以是资金供给者，也可以是资金需求者。

3. 政府

政府是金融市场的大众客户，它虽可以是资金供给者，但更主要是资金需求者。资金供给者，体现在政府的预算收入和各种经费短期内的闲置资金一般会存入金融机构；资金需求者，政府通常以发行政府公债的方式募集资金。

4. 金融企业和机构投资者

它们在金融市场上发挥中介作用，金融企业主要包括银行和非银行金融机构，如商业银行、政策性银行、保险公司和信托公司等；机构投资者是指自有资金或者从分散的公众手中筹集的资金专门进行有价证券投资活动的法人机构，主要划分为企业法人、金融机构、政府及其机构等。

4.2 金融客户行为的影响因素

金融客户行为的影响因素分析是金融营销管理的一项重要任务，是金融企业开发金融产品、改进金融服务的基础性工作。金融客户参与金融市场交易的行为具有一定的内在规律，并受到诸多外部因素的影响。

4.2.1 需求与动机

1. 金融客户的需求特征

需求是指个体有能力满足的欲望。欲望是形成个体需求的前提，而要形成需求，还要有满足这种欲望的能力。金融客户的需求具有以下几个特征。

（1）层次性。根据马斯洛的需求层次理论，需求一般分为五个层次。由低到高依次是生理需求、安全需求、社交需求、尊重需求和自我实现需求。

（2）发展性。随着科技、经济和消费水平的不断提高，人的需求也由低级向高级发展。

（3）可诱导性。客户购买什么商品，如何购买，一方面取决于自己的购买能力，另一方面也受到周围环境和他人的影响。

（4）理智性。与生活消费品不同，金融产品客户购买某种金融产品往往有明确的目的，会在比较分析的基础上选择最佳方案，力求趋利避害。

（5）衍生性。金融产品的需求一般由其他各种复杂的需要衍生而来，或是为了满足其他的需要。例如，投资者购买国债以求保值增值，其真实的需求可能是为了积攒孩子未来的教育费用。

（6）波动性。国家宏观经济政策的变动、政局演变、战争爆发和自然灾害都会使人们的金融需求成倍放大或缩小。这种需求的波动性使得金融交易有很大的弹性，因而容易产生泡沫。

2. 金融客户的行为动机

行为动机是行为的直接推动力，其不仅引发行为、支配行为，而且决定行为的方向，并使行为获得强化。金融客户的动机就是为了满足自己的特定需要而在金融市场采取某种行动的思想。在金融市场上，通常较少探究人们从事金融交易的动机，因为在市场经济条件下，投资获利应受到鼓励，同时，人们在金融市场上的行为主要是由相关的法律法规来界定的，违法乱纪者会依法受到惩处，至于通过合法的金融交易所获得的收益主要用于何种目的通常不予考虑。当然，为了成功做好金融营销工作，金融营销人员仍需要分析和研究金融客户参与金融交易的目的，即探究隐藏在金融客户需求背后的深层次需要。

4.2.2　个人因素

个人因素包括经济条件、生理因素、个性和生活方式、职业和受教育程度等。

1. 经济条件

经济条件指的是客户的可支配收入、储蓄、资产和借贷能力，他们决定客户的购买能力，决定是否会发生购买行为及决定购买的产品种类、档次。

2. 生理因素

生理因素指的是客户的年龄、性别、健康情况和嗜好等，不同生理特征的客户对银行产品和服务有不同的需求和爱好。因此，金融机构要有针对性地提供适合各年龄段需要的产品和服务。例如，澳大利亚联邦银行有针对小朋友的儿童零用钱账户，针对青年人的网上银行，并保留了老人的储蓄存折，这样可以稳定客户群，为银行带来长久资金的流入，同时又减少了吸引新客户的成本。研究表明：顾客保留率每上升 5 个百分点，企业利润上升 75%；吸引一个新客户的花费是保留一位老客户的 5 倍以上。

3. 个性和生活方式

个性是人的心理特征和品质的总和，有研究表明，使用自动柜员机的人比不使用的人更加自立、勇于创新、有好奇心且积极主动；而生活方式是一个人在生活中表现出来的活动、兴趣和看法的模式，比如客户是否为保守型的人等。因此，针对不同客户的个性和生活方式要采取不同的营销策略。

4. 职业和受教育程度

职业和受教育程度实际上是社会阶层因素在个人身上的集中体现，从事一定职业以及受过不同程度教育的人会产生明显的消费行为差异。

4.2.3　心理因素

影响客户购买行为的心理因素包括动机和感觉、态度和信念、学习等方面。金融客户的购买行为带有明显的感情色彩，如偏爱某家商业银行、某种银行产品和服务等。这些行为来源于客户的感受，包括客户自身的实践体会和外界的鼓励、支持、劝阻等因素。影响金融客户态度和信念的可变因素主要有：金融机构的便利性、业务的安全性及服务的质量；学习是指由于经验而引起的个人行为的变化。

4.2.4　人际因素

人际因素指的是企业客户内部参与购买过程的各种角色（使用者、影响者、决策者、批准者、购买者和信息控制者）的职务、地位、态度和相互关系对购买行为的影响。

4.2.5　文化因素

文化不同，人们的价值观念、支出模式、生活方式等都不尽相同，从而不同文化背景下人们的购买行为也各不相同。

1. 文化

文化是指人类从生活实践中建立起来的价值观念、道德、理想和其他有意义象征的综合体，是影响人类欲望和行为的最基本的决定因素。

2. 亚文化

每一种文化都包含更小的亚文化，亚文化群体是由具有共同生活经历和环境成长的具有共同价值观念的人群组成。比如我国不同民族、不同地区的人民共同遵守着中华民族的伦理道德和风俗习惯，同时又拥有本民族独有的道德观念和风俗习惯。前者为文化，后者为亚文化。

3. 社会阶层

社会学家根据职业、收入来源、教育水平、价值观念和居住区域对人们进行一种社会分类，是按层次排列的，具有同质性和持久性的社会群体。不同社会阶层的客户，其经济状况、社会地位和消费心理不同，因而其购买行为也有很大差异。

4.2.6　社会因素

社会因素包括相关群体、家庭、身份与地位等因素影响。

1. 相关群体

相关群体指的是那些直接或间接影响客户行为的个人或群体。相关群体的消费行为会引起客户的效仿欲望。有的书上称作参考群体，对于没有经验的客户，往往会参考相关群体的做法。

2. 家庭

家庭对客户购买行为的影响主要体现在两个方面：一是家庭类型。不同类型的家庭和家庭成员的构成会影响家庭的购买，比如丈夫支配型家庭和妻子支配型家庭对产品的偏好就会不同。二是家庭所处的发展阶段。一般新组建的家庭对银行的贷款需求比较强烈；而进入成熟期，对储蓄产品和服务的要求比较大；当家庭处于晚期时，对保险产品和服务的需求增多。

3. 身份与地位

一个人在群体中的位置取决于他的身份和地位，每一种身份都伴随着一种地位，反映社会对他的总评价。银行可以把自己的产品或品牌变为某种身份和地位的象征，吸引特定目标市场的客户。

4.2.7　环境因素

环境因素是指国家的经济前景、市场的需求水平、技术的发展变化、市场的竞争态势、政治法律状况等。一般企业用户要多考虑该因素的影响。

4.2.8　组织因素

一般是指企业客户本身存在的组织因素，包括经营目标、战略、组织结构、政策、决策程序和制度等。这些因素会影响企业的购买行为。

4.3　金融客户行为的决策过程

4.3.1　金融客户行为类型

1. 习惯型

客户往往根据过去的经验，习惯选择金融机构购买其产品和服务。习惯型客户一旦对金融机构的产品或服务产生信任或偏好，会产生重复购买行为。由于金融机构的产品和服务差异性很小，营销策略是开展大量重复性广告，加深客户对其的印象。

2. 理智型

理智型客户很少感情用事，一般受理智动机控制，不易受外界因素的影响。他们会广泛收集产品或服务的信息，权衡得失。对此类客户，营销人员应帮助客户了解本金融机构的产品，运用媒体等宣传本机构的产品、服务的优点。

3. 冲动型

冲动型客户易受外界因素的影响，没有明确的购买计划，容易在外界广告宣传、创新产品宣传及其他外界影响的刺激下，以直观感觉作出购买决策，而购买后往往不满意。

4. 感情型

感情型客户购买时易受感情支配和外界环境的感情诱导，往往以产品是否符合自己的感情来确定购买与否，因此，购买环境和业务人员的服务态度非常重要。

5. 疑虑型

疑虑型客户善于捕捉产品和服务的细微差别，购买决策犹豫不定。因此，营销人员应提供差异化产品和服务，以营业推广方式进行促销。

6. 经济型

经济型客户非常有经济头脑，计划性强，重视产品和服务的质量、功效和价格，希望以最小支出获得最大效用。因此，对此类客户促销的最好手段是进行折价、发放赠品等在内的营业推广。

4.3.2 金融决策过程分析

金融客户参与金融交易的过程可划分为五个阶段：认识需要、信息收集、方案评估、决定交易和事后评价，如图 4-1 所示。

认识需要 ➡ 信息收集 ➡ 方案评估 ➡ 决定交易 ➡ 事后评价

图 4-1 金融客户的决策过程

1. 认识需要

认识需要是指客户确认自己的需要是什么。客户需要是客观存在的，其强烈程度既取决于个体满足的缺乏程度，也取决于外界刺激的强烈程度。在一定的外界刺激影响作用下，个体的内在满足越缺乏，其心理就越紧张与焦虑，从而形成参与金融交易的强烈愿望，即受外界因素的刺激，使潜在的需要被激发唤醒，从而形成欲望。这说明，金融营销人员可以通过控制金融客户的外部环境因素以使其产生欲望和形成动机。因此，金融营销人员在掌握客户心理状态的同时，还应主动采取一些有效措施以唤起其心理需求，诸如广告宣传、人际沟通、入户推销等。这就需要营销人员研究金融客户是如何从外界环境获得相关信息，即何种环境能对客户的金融行为产生有效影响。通常唤起金融客户需求的有效因素包括家庭收入变化、国家金融政策调整、新的投资理财方案、对未来生活的规划或担忧等。

2. 信息收集

当客户需求被唤起后，他会通过各种渠道收集有关的详尽信息，此时，营销人员的任务是了解客户的信息来源及不同信息来源对客户的影响程度来设计信息传播策略。金融客户的信息来源主要有以下4个方面。

（1）个人来源，信息源于家庭、朋友、邻居、同事或其他熟人。

（2）商业来源，包括一切商业性传媒，如广告宣传、推销人员、金融机构的咨询服务等。

（3）公共来源，主要是各种大众媒体、会议新闻、政府机构等。

（4）经验来源，即源于客户参与金融交易运作的切身经验体会等。在现实生活中，金融客户接触最多的信息来源一般是商业来源。不同的信息来源对于金融客户决策的影响是不同的，一般而言，商业来源和公共来源起着信息传播作用，而个人来源和经验来源则起着信息判断与评估作用。

3. 方案评估

客户这一阶段对银行及其产品、服务的属性、属性权重、品牌信念、效用要求等进行全面的了解和评价，根据各方面条件，特别是自己的偏好，选择购买方案。营销人员可利用多种途径影响客户对产品的评价和偏好。以下5个方面既是金融客户评价的主要内容，也是其评价的基本过程。

（1）金融产品的属性。满足需要是金融客户选择的基本出发点，能否满足其需要则取决于金融产品自身的属性，诸如收益性、风险性、便利性、流通性（可转让性）等。这些属性会因金融产品的不同而不同，由此对于不同金融客户的需要满足程度和吸引力也就不同，而收益性与风险性则是各类金融产品的共同属性。

（2）金融客户的认知。尽管金融产品的属性具有多样性，但是金融客户对各种属性的需求程度是不同的。有些客户较注重预期收益，有些客户则把可能的风险置于首要位置予以考虑。金融营销者应根据不同目标客户的偏好，有针对性地宣传其所期望的产品属性，从而强化其认知水平。

（3）金融品牌的形象。不同金融企业的产品在金融客户心目中具有不同的品牌形象，这种形象会对客户的认知评估产生重要影响。金融营销者必须认识到金融品牌形象的形成是一个长期的过程，应力求避免可能产生的偏差、扭曲和损害。

（4）效用与理想产品。金融产品的不同属性对于金融客户的效用函数是不同的，即给予金融客户的心理满足感是不同的。当金融产品的各种属性都达到理想效用时，即形成客户心目中的理想产品。然而，理想的金融产品几乎不存在，如理想的投资方案应是风险趋于零，而收益趋于无穷大。可见，理想的金融产品总是相对而言的。

（5）评估过程。由于理想产品与实际产品之间会存在一定的差距，因而金融客户的选择过程便是寻求与其理想产品差距最小的实际产品。评估方法通常有综合期望值比较模式和差距水平值比较模式。

4. 决定交易

购买决策分为立即购买、暂缓购买和不购买三种。购买决策受多种因素制约，包括偏好、预期环境因素、非预期环境因素和他人态度。

5. 事后评价

购后行为是购买决策的反馈阶段，是本次购买行为的结束，又是下次购买行为的开始。如果客户对产品或服务满意，则会增加他们对银行的忠诚度，而忠诚客户是银行的重要资产，是银行利润的源泉。营销人员应关注客户购买后的满意程度，采取措施尽量减少客户购买后的不满意程度，以影响他们以后的购买行为。

精选案例

案例4-1　私人银行如何运用行为金融提升服务质量

对于私人银行业务而言，以客户需求为中心，提供高质量的综合金融解决方案是非常重要的。在实际操作过程中，有三个因素发挥着重要的作用：了解、预测和监控客户的需求和行为。

一、了解客户

一般而言，了解客户就是要洞察客户需求的本质。虽然，每个人的需求都受自己所处环境的约束，具有各自的特点，但大部分理财顾问为了尽量降低咨询过程的复杂程度，往往希望实现一定程度的标准化。方法之一就是进行客户细分。同一组的客户可能具有类似的需求特征和对理财顾问服务质量的预期。这些分类标准可能包括：

地理（如居住地）。

人文（如收入、教育）。

心理（如动机、道德价值观和生活情调）。

客户盈利能力（如资产规模和客户的价值）。

客户银行资产（如当前资产和潜在资产）。

虽然私人银行的客户财富是帮助银行进行客户细分和确定与每一类客户建立咨询关系紧密程度的重要指标，但是客户财富对于了解客户需求以及客户偏好的差异是没有太多帮助的。实际上，传统金融学研究领域的大多数经济模型都建议对客户采用相同的解决方案，即使客户偏好并不取决于他们的财富。换句话说，客户对不确定性表现出的厌恶程度是决定客户偏好的主要因素，如果厌恶程度相同，那么他们就应当根据财富的数量获得相同或类似的咨询服务。因此，为了了解客户需求，理财顾问应当仔细研究客户偏好和影响客户投资决策的决定性因素。

为了把握客户的需求，了解客户的偏好是非常重要的，因为它们决定了客户对具体决策结果的满意度。因此，了解客户偏好对于致力于改善客户体验的理财顾问而言是非常重要的。这里的关键点就在于，由不同偏好决定的客户决策与由心理偏差决定的客户决策之间存在差异。这也是理财顾问必须了解他们的客户如何进行财务决策的原因。在这一阶段，理财顾问能够从行为金融学的广泛实验和理论研究中获益匪浅。

从这一视角建立客户需求与确定性财务目标之间的联系是非常重要的，因为人们一般认为，传统金融学是以理性人假设为基础的，而客户所有以行为驱动的决策都是非理性的。因此，高质量的财富咨询服务是要帮助客户达到这种理性的水平。然而，这种说法与事实并不一定相符。客户在某些方面的行为可能是理性的，而在另一些方面的行为可能是非理性的。高质量的财富咨询服务是要帮助客户作出与他们的需求和偏好一致的理性决策，千万不要迫使他们接受与其所了解的好的投资标准相违背的理论结果。一旦理财顾问充分了解了这一重要问题，他们就可以继续进行下一个步骤，也就是预测客户对综合财富管理规划方案的需求。

二、预测客户对综合财富管理规划方案的需求

综合财富管理规划方案是理财顾问的一种重要的差异化竞争工具。任何决策问题基本上都是由三个步骤组成的：评估客户的类别（需求、期望、体验、财务实力等）；开发并实施最优的投资解决方案（与客户类别相一致）；对客户类别与解决方案的匹配程度进行监控。因此，只有理财顾问在每一步都能够确定以客户需求为基础的财务目标，综合财富管理规划方案才能够作为一种改进客户体验的差异化工具和服务手段。这取决于两个因素：第一个因素是前面所讲的理财顾问对客户需求的了解；第二个因素是系统地接受和有效运用所获得的客户信息。提供的特定的相关投资建议，不仅在理论上是正确的，从客户角度看也是最优的，对于希望达到这一目标的理财顾问而言，行为金融学比传统金融学更具有明显的优势。

简单地认为传统金融等于理性金融，而行为金融等于非理性金融的二分法观点应进行一些调整。一个好的理财顾问必须评估客户需求的各个方面，这些需求往往是客户根据行为动机作出的决策，因此并不总是非理性的。然后，理财顾问需要区分出哪些方面是由客户偏好决定的，这些方面是非理性的，需要更正，这很可能会引起客户的不满。理财顾问在财富咨询过程中的每一步都要完成上述任务，以确保能够充分地了解客户的需求。

三、监控客户行为

实施战略的最后一步就是监控。其主要目的就是监控客户行为的两个方面。一方面，是客户需求随着时间推移发生的变化。在生命周期的整个过程中，客户通常有一些必须考虑的需求（如结婚、生子、买房，或不可预知的失业等）。此外，客户需求也可能会随着客户对金融业务体验的加深而不断发生变化（如在股票市场和抵押贷款市场的危机发生之后）。另一方面，是随着时间的推移，客户行为的第二个特点与理性有关。理性的标准是时间一致性，比如，客户偏好不应当简单的因为在不同时间作出决策而发生变化。实际上，不同人的行为是不同的。

行为金融学提供了一种有效的方法，可以让理财顾问更加了解时间非连续性偏好的影响因素，以及客户在不同时间和整个生命周期中进行财务决策的驱动因素。利用这些分析，理财顾问可以帮助客户避免非理性决策，确定与客户生命周期内的需求变化相适应的最优资产配置。特别是，理财顾问将能够判断把客户资产锁定在随时间变化而不断进行优化调整的投资产品上是否明智，以及明确如何为客户设计和开发具有时间非连续性偏好的养老金产品。

资料来源：[美] 索尔森·亨斯，克雷门纳·巴克曼. 私人银行的行为金融 [M]. 张春子，译. 北京：中信出版社，2019。

案例 4-2　承租人选择"融资租赁"方式的七大动机

租赁方式能否实现，承租人的动机起到了很大的作用。换句话说，作为出租人来讲，首先要了解租赁方式能给承租人带来哪些好处。

（1）解决融资渠道——在我国租赁业的历史上，用租赁方式解决融资渠道曾经是承租人的首要动机，至今仍旧是其主要动机之一。20 世纪 80 年代及 20 世纪 90 年代初期表现为取得外汇资金；20 世纪 90 年代中期以后，表现为解决资金短缺。

（2）改进现金管理——如果实行现代企业制度，租赁方式将给承租人企业的现金管理带来很多好处。在融资租赁中，对设备可以全额支付，一般不需要预付款。在经营租赁中，因为设备存在余值，承租人实际支付的费用比全额购买设备时的费用小。因为还租日期固定，有利于承租人的资金计划。

（3）有利于设备在技术上的更新换代——租赁方式不仅用于解决承租人的资金渠道，而且广泛用于承租人避免设备技术陈旧的风险。为此，使用的租赁方法是使租赁期限和设备的技术适用期限一致；由出租人设定设备的余值，承租人只支付为其融资的部分。这种方法可以对设备升级换代；对设备以旧换新，保持技术领先。出租人不仅可以融资购买新设备，也可以融资收购老设备。租期结束后，承租人对设备有三种选择方案：退还设备、续租和留购，使在选择设备的技术水准上，有一定的灵活性。即使是退还设备，承租人也节省了处分设备时所遇到的麻烦和费用。

（4）可以开展表外融资——适用于经营租赁。在经营租赁方式中，租赁资产不计入承租人的财务报表，承租人支付的租金也只作当期损益处理。经营租赁对承租人来讲，是一种表外融资。其具有以下好处。

①改进承租人企业的利润：在租赁期限的期初，经营租赁的费用低于融资租赁的费用。经营租赁只发生租金，而融资租赁要由承租人对租赁资产计提折旧（一般用于还租），此外还要支付租金利息（利随本减）。

②提高资产回报率：ROA（资产回报率）$= \dfrac{净利润}{总资产}$。在总资产和负债均不增加的情况下，承租人通过租赁取得设备的使用权，而租金计入当期损益。净收益得到提高，因而资产回报率得到提高。

③改善财务报表表现：除了资产回报率以外，承租人财务报表的其他一些比率也能得到改善。

④避免出现搁浅资产：设备在自然寿命期内技术上落后后，不能用又必须计提折旧，如果处分设备，企业必然出现亏损，该设备成为搁浅资产。通过租赁方式（合同中含升级条款、退还条款、更新条款等）可以避免出现搁浅资产。

⑤允许加速折旧：我国财政部、国家税务总局于 1996 年 4 月 7 日发布的《关于促进企业技术进步有关财务税收问题的通知》的主要内容是：国有和集体所有的工业企业如果在技术改造中使用融资租赁方法增添设备，允许加速折旧。折旧年限可按租赁期限和国家规定的折旧年限孰短的原则确定，但最短折旧年限不得短于 3 年。

⑥灵活：客户从银行取得贷款，条件是非常严格的。而采用租赁方式能给承租人带来很多灵活与方便。主要的灵活是还租方式的灵活。根据设备的用途、会计核算的需要和收入方式，有多种灵活还租的方式，具体由租赁当事人双方根据情况"量体裁衣"，例如：

a. 租金先少后多（Step – Up）：大多根据项目的性质决定。

b. 租金先多后少（Step – Down）：大多根据收入情况决定。

c. 租金放假（Rent Holidays）：设备的使用有"假期"，设备的收入也有"假期"，例如设备每年要停运 3 个月。故租金也要放 3 个月的"假"。

d. 跳跃式还租（Skipped Rent Payments）：对于农业机械的租赁，租金来源是农民的现金收入，而农民的收入是季节性的。因此，农业机械的租赁采用和农民的现金流相匹配的还租方式。

e. 共享式（Enjoy Together）：根据承租人的某关键经营指标的某一比例设定租金，经营状况好时多还，不好时少还。

f. 方便——租赁业务使承租人得到很多方便。

（5）融资和融物一步到位。

（6）对制造商（出租人）起控制作用：特别是厂商租赁的情况。按合同约定，设备出了问题而厂商不认真解决时，承租人可以拒付租金。

（7）避免了承租人对设备的处分问题：在租赁交易中，出租人承担处分设备的负担、费用和风险，使承租人的负担大为减轻。

资料来源：http：//m. sohu. com/a/339768752_120145125。

案例4-3 商业银行财富客户金融消费行为的统计与分析

一、客户金融消费影响因素与行为特征

著名的"二八定律"揭示了银行主要盈利来源的模式,即80%的利润来源于20%的客户。根据客户对于银行的价值贡献不同,可将客户划分为三类:最有价值顾客(Most Valuable Customer,MVC)、最具增长性顾客(Most Growable Customer,MGC)、负值顾客(Below Zero Customer,BZC),前两者是银行真正竞争的焦点。不同类型客户的消费行为特征存在较大差异。银行必须根据客户的金融消费行为特征,提供差异化服务,留住最有价值的客户,并尽快地将最具增长潜力的客户转化为最有价值的客户。

1. 一般客户金融消费行为的影响因素

消费者行为成为有系统的理论研究并成为一个独立的学科是近几十年开始的,综合多种理论的研究,对消费行为产生影响的消费者个人因素包括以下六个方面。

(1)年龄。处于不同年龄层的人的需要不同,除了生理需要会发生变化外,生活目标、精神需要也会发生变化,有不同的经济收入与消费决策权。

(2)性别。性别差异对消费行为有很大影响,比如男性购物时注重功能、质量,女性更注重美观、时尚、使用方便。

(3)心理倾向。心理倾向是指消费者在进行有选择的活动中,涉及的一系列倾向性特征,包括需要、兴趣、爱好、价值观、自我意识等。

(4)家庭文化和生活方式。家庭文化是指家庭成员奉行和遵守的价值观念、生活目标、行为准则和生活方式等,生活方式是在人的活动、兴趣和意见上表现出的生活模式。

(5)家庭社会地位或社会阶层。不同的家庭社会地位对其家庭及其成员的消费行为具有一定影响,包括家庭声望、职业、收入、教育四大因素。

(6)家庭生命周期。家庭生命周期是指一个家庭从建立开始,到家长死亡或家长年老后与成年子女合居,并入子女家庭为止的整个时期。在不同生命阶段,家庭中的成员年龄、成员数量、收入水平和财富存量,各自的需要特征和相互关系等,都会影响家庭及其各成员的消费行为。

2. 高端客户的金融消费行为特征

一般而言,商业银行的财富客户应都属于高端客户群体,因此除以上基本消费行为要素外,还有以下五点特征值得注意。

(1)对高端产品的偏好加强。随着高端客户可支配收入水平的提高,这些消费人群表现出对高端产品的购买倾向,他们愿意花更多的钱来抢先购买体验效果好的业务,如样本银行为理财金账户度身定制的各类高回报的理财产品等。

(2)对个性化服务的需求越来越高。高端客户希望自己被意识到,并得到特殊对待,他们追求那些能够促成自己个性化形象、显示自己与众不同的产品或服务。

(3)情感需求地位提升。高端客户更关注产品与自我关系的密切程度,偏好那些能与自我心理需求引起共鸣的感性商品。如果某家银行的企业文化、价值定位等与高端客户理想的自我概念相吻合,便会得到其认同并大力支持。

（4）主动参与欲望越来越强。高端客户不再满足于被动地接受银行的诱导和操纵，而是希望主动参与，因而商业银行需与高端客户加强沟通，在决策时多听取他们的意见，使其通过购买产品来获得更大的收益和保障。

（5）对服务质量要求越来越高。高端客户的时间通常十分宝贵，方便快捷的服务对他们有很大的吸引力。如果你能让客户通过一个电话、一个电子邮件在最短的时间内得到优良甚至超出期望值的服务，那么就能更好地赢得客户。

高端客户除了以上五点消费特征之外，很多重要客户还具有以下明显的特征：他们或者是企业关键人物，或者是家庭主要决策人员。有些高端客户是企业、公司创始人或者高层管理者，他们在所在企业或行业中都具有很大的影响。如果这类客户群能从商业银行财富客户专属服务及产品的需求中得到充分满足，那么银行就可以在这类客户群中建立一个非常好的口碑，然后由他们去影响企业甚至整个行业，壮大商业银行的优质客户群。有些高端客户在家庭中也占据了非常重要的地位，对家庭投资理财起到非常重要的决策作用。如果这类客户群能从商业银行财富客户专属服务及产品的需求中得到充分满足，他们将会影响整个家庭的投资理财渠道。

在面对客户的金融消费行为时，可以对客户的年龄、性别、性格、职业、收入、家庭结构、家庭生命周期等进行分析，得出一些结论，如该客户的金融消费行为是个人行为还是家庭行为，是依赖性强的行为还是判断力、自主能力强的行为等。根据这些判断，我们可以在进行营销、服务和维护的过程中，更好地引导和培育客户，指引客户在商业银行进行综合金融消费，较全面地掌握客户的资产状况和理财投资风格，为交叉销售、顾问式销售提供基础。

二、对财富客户金融消费行为的统计分析

对某样本分行部分财富客户资产波动及消费习惯进行了统计分析。我们发现，财富客户对该行金融资产的贡献达到1/4，并呈快速增长势头，此外，还具有以下特征。

1. 财富客户职业、年龄和风险偏好特征

（1）从职业来看，该样本银行财富客户中一般公司职员、企业管理人员、专业人员以及公职人员占比相对较高。在46.5%登记了职业信息的财富客户中，一般公司职员占比近30%，企业管理人员、专业员工以及公职人员占比分别为4%～5%。同业人员、专业人员理财比例较高，企业管理人员理财比例相对偏低。

（2）从年龄来看，45～60岁的财富客户比例较高，并且年龄越大理财比例越高。从财富客户的年龄看，财富客户45～60岁这个年龄段的占45.2%，30～44岁的占29.3%，61～80岁的占14.6%。这表明财富客户群体随着改革开放及经济发展而同步壮大，如图4-2所示。

（3）从风险偏好来看，各年龄段的财富客户中平衡型的比例最高，成长、进取型的和稳健、保守型的比例随年龄不同而有所差异。从客户风险偏好看，以平衡型为中心均衡分布，偏于稳健和保守的要稍多于偏成长和进取型的（分别多出0.3和0.6个百分点），而且风险偏好越高的客户，理财比越高。从不同年龄段财富客户的风险偏好来看，各年龄段均以平衡型为主，44岁以下的财富客户成长、进取型的要高于保守、稳健型的；45~80 岁的财富客户正好相反，如图 4-3 所示。

（4）从不同资产级别财富客户的风险偏好来看，平衡型的比例最高，金融资产在 300 万元以下的稳健、保守型的多于成长、进取型的，而金融资产在 800 万元以上的则相反。从不同资产总额财富客户的风险偏好看，各级别的财富客户风险偏好均以平衡型为主；九成以上的财富客户金融资产在 300 万元以下，这部分财富客户风险偏好偏向于稳健保守，而拥有 800 万元以上金融资产的财富客户中成长型的多于稳健型的。

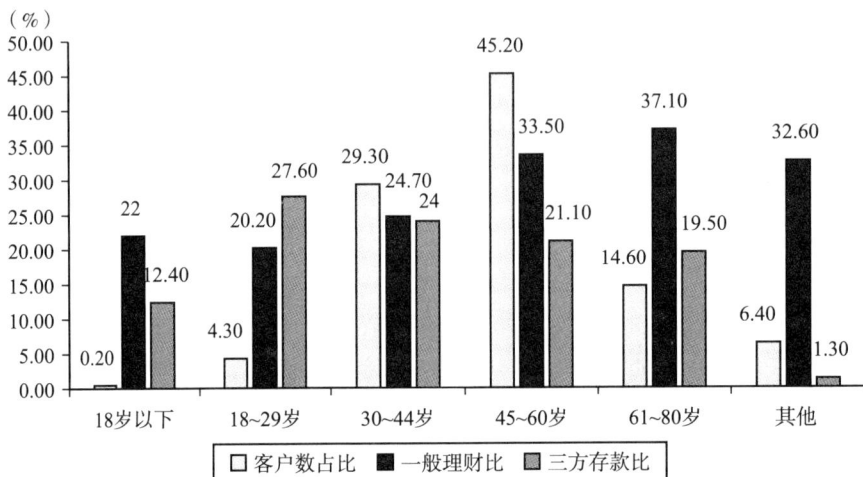

图 4-2 财富客户年龄分布及理财比例

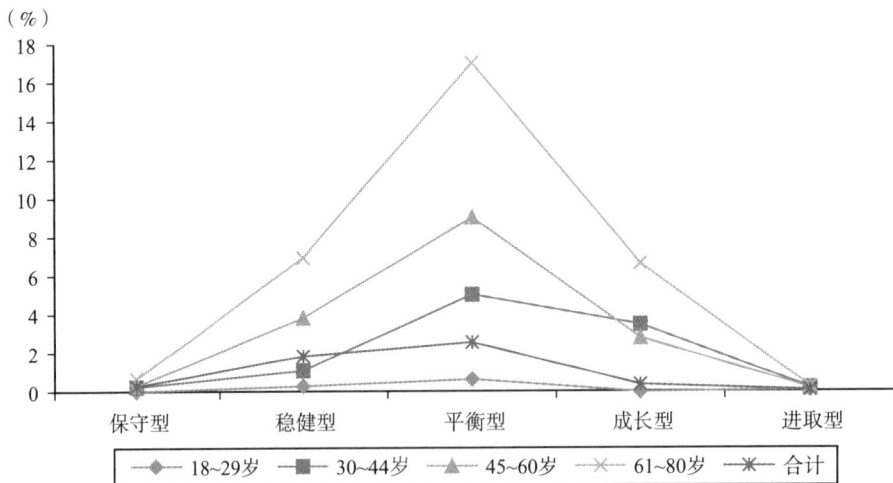

图 4-3 财富客户年龄风险偏好

2. 财富客户金融产品持有偏好

（1）从理财类产品来看，稳定的财富客户持有基金、理财、保险、债券的比例明显高于非稳定的财富客户，三方存管的持有情况相反。稳定客户三方存管的持有比例低于非稳定客户近三成。

（2）从融资类产品来看，稳定的财富客户融资的比例及资产负债比均小于非稳定的财富客户。非稳定财富客户中，3.5%左右的客户有房贷；0.2%左右的客户有消费和经营贷款。稳定财富客户中，2.1%的客户有房贷；0.1%的客户有消费和经营贷款。

（3）从工具类产品来看，稳定的财富客户持有U盾和网银的比例略低于非稳定的财富客户，但持有理财金的比例较高。非稳定客户持有信用卡、U盾、网银和理财金等工具产品的客户分别为39%、25.1%、49.5%和76.6%；稳定财富客户持有信用卡、U盾、网银和理财金等工具产品的客户分别达40%、25%、44.8%和90.6%。

（4）从各年龄层次来看，年龄越大，对基金、理财、三方存管和国债的接受程度越高。61~80岁的财富客户，对持有上述理财产品的比例分别达44.9%、25.9%和15%。持有融资类产品的财富客户主要集中在18~60岁，尤其是30~44岁。总体而言，各个年龄层次的财富客户持有消费和经营贷款的比例较低，有较大提升空间。

综合来看，无论是稳定还是非稳定的财富客户，信用卡、U盾、网银等工具类产品的持有率还有增长空间。对于资产在财富客户门槛附近波动的非稳定客户，基金、理财、保险、国债等产品有较大营销空间，这样也有利于其资产稳定。目前老龄客户持有理财产品比例最高，所以应进一步加强对中青年客户的发展力度。

3. 财富客户金融交易渠道偏好

（1）各类渠道中交易品种分布。从柜面和网银借方交易渠道来看，灵通快线和转账是占比较高的两类交易，其中灵通快线分别占两类渠道的50%~60%，转账分别占柜面和网银的22%和16%。

（2）一般理财类交易的渠道偏好。财富客户买入偏股型基金偏好柜面渠道，卖出基金时不同基金类型的渠道选择差异不大；在基金定投签约时，有近八成的签约金额是在柜面完成的。财富客户买入偏股基金时，柜面交易金额占买入交易的85.1%；买入非偏股基金时，柜面交易金额占买入交易的58.9%，电话银行和网银分别占27%和14%，表明在买入偏股基金时财富客户更偏好柜面渠道。卖出基金时，两类基金的柜面交易金额占比为50%~60%，差异不大。财富客户买入期次理财产品的渠道基本上均为柜面渠道，而买卖灵通快线时，使用柜面和网银的交易各占一半；买入债券基本采用柜面渠道，卖出时四成在柜面，六成通过网银。通过柜面渠道，财富客户买入期次理财产品的金额占全部债券买入的97%；买入灵通快线产品占全部灵通快线买入金额的51.2%，网银渠道占比为48.8%。在卖出灵通快线产品时，柜面和网银渠道占比分别为43.3%和56.7%。买入债券产品时，96.3%的交易通过柜面实现，卖出时则42%在柜面，58%在网银。

（3）结算类交易的渠道偏好。支付结算类交易以柜面渠道为主，占比为六成以上，其他基本为网银渠道。支付结算类交易金额中，柜面交易占65%，网银占31%，其他自助、POS机等渠道占4%。其中转账中六成使用柜面，四成使用网银，汇款的柜面和网银交易金额占比分别为87%和14%，取现的柜面和自助金额占比分别为92%和8%。

（4）三方存管交易的渠道偏好。三方存管交易中，电话银行交易金额占比88%，网银交易金额占比12%。

资料来源：中国工商银行上海市分行课题组．商业银行财富客户金融消费行为的统计与分析［J］．金融论坛．2011（3）：58－63。

实 训 模 块

一、实训目的

（一）了解金融机构客户的决策过程

（二）掌握金融机构不同客户的购买行为特点

（三）辨别影响金融机构客户行为的因素

二、实训内容及要求

（一）实训内容

组织学生通过问卷调查了解金融机构客户购买金融产品的行为，并通过问卷调查结果整理分析金融机构客户的决策行为过程。

（二）实训要求

1. 学生一定要深入市场中进行仔细认真的调查、观察。

2. 归纳、分析不同类型的客户的购买行为。

三、实训方式

实地调研，了解金融机构客户的购买行为。

四、实训结果

通过调研，将金融机构客户进行分类，并进行总结和撰写实训报告。

第5章 金融市场细分与定位

金融市场是进行金融产品交易的市场，客户的需求千差万别，金融业务也多种多样，任何一家金融企业都不可能完全满足金融市场上所有客户的需求。因此，金融企业要通过市场细分来细致而透彻地了解客户需求，在此基础上根据本企业的资源实力选择自己的目标市场，然后通过对企业品牌和形象进行科学定位，树立本企业在目标市场上独特的竞争优势。

本章首先对金融市场进行概述；然后阐述金融市场细分的含义、作用、原则、介绍个人客户和企业客户市场细分的策略；最后是目标市场的选择和营销策略，市场定位的内容和方法，为制定和实施营销策略提供依据。

5.1 金融市场概述

5.1.1 金融市场及其构成要素

1. 金融市场的概念

金融市场是金融产品在各种交易方式下的供求市场和机制。金融市场有广义和狭义之分。广义的金融市场包括采用直接融资方式形成的直接金融市场和采用间接融资方式形成的间接融资市场，资金需求者直接从资金所有者那里融通资金的行为属于直接融资，而资金需求者或供给者以银行等中介机构为媒介进行资金融通的行为属于间接融资。资金需求者直接从资金所有者那里融通资金的直接金融市场称为狭义金融市场。

2. 金融市场的构成要素

金融市场由多种要素构成，主要由金融市场的参与者、金融工具和交易组织三个部分构成。

（1）参与者。金融市场的参与者，也是金融市场的参与主体，是在金融市场上参加金融交易活动的主体，由资金供给双方组成，既可以是法人，也可以是自然人。

①居民个人。既是资金需求者也是供给者，主要通过质押、担保等方式取得消费贷

款。闲置资金主要通过存入银行、购买债券、购买股票等方式为金融市场提供资金，是金融市场重要的资金来源。

②企业单位。既是资金需求者也是供给者，主要通过向银行贷款、发行企业债券、发行股票等方式取得资金，是最大的资金需求者。企业在生产经营中的利润留成、盈余公积、闲置资金等，也是金融市场重要的资金来源。

③政府部门。既是资金需求者也是供给者，主要以发行政府债券的方式取得资金，也是主要的资金需求者之一。政府部门为金融市场提供的资金主要为收支过程中所产生的闲置资金。

④金融机构。是金融市场上最大的资金需求者和供给者，一方面从社会上吸收闲置资金，另一方面通过自身创造的信用和利润，成为资金供给者，同时也充当金融交易的中介机构。

（2）金融工具。金融工具就是金融市场的交易对象，是客体，是资金融通过程的载体，是调节资金供求的工具，也可称之为信用工具。金融工具种类繁多，目前，可在金融市场上交易的主要有以下几种。

①债券，如政府债券、金融债券、公司债券等。

②股票，如普通股、优先股等。

③票据，如本票、汇票、支票等。

④衍生金融工具，如金融远期、期货、期权、互换等。

⑤协议，如回购协议、抵押协议、转让协议等。

⑥基金证券。

⑦权证，如债券证、股权证等。

⑧可转让大额存单。

⑨其他，如房屋产权证、艺术品等。

（3）交易组织。金融交易组织主要有金融机构、经纪人和交易商，它们在资金供求者之间起媒介作用。

①金融机构。在金融市场上，以银行为主体的金融机构既是资金的需求者，又是资金的供给者，还是交易媒介。

②经纪人和交易商。代替资金供求双方买卖金融工具的人，称之为经纪人和交易商，交易商可以根据自身财力状况自行购买各种金融工具。

5.1.2 金融市场的类型

金融市场发展迅速，金融工具日新月异。要认识多元化、多层次的金融市场，必须从认识金融市场的类型开始。

1. 按金融工具到期日的长短划分

按金融工具到期日的长短划分，金融市场可分为货币市场和资本市场。

（1）货币市场又称为短期资金交易金融市场，经营一年内短期资金的融通。包括同业拆借市场、国库券市场、大额可转让定期存单市场、票据市场、回购市场及短期信贷市场等子市场。货币市场出现在资本市场之前，是资本市场的基础，风险远远小于资本市场。

（2）资本市场又称为长期资金交易金融市场，经营一年以上长期资金的融通。包括股票市场、债券市场、基金市场及中长期信贷市场等子市场。证券市场是资本市场的重要组成部分，通过发行债券和股票获取中长期资金。由于资本市场期限是中长期，导致资金最终使用效果的不确定性变大、不确定因素变多，影响资本市场价格的因素变多，因此资本市场的风险要远大于货币市场。

2. 按交易物的种类不同划分

按交易物的种类不同划分，金融市场可分为资金市场、证券市场、外汇市场、保险市场和黄金市场。

（1）资金市场是以货币资金作为交易物的市场，实质上是货币资金使用权的转移。主要包括短期信贷资金市场和中长期信贷资金市场，为资金供需双方提供资金便利。

（2）证券市场是证券发行和流通的市场，实质上就是债券市场和股票市场的总和，证券同时具备投资和融资的功能。

（3）外汇市场是经营外币买卖的市场。外汇市场能够实现购买力在国际的转移，调节资金在国际上的供需，提高资金使用率的同时还能降低汇率变动对国际贸易的风险。

（4）保险市场是保险公司为消费者面临的风险提供各种保障和服务的市场，直接与风险相关联，将投保人的风险进行转移。

（5）黄金市场是进行黄金买卖的交易场所。金融工具日新月异，黄金的非货币化趋势越来越明显，但黄金仍是国际储备，在国际结算中占有重要地位。

3. 按金融市场的区域范围不同划分

按金融市场的区域范围不同划分，金融市场分为国内金融市场和国际金融市场。

（1）国内金融市场是本国居民之间发生资金借贷关系的场所，只能由国内居民借款人向国内贷款人筹借资金的交易行为。

（2）国际金融市场是非本国居民可参与的国际资金借贷的市场，可能发生三种形式的交易：本国借款人和外国贷款人的交易、外国借款人和本国贷款人的交易、外国借款人和外国贷款人的交易。

5.1.3 金融市场的功能

金融市场不仅是融通资金的场所，还具有以下功能。

（1）提高资金使用效益，降低交易成本。金融市场为资金需求者和供给者提供了更多的接触机会，更多的供给资金、筹集资金的选择方式，健全的交易管理制度，比较安全的信息披露制度。有助于降低买卖双方的交易成本，实现利益最大化，从而提高资金的周转速度和使用效益。

（2）增强资产的流动性，转移风险。金融资产持有者根据自己的需要，可以在金融市场上将金融资产流通转让，转移风险，这为金融资产的流通和交易提供了可能和便利。

（3）优化资源配置，引导储蓄投向生产领域。金融市场能够将经济资源合理高效地配置到各个经济部门中去，如连接居民储蓄和企业所需资金，购买股票和债券进行直接投资；把闲散资金存入银行，通过银行信贷的形式进行间接投资等。金融市场是闲置资金的"储水池"，生产领域的资金正是由此而来的。

（4）反映经济动向，为经济活动提供信息。金融市场的交易、价格、利率等包含诸多信息，如利率的升降和股价的涨跌，既为投资者提供了相关投资决策信息，也给生产经营者提供了相关宏观经济信息。

5.2　金融市场细分

5.2.1　金融市场细分概述

1. 金融市场细分的含义

市场细分理论是美国营销学家温德尔·史密斯（Wendell Smith）于20世纪中叶提出的，在现代市场经济中，市场细分理论被金融界普遍接受和应用，并得出了金融市场细分。金融市场细分是指把整个金融市场按一种或几种因素加以区别，使区分后的客户群在一个或若干方面具有相同或相似的需求特征，以便采取特定的营销战略来满足不同客户群的需求，从而顺利完成经营目标的过程。从现代市场营销管理理论出发，金融市场上最基本的市场细分是按客户类别，如银行服务市场主要有个人客户市场、单位（企业）客户市场、同业市场和政府市场四大类。根据我国银行业发展现状来看，对银行的市场细分，主要集中在个人客户市场和单位（企业）客户市场。对金融企业而言，市场细分为个人客户市场和企业客户市场。

2. 金融市场细分的作用

（1）发现营销机会。市场营销的机会是市场上未满足的需求，这种需求往往是潜在的，不易发现的。例如，以客户给银行带来的贡献大小作为变量对客户进行细分，可以把客户分为普通客户及优质客户，就会发现优质客户的金融需求更加丰富与个性化，抓住这些新的业务需求就可以找到更多新的利润增长点。运用市场细分手段便于发现这方面的需求，并从中寻找适合金融企业开发的需求，从而抓住市场机会，使金融企业赢得市场的主动权。

（2）制定最优营销策略。市场细分是运用市场营销组合策略的前提。首先金融企业必须对市场进行细分，然后选择目标市场。只有针对确定的目标市场，营销方案才是切实可行的。例如，招商银行"金葵花"理财产品的调查分析显示，重庆等西部地区的高收入人群在财富获取信心、理财意愿、个人理财知识和能力等方面与北京、广州等一线城市相比存在明显的差距。这就意味着，营销时不能盲目按照全国的调查结果，否则营销战略就会产生偏差。只有针对确定的目标市场，才能找到最佳的营销策略。

（3）有效地与竞争对手相抗衡。当前，金融企业间竞争越来越激烈，市场细分有利于金融企业发现目标客户群的需求特点，增加产品特色，从而提高竞争力。不同市场细分角度会使金融企业发现不同客户群的特殊需求，满足客户更多的需求，也为金融企业带来更大的收益。

（4）拓展新市场，扩大占有率。市场细分之后，金融企业可以选择最适合自己占领的某些子市场，成为目标市场进行开拓。占领这些子市场后，再逐渐向外拓展，扩大市场占有率。

（5）有利于金融企业发挥优势。对于整体市场来说，每个金融企业的营销能力都是有限的。金融企业将整体市场细分，确定自己的目标市场，把自己的资源集中到具有优势的目标市场上。特别是规模较小的金融企业，尤其应该利用市场细分原理选择有限的市场。如浙江泰隆商业银行以"地方银行、小微企业银行、市民银行"为市场定位，特别是在小微企业融资上不断创新，以满足小微企业的个性化需求，先后推出了"创业通""融 e 贷""义融通"等特色产品，以此提升核心竞争力。

3. 金融市场细分的原则

金融市场细分必须切合实际，并且对整个市场营销工作有效。为此，金融市场细分必须满足"五性"原则。

（1）可进入性。可进入性是指有能力向某一细分市场提供其所需的金融产品和服务，即该细分市场的开发易于操作、便于实施。有些细分市场的开发，尽管在理论上可行，但在实践中却难以操作，金融企业无法为其提供差别性服务，因而这种市场细分就没有什么实际意义。

（2）可测量性。可测量性是指所细分的市场可以通过具体的量化指标以反映其市场规模、购买潜力等，即各个细分市场的金融产品、需求大小和交易规模可以通过测量而被掌握。这些市场特征要素的具体数据则要通过市场调查、专业咨询等途径获取。

（3）可成长性。可成长性是指细分市场在今后若干年内具有较好的发展空间，市场规模会不断扩大，市场容量会稳步增长，并且可以衍生出其他金融产品。因此细分市场的开发必须考虑：该细分市场近阶段的规模与容量；该细分市场未来的规模与容量。

（4）可区分性。可区分性是指每个细分市场有明显的区分界限，让金融企业明确自己在为谁服务、将要为谁服务以及重点服务对象是谁等问题。根据不同细分市场的需求差异，向细分市场提供个性化服务，以确保金融产品开发和价格策略具有针对性。

（5）可盈利性。可盈利性是指细分市场应具有一定的规模，其规模至少要足以让金融企业在开发和提供差别性服务后，除去新开发金融产品或服务项目的成本及营销费用外，还能有一定的盈利。因此，市场细分后，必须要有足够的交易业务量，以保证金融企业基本的盈利水平。

5.2.2　个人客户市场细分策略

个人客户市场细分的核心是需求分析。未来金融企业营销的成功依赖于尽可能多地了解每一个细分市场顾客的需求。在客户需要金融企业提供质量越来越高的差异性金融产品的形势下，金融企业必须用战略的眼光来分析客户的潜在要求，解决客户的现实需要，并将为特定客户群体量身定做的金融产品推销给客户。图5－1说明了金融企业可以从顾客特征和顾客盈利能力两个方面着手，对个人客户需求进行分析，同时对市场进行相应细分。

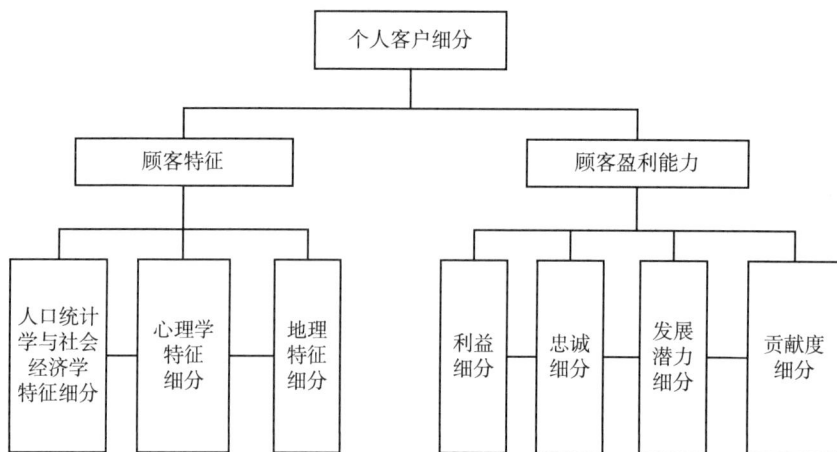

图5－1　顾客需求分析与相应细分

1. 顾客特征细分策略

（1）人口统计学和社会经济学特征细分。该细分方法是把市场按人口因素和社会经济因素分为多个群体，这些因素有年龄、收入、家庭生命周期、性别、国籍等。

①将客户按年龄不同进行细分，可分为青年、中年与老年三个细分市场。青年（20～35岁）客户市场：该客户群有朝气，关心社会和环境，缺少足够的物质基础，就金融产品而言，他们更喜欢"包装"奇特、新颖、额小、期短的短线金融产品。中年（35～50岁）客户市场：中年客户是一群更富理性的成熟个体，有较高的社会地位，收入和消费都处于最高峰，对金融产品的需求表现得更实际、更理性。老年（50岁以上）客户市场：该客户群是一个稳定的、平缓的客户群，他们理财的动机只是为了使晚年生活更有

保障，金融企业的品牌和可信度是该客户群选择的首要标准，并且该客户群的投资市场受证券、直接融资及利率等因素的影响小，稳定性强；随着人口老龄化的逐步推进，该客户群体将进一步扩大，并将为各家金融企业所关注。因此，该市场是金融市场不可忽视的一个细分市场。

②将客户按个人收入水平不同细分为高、中、低三层。对于高收入层客户，由于近期消费已经满足，新的消费模式和消费档次尚未形成，储蓄成为他们资产积累的"安全"选择，具有追求个人资产积累的存款动机。该细分市场的特点：一是受市场价格波动和供求关系变化的影响较小，具有相当的稳定性；二是随着本金的积累，追求增值性。中收入层客户的储蓄动机产生于对未来收入变动的预期，储蓄的目的是为了平衡一生的消费。对未来收入变动的预期，必然会对当前的储蓄行为发生影响。其中与一生收入结构有关的因素包括：永久性收入与暂时性收入的比例关系、劳动保障制度的变化、收入的波动性以及对未来通货膨胀的预期等。低收入层客户的收入扣除生活消费及其他必要的费用支出后便所剩无几，他们不曾享受住房的优惠政策，而必须高价租用私房或花费大量的积蓄用于建房，因而负担相当沉重；低收入层在存款市场面广、户多、额小，受利率、证券市场和其他融资渠道的影响也较小。

③将客户按家庭生命周期不同细分为学习成长、幸福单身、新婚无子、抚养子女、子女离巢、退休赋闲六个阶段，并应该具有相应的营销策略。

a. 学习成长。此阶段的主要特点是无经济压力、没有收入、追求时尚型的消费。由于没有收入来源，经济状况主要取决于他们的家庭。家庭收入高的学生，自然是金融企业应积极争取的理想客户；而家庭收入较低的学生，在将来也可能有巨大潜力。因而，金融企业应针对学生的特点，提供基本存款账户、支付结算等中间业务，并在确保安全性的前提下提供信用卡业务，抢先一步抓住未来的 VIP 客户。

b. 幸福单身。此阶段的收入在其生命周期中是较低的，但又由于父母尚未到赡养阶段，无子女教育之忧，又对将来的收入有着较高期望，其可自由支配的收入占总收入的比例是其一生中最高的。这部分人的金融需求主要是：一部分人为了结婚而开始积攒财富，金融企业可以为其提供理财业务，并随着其买房可以为其提供按揭贷款；而另一部分人则追求买车等时尚型消费，金融企业可以提供消费信贷、信用卡业务。

c. 新婚无子。此阶段因两人都有工作，有着较高收入，且无子女和父母方面的开销，可自由支配的收入仍然较高，他们有条件继续把大量的金钱花在服饰、餐饮、旅游、休闲上。这类客户追逐时尚消费的比例更高，同时由于有贷款，能投资的家庭并不多，金融企业针对这一群体应主要设计房贷、车贷产品，并为其提供适当的理财产品，帮助其尽快地走出负债阶段。

d. 抚养子女。此阶段的家庭支出主要用于子女抚养教育。此外，他们还增加了对父母的补贴，但收入增长却很有限，可以说这一阶段的家庭压力应该是最重的，时尚型消费支出将大为缩减，家庭的储蓄也已很难再有所增加。同时，考虑到将要老去，投资养老的比例有了很大的提升，对理财业务的需求有所增加。金融企业针对这一群体应主要开发教育储蓄、个人理财等产品。

e. 子女离巢。此阶段夫妇中往往有一人或两人同时事业有成，收入要比上一阶段有所增加，子女在经济上不再依靠父母，而房贷可能也已还清，支出大为减少。随着净收入的增加，他们开始进行股票、基金等投资，并将一部分收入用于旅游和娱乐。他们是金融企业资金的主要来源。银行应针对他们着重开发理财、养老年金等业务。

f. 退休赋闲。此阶段一般都有固定收入，主要包括养老金和子女补贴两部分，收入有所减少，同时由于健康方面的原因，医疗支出增多。他们中积累着较多财富的人仍保持着较高的消费，但多数人消费将明显减少。金融企业针对这一群体应以提供支付结算等中间业务为主，强调便捷、高效的服务。

（2）心理学特征细分。它是指透过行为的外在表现深入指导这些行为的心理内涵，再借助逻辑假设来推断客户的购买偏好和习惯，基于客户心理的客户细分分为生活方式细分和利益细分。生活方式细分目前广泛采用 AIO 模型，即通过活动、兴趣和评价，以此来表达生活方式。具体来说，活动表现为人们如何支配平时的时间，兴趣表现为对周围环境的关注程度，评价主要是与自己或环境相关的各种评价，相应营销方法的实施主要通过产品类别、使用频率、品牌份额、产品特征等为依据来确定目标客户。利益细分指透过客户表象的行为、态度和动机来挖掘背后真正的利益，它可能是客户偏好的一种产品特征、服务方式或者其他任何与产品和服务相关的环节。基于客户心理的客户细分主要应用于新产品的引入策略、广告策略等各种营销策略中。

（3）地理特征细分。从地理角度可将客户细分为经济发达地区客户与经济落后或较不发达地区客户。在经济发达地区可以全方位地发展高起点、高科技、高收益的个人金融业务。上海、深圳等沿海发达地区可以引进国外较为成熟的个人金融产品，如代客进行各类金融衍生品交易、投资咨询、代客管理金融资产、网上银行服务等，以跟上国际个人金融市场的发展潮流，缩小两者间差距。经济落后或较不发达地区，则要在巩固和完善已有的个人金融业务的基础上，大力发展代理收付、代保管、信用卡、代保险、个人信贷等业务。

2. 顾客盈利能力细分策略

在金融营销中应用顾客盈利能力细分法具有重要的现实意义。首先，应用顾客盈利能力细分法能直接界定各细分市场能否为金融企业带来盈利，同时也为各金融企业实施"一对一营销"，更有效地针对每个客户提供"个性化"的金融产品和服务奠定了基础。其次，顾客盈利能力衡量的是顾客现在及未来一段时期内为金融企业带来盈利的可能，因此，它不仅考虑了客户当前的盈利水平，而且还评估客户将来的盈利能力，更着眼于客户的未来发展。这就为各金融企业扶持中小客户发展、发现和培育未来的"盈利大户"提供了理论依据。

（1）利益细分。利益细分假设人们购买产品的目的是寻求自身的利益，具有共同利益的客户可以分成一个细部。例如，在金融服务市场中，有些客户寻求价格低廉的金融产品，有些客户需求得到高附加值的服务，有些客户追求便捷、一站式的综合服务。

（2）忠诚细分。忠诚度是指某客户是否将某金融企业作为主要金融企业使用。有时客户给金融企业带来的利润价值并不高，但是由于客户的忠诚、客户的宣传和口碑，会带来新的客户和新的利润，因此金融营销中应当确保客户的忠诚度。

（3）发展潜力细分。发展潜力是指客户是否具有增加或继续给金融企业提供利润的能力，譬如一个人大学毕业后收入增加，一个单位领导会给银行提供单位业务，一个富人通过转换主要银行带来相应收益，这些都可以视作一个客户的发展潜力。

（4）贡献度细分。这实际上是综合客户的收入水平、使用的产品与业务量、客户的职业、学历、信用状况等各因素对客户进行细分。一般分为重点客户、一般客户和劣质客户，这种细分可以使金融企业更加明确自己的利益是谁带来的，各自所占的份额是多少，谁是真正的"上帝"。按照金融界通行的"二八"法则，即20%的客户为银行提供80%的利润。这种区分的重要意义在于：重点客户是金融企业的衣食父母，是依赖的对象；一般客户是金融企业发展和争取的对象；而劣质客户则是金融企业主动淘汰的对象。

5.2.3 企业客户市场细分策略

企业客户是金融企业批发金融产品和服务的主要对象。就我国金融企业目前的情况而言，信贷业务、中间业务的主要对象是企业客户，其业务量占九成之多，因而优良的企业客户，已成为金融企业产品营销的角逐对象。对企业客户的市场细分主要采用以下几种方式进行，如图5-2所示。

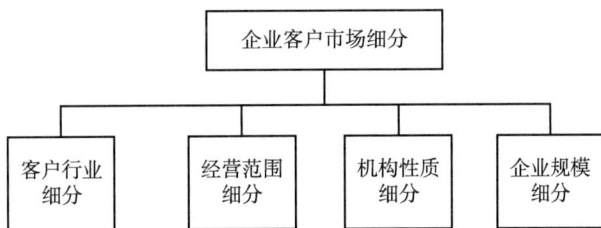

图5-2 企业客户市场细分

1. 按客户行业不同细分

不同的行业在不同发展时期，其经营效果或发展形势是不同的。因此，各个金融企业都非常注意研究不同时期不同行业的发展态势，从而制定金融企业支持和限制市场发展的策略。我国金融企业目前的主要关注点是邮电、通信、能源、证券等行业市场。

2. 按经营范围不同细分

按经营范围不同主要分为国内经营企业客户和进出口企业客户。国内经营企业客户对金融企业的国内结算服务有大量的需求，进出口企业客户对金融产品的需求较为多元化、服务质量要求也较高，如国际信贷、国际贸易速融资、融资租赁、信用证、银行保函、信息咨询等。

3. 按机构性质不同细分

在任何国家，机构的性质都不是单一的，有企业单位客户群、事业单位客户群之分。企业客户群既是金融产品和金融服务的最大需求者，也是金融企业盈利收入的主要来源。然而，由于我国传统计划经济体制造成的诸多弊端，如产业结构不合理、历史包袱沉重等原因，使得一方面企业迫切需要信贷资金；另一方面金融企业鉴于近年来不良信贷剧增，惜贷倾向日益显著。相对而言，事业单位客户群近年来受到金融企业青睐，其主要原因：一是事业单位暂时闲置的预算内资金和预算外收入已成为金融企业对公存款的主要来源；二是事业单位的贷款资产质量较好；三是事业单位委托金融企业代收代缴各种费用的中间业务近几年来发展较快。如高等院校职工工资与学生补助等作为银行资金的来源具有一定的稳定性。

4. 按企业规模不同细分

企业规模的不同在很大程度上决定其对于金融产品需求的差异。在我国，习惯于按公司规模不同将其划分为大、中、小型企业。一些金融企业将目标市场主要定位于大中型企业，而很少顾及小型企业。例如对于大中型企业，银行在资金方面经常给予倾斜，所受的政府行政干预也比较多，而现在许多银行的贷款本息拖欠大户又往往是大中型企业。事实上，小型企业更具有市场优势，一是对市场反应灵敏，适应能力强；二是盘活时资金投入少；三是容易为其他企业所兼并，银行易于清盘。

5.3 目标市场的选择

金融营销目标市场的选择，即通过市场细分来细致而透彻地了解客户需求，在此基础上根据本企业的资源实力选择自己的目标市场，然后通过对企业品牌和形象进行科学定位、树立本企业在目标市场上独特的竞争优势。

金融市场细分是把整个金融市场按一种或几种因素加以区分，使区分后的客户群在一个或若干方面具有相同或相似的需求特征。在此基础上，依据选择目标市场的有效条件，确定目标市场。

1. 细分市场的潜量

细分市场的潜量即细分市场的潜在需求量，金融企业关注的细分市场应该有足够大的市场需求潜量，潜量太小意味着没有足够的发掘潜力，金融企业进入该细分市场后前景暗淡。细分市场潜量也不是越大越好，尤其对效应来说，潜量过大也存在很大的弊端：投入过大，对大金融企业的吸引力也过于强烈。一般来说，对确定金融企业适当的潜量规模才是最具优势的细分市场。

2. 细分市场内的竞争情况

要考虑竞争对手的实力，对手实力越雄厚，进入的成本和风险也就越大。竞争少、竞争者实力较弱的细分市场就更有吸引力，这样金融企业才能充分发挥自身的优势，顺利占领目标细分市场并取得成功。

3. 细分市场特征与金融企业目标吻合程度

进行市场细分的根本目的是要发现与金融企业自身优势结合能够达到最佳效果的市场。金融企业要先找到胜过竞争者的优势，然后再找到能使自身优势充分发挥的目标市场，从而达到资源利用的最大化。

4. 细分市场的盈利情况

金融企业追求的是相对较高的投资回报率，这就要求目标市场对金融产品有足够的购买力，保证金融企业有足够的盈利来源。

5. 营销渠道的畅通

畅通的营销渠道是保证金融产品及服务顺利进入市场的前提。

5.4　金融市场定位

5.4.1　市场定位概述

在金融企业进行了市场细分，选定目标市场后，接下来就可以进行市场定位，选择最适合金融企业发展的策略。

1. 市场定位的含义与本质

金融企业市场定位的含义是：对金融企业的产品进行设计，从而使其在目标客户心目中占有一个独特的、有价值的位置。

市场定位的本质是：使本金融企业与其他金融企业的形象及产品严格区分开来，使客户对这种差别有明显的认知，最终在客户心目中留下深刻的印象。市场定位是通过影响客户心理，获得客户的认同，最终提高金融企业的竞争力，增加效益。

2. 市场定位的意义

市场定位具有以下意义。

（1）建立金融企业及产品的特色。金融企业之间的竞争非常激烈、很多产品都已经供过于求，为了争夺有限的客户资源，就要增强客户对本企业产品的认同感，防止产品被其他金融企业产品替代。要保持、扩大市场占有率，金融企业就要树立特定的企业形象和产品形象，塑造个性，加深客户的印象，并形成消费偏好。

（2）为制定市场营销组合策略打下基础。在金融企业的营销工作中，市场定位有着极为重要的战略意义。例如，有的小银行定位为中小企业服务银行，则该行产品研发、广告宣传、渠道选择都会从服务中小企业出发。市场定位决定了金融企业营销组合策略的制定思路。

3. 市场定位的主要内容

目标市场定位主要包括以下两点：首先确定差异，即确定金融企业可以从哪些具体方面寻求差异化；之后制定相应的营销策略，尤其是找到本金融企业产品独特的营销卖点。金融企业市场差异化与相应的营销策略体现为以下五点。

（1）形象差异化。社会公众对金融企业的整体看法构成了金融企业的对外形象。金融企业自身形象或产品形象会对目标客户产生很大的影响，好的品牌形象会促使客户形成独特的感受。形象差异化不是靠几个广告、几次公益活动就能达到的，这是一个长期的系统工程，需要建立一整套企业文化价值方案，并通过有效的途径传达金融企业形象信息，借助一切有效的传播手段使客户获得形象接触的机会。具体内容包括金融企业标志、文字、理念的宣传，工作气氛的营造、公益事件的宣传，以及人员接触等。

（2）产品差异化。如果一个金融企业的产品在客户心目中树立了与众不同的印象，那么该金融企业产品差异化就成功了。产品的差异化体现在多个方面，如产品的风格、特色以及可靠性等。当然，只是独特还不能让客户满意。金融企业追求的产品差异化，应该是能够满足客户更高需求或新的需求基础上的产品差异化。例如，招商银行推出的空中银行，以客户管理为核心，以客户价值实现为目标，由远程理财专家通过全方位、立体化、多媒体、零距离的服务方式，利用智能化的银行交易系统及客户经营管理平台，为客户提供实时、全面、快速的各类银行服务。空中银行是用全新的理念、全新的技术、全新的模式打造的新一代银行，为银行树立起高效、便捷的产品特色。

（3）服务差异化。除了产品创新之外，金融企业竞争的另一个关键点是服务差异化。过去的服务竞争在于金融企业员工的服务态度和服务效率，而当今的金融企业服务差异化在逐步向增值服务转移。例如，有些银行开始为企业财务人员提供更多的增值服务，从以往的账务查询、交易查询等功能，又延伸出可以在任意地点、任何时间掌握账户实时信息和变化情况的企业手机银行服务，方便实行银企间信息的及时沟通，帮助企业整体规划财务运营。

（4）人员差异化。人员差异化的重点是培养有素质的人员，这是很多大金融企业取得强大竞争优势的关键。态度温和、耐心周到且具有专家形象的员工更能得到客户的信赖。

（5）渠道差异化。分销渠道的设计也会影响客户对金融企业的评价。金融企业要取得渠道差异化优势，就要注重分销渠道的多寡及销量，尤其在金融企业分销渠道越来越多样化的今天，分销渠道能够兑现金融企业承诺的方便服务，就会使金融企业赢得更多的客户青睐和持久的客户忠诚。拥有与众不同的分销渠道，或者能把分销渠道拓展到竞争者想不到的领域，金融企业就会抢占先机。

5.4.2　市场定位的步骤与方法

1. 市场定位的步骤

金融企业确定市场定位一般由三个步骤组成：首先在市场调研基础上确认自身优势，然后选择有竞争优势的领域，最后向市场传递定位信息。

其中竞争优势可以体现在多个方面，有价格优势的金融企业，可以用低价营销作为自己的定位；有创新优势的金融企业，可以不断推出新的服务满足客户新需求等。

金融市场定位主要包括以下程序。

（1）评价细分金融市场。即对细分后的市场进行详细的剖析。

（2）选择目标细分市场。即从细分市场中选择潜在需求量大、竞争力强、与企业目标吻合、盈利高的目标市场。

（3）企业形象、金融产品和市场竞争定位。即确定企业形象、所提供金融产品的类型或产品组合、企业的竞争地位和竞争策略。

（4）营销综合定位。即确定金融产品的价格、服务的品牌、营销网点和营销方式等。

（5）传递定位信息。即向目标细分市场传递金融企业的形象、产品和价格等信息。

2. 市场定位的方法

金融企业的市场定位既可以是自身形象定位，也可以是产品和服务定位，通过市场定位确定相应的差异化和营销战略，定位的方法有很多种，其中常见的有以下五种类型。

（1）根据属性定位。金融企业可以根据自身特有的产品属性进行定位。金融企业的产品属性包括产品功能、产品特点、产品提供渠道等因素。金融企业的形象或产品独特性很强，本身的独特属性能使客户切身体会到它的定位，那么就能提高客户的认同感。

（2）根据产品的用途定位。金融企业可以根据产品或服务的用途进行定位。例如，某些银行推出的女性专用卡，无论卡面还是卡的功能都依据女性的喜好而设计，这样的产品就体现了女性市场定位。

（3）根据使用者类型定位。产品设计、定价和推广过程都充分考虑使用者的偏好和接受程度，使这些客户认为金融企业的产品是专门为他们推出的，以此满足客户的金融需求和心理需求，最终赢得客户的信任感。例如，孟加拉国的格莱珉银行被称为"穷人的银行"，它的经营模式、担保方式、工作流程都是为服务穷人而设计的，赢得了广大社会底层人士的信赖。

（4）根据竞争情况定位。金融企业根据市场竞争状况及竞争中所处的地位进行定位。为了在竞争中获胜，金融企业需要突出自身的优势，找到受客户认可、欢迎的因素，从而在竞争中突出自己的形象。例如，中国银行打出"历史牌"，以"百年中行""国内首家金融百年老店"等宣传用语为自己定位，突出经营的持久稳健。

（5）根据产品的档次定位。这是金融企业常用的一种方法，在同一系列产品中，区分出不同的档次，提供给不同的细分市场。例如，最常见的有信用卡的不同档次定位，很多银行按信用卡透支额度和增值服务内涵不同进行区分，有的划为普通卡、贵宾卡；有的划分为银卡、金卡、白金卡，不同的卡针对不同的客户群，拥有不同的市场定位。

当然，金融企业的市场定位尤其是形象定位需要经过长期不断的宣传、巩固，但市场定位也是不断改变的，当一个金融企业实施市场定位方案后一段时间内效果不显著，就要考虑重新定位的问题。另外金融企业在产品行为过程中还要避免犯以下的错误：定位模糊，没有鲜明的特色，无法与竞争对手区分；定位过高，金融企业没有足够的资源实现定位方案，或无法证明实力，引起客户怀疑；定位混乱，定位更换频繁，宣传主题过度，客户的印象无法固定集中。

精选案例

案例 5-1　巴奈特银行的市场细分

1. 现状

巴奈特银行是佛罗里达州最负盛名的银行之一，建立于 120 年前，当时其拥有 373 间办事处和 338 台 ATM 为 164 个城市提供几乎所有的金融服务。巴奈特银行提供的金融服务既面向个人也面向企业，是一种无差异的市场占领策略。什么叫无差异的市场占领策略？又叫市场统合。即银行把整个市场看作一个大的目标市场，营销活动只注重客户需求的相似性或共同点，忽略客户之间对银行产品和服务需求的差异。采取这种策略时，只需推出单一的产品和标准化服务，设计一种营销组合即可。如针对客户存款或安全性的需要，只要制定安全保障策略，以单一产品、单一价格、单一促销方式和单一分销渠道方式就可满足需要。这种策略的特点是可降低管理成本和营销支出，易取得规模效益。在这种情况下，所有的银行推出的都是一样的产品，服务的差异性很小，比如计划经济银行时代，所以银行要想区别于其竞争者，只能简单地以自身形象加以区别，保持竞争优势。

应该说，在过去，竞争并不激烈的时代，这种无差异性的市场占领方式曾经为树立巴奈特银行的优良形象起到了关键性的作用。但是，随着环境的变化，在当时的佛罗里达州，巴奈特银行开始面临可能是全美最为分散和激烈的竞争。在 1985 年，有 400 余家存贷机构共同争夺 1 640 亿美元的存款。与此同时，还有许多新的竞争者通过并购进入这个日益拥挤的市场。情况与今天中资银行所面临的状况非常相似。在这样一个竞争日趋激烈的市场，为了应付外界的压力和竞争，巴奈特银行认为其应该重新认识其所服务的市场，采取市场细分计划来挖掘新的市场机会。

2. 背景条件分析

巴奈特银行采取市场细分计划可以主要归结为以下几大原因。

首先，从宏观环境上来看，美国金融管制的放松为巴奈特银行更加清晰地确立其所要服务的市场提供了可行性。

其次，从银行内部来看，银行管理层形成共识，认为银行不可能为所有顾客提供所有金融服务，巴奈特银行必须明确自己在一定市场上的定位战略。

最后，巴奈特银行希望通过这一市场细分计划来挖掘未被发现和利用的市场机会。这是巴奈特银行市场细分计划的核心，这其中就包括"老年伙伴计划"，即是否对年龄超过 55 岁顾客的市场的开发。

3. 市场分析

在老年伙伴计划的开发过程中，市场分析主要研究和调查以下四方面内容：首先，银行必须决定是否将 55 岁以上的顾客作为自己的目标细分市场；其次，如果决定将其作为目标细分市场，那么，银行需要提供怎样的金融服务；再次，如何及时掌握 55 岁以上的老龄顾客对该产品的满意度信息反馈，以便于未来金融产品的开发和修正；最后，通过什么方式跟踪这一市场细分计划，来确定这一市场细分计划的细分基准是否可行。

巴奈特银行是如何来解决这些问题的？

第一，是否将老年顾客作为目标细分市场？为了回答这一问题，市场研究计划需要进行以下调查和分析。

(1) 老年人使用的金融服务的类型，以及其与其他顾客的不同；

(2) 老年人对金融服务的要求和看法；

(3) 哪些服务组合是老龄顾客所接受的，巴奈特银行如何才能扩大这些服务组合的市场份额。

为此，巴奈特银行需要知道老龄顾客的账户类型，以及账户内的存款余款。而这些信息的获得对巴奈特银行来说又是很困难的，因而巴奈特银行委托一家国际性的咨询公司对这些问题进行了专项调查。在获取这些资料后，巴奈特银行得以确定老龄人的金融行为和观点的特点，从而巴奈特银行得以有针对性地设计金融产品。这些调查结果坚定了巴奈特银行开发老年伙伴产品计划的决心。

第二，为目标细分市场即 55 岁以上的老龄客户提供了哪些服务？

根据巴奈特银行市场研究人员的调查以及有关专业调查公司的报告，巴奈特银行为其新的以老龄客户为服务群体的金融产品提出了 29 项服务内容，为了使产品更加满足老龄客户的需求，巴奈特银行还将这些服务内容向顾客群进行意见调查。经过系统的调查和分析，巴奈特银行最终确立了新金融产品的服务内容。另外，通过全州范围内的电话征询老年人对这一金融产品命名的意见，最后确定为"老年伙伴"。

第三，顾客满意这一计划吗？

巴奈特银行计划通过每年一次的以信函方式进行的顾客满意调查和不定期的特定顾客群来跟踪顾客对该计划的意见反馈（当时电信系统还不发达）。

4. 市场推广

（1）试验性推广。该计划在佛罗里达州的西南部和南部的8个城市进行过实验性推广。在试验性推广过程中，巴奈特银行通过各种方式，比如信件、电话等渠道对老年客户进行定期或不定期的调查，并成立"问题集中小组"来广泛了解客户的满意度，并对产品作出相应调整，使其更加符合客户要求。

（2）全面推向市场。在经过两年多的研究论证和试验性推广后，巴奈特银行在1984年向全州推出了其新型的金融服务"老年伙伴"。

（3）促销手段。在推广过程中，巴奈特银行以电视、广播和报纸广告为渠道发布"老年伙伴"产品的消息，这些媒体主要针对55岁以上的顾客。同时，各地的分支机构公开向全州的100名这一年龄段的居民发出了"老年伙伴"的推销和介绍邮件。先期的广告促销活动将持续14周。

接着，该银行又利用1984年的大选大做文章，由于当时的两位总统候选人都超过了55岁，因而，借着总统候选人的特殊地位和身份，巴奈特银行展开了强有力的广告攻势，广泛宣传候选人对"老年伙伴"的认可和接受，同时，着力强调"老年伙伴"的种种免费服务。该广告大获成功，使"老年伙伴"被越来越多的人所接受。

同时，巴奈特银行的一些地区机构大力赞助老年奥林匹克运动会，仅在南佛罗里达州就有54人参加了这一运动会，并得到了巴奈特银行所赠送的T恤衫，获胜者还得到了纪念品。

这些前期促销活动，使得巴奈特银行建立了与21 000名老年伙伴使用者的客户关系，并有275万美元的新账户开立。经过初步估算，每1美元的促销费用，将为巴奈特银行带来100美元的存款。

巴奈特银行的"老年伙伴"不仅仅是一个新的金融产品的产生，同时也是一个潜在市场机会的再发现和挖掘。在"老年伙伴"计划从设计到实施的过程中，巴奈特银行耗费了诸多人力、物力进行市场分析和调查，并委托了一些专门咨询机构，正是因为巴奈特银行这一系列严谨的、重视科学性的前期准备，以及随后的实验性推广，使得"老年伙伴"计划得到了巨大成功。

资料来源：http://wenku.baidu.com/view/a330c555804d2b160b4ec026.html。

案例 5-2　精准定位产品——大病互助计划"相互宝"

相互宝是一款基于互联网的互助计划：符合要求的支付宝客户免费加入，覆盖100种大病类型，互助金额度最高30万元（40～59周岁10万元，40岁以下30万元），每月14日、28日为分摊日，支付宝自动进行扣款，每期分摊金额 = $\dfrac{互助金 + 管理费}{分摊成员数}$，每位成员为单个患病成员分摊费用不超过0.1元等。2018年11月27日，蚂蚁金服将"相互保"升级为"相互宝",并转型为互助计划,不再由信美相互人寿承保,但用户获得的保障不变。升级后有以下三点优化:每位用户在 2019 年 1 月 1 日至 12 月 31 日期间的总分摊金额不超过 188 元,如有多余部分全部由蚂蚁金服承担;管理费从原来的 10% 下降到 8%;如果未来成员人数低于 330 万,计划不会立即解散,会继续为成员提供一年的大病保障。原"相互保"成员可以升级到"相互宝",且无须重新计算等待期;也可以暂不升级或退出,暂不升级的成员仍按原计划获得保障。在 2018 年 12 月 31 日前加入"相互宝"的成员,不管是不是从"相互保"升级过来的,在 2019 年 1 月 31 日前涉及的分摊费用均由蚂蚁金服承担。2019 年 5 月 8 日,支付宝又上线了"老年版相互宝",专门针对 60~70 岁的老年人成立单独的防癌互助社群,符合健康要求的老年人加入后若患上恶性肿瘤,可申请最高 10 万元的互助金,"一人生病,大家分摊",单个互助案例中每人分摊金额不超过 1 元。截至 2019 年 8 月,加入"相互宝"的成员已超过 8 000 万人,成为全球最大的互助保障平台。

表 5 - 1　　　　　　　　　　　　　　"相互宝"和重疾险对比

产品	保障类型	保障力度	风险转移需求满足程度
"相互宝"	互助计划	小	能满足消费者多样化的风险转移需求
重疾险产品	保险产品	大	难以满足

重疾险产品优势明显多于"相互宝",为何一些消费者明明有保险保障意识,不愿购买重疾险,却愿意加入"相互宝"?可能的原因有:①消费者对保险公司或保险从业人员某些方面不是很认可;②加入"相互宝"非常方便,期初不用付钱,"投保"体验较好;③很多消费者是抱着做慈善的心态加入"相互宝"的;④很多消费者是"真没钱"或"不想多花钱"。"相互宝"的出现正好迎合了消费者想要保障却又不想花钱或不想多花钱的心理。当"相互宝"在市场上取得强烈反响后,其他互联网巨头也开始蠢蠢欲动,先有京东金融的"京东互保"测试,后又有苏宁金融的"宁互宝"内测,一时间暗流涌动。"相互宝"要在激烈的竞争中争夺有限的客户资源,就要增强客户对产品的认同感,树立特定的产品形象,塑造个性,加深客户的印象,并形成消费偏好,防止被其他产品替代。

"相互宝"如此受大家的欢迎,反映了广大未被现有保险产品覆盖的人群和需求。蚂蚁金服抓住金融市场上这个想要重疾保障却又不想花钱或不想多花钱的支付宝用户细分市场,弥补互联网金融市场的空缺,利用大数据准确定位,推出"相互宝",成功地把使用支付宝的其中一部分人吸引过来,并取得了成功。然而,需要提醒的是,"相互宝"是互助计划,不是保险产品,更不能代替重疾险。消费者在选择保障产品时不能只考虑到"相互宝"更划算,而要根据实际情况合理地购买重疾险。因为"相互宝"的保障是远远不够的,我们应该将它作为保险保障的补充。值得注意的是,保险公司近年来在重疾险上颇下功夫,重疾险责任越来越多,保障范围越来越广,费率却越来越低。这对消费者来说无疑是一个好消息。

资料来源：https：//m. 21jingji. com/article/20190416/177da9b3870d11728f1e1364902e1823. html？from＝singlemessage。

案例 5－3　小微企业的"救星"——"台州模式"

1. 背景介绍

2019 年 6 月 13 日至 14 日，中共中央政治局委员、国务院副总理刘鹤点赞"台州模式"，认为值得认真总结和推广。

"台州模式"即解决小微企业贷款顽疾，同时让市场发挥该有的作用，是浙江在中小银行服务实体经济特别是小微企业方面形成的有益经验及新探索。台州灵活的民营经济机制，孕育了一大批占全市企业总数 99% 以上的小微企业。小微企业就像交错的血管，广泛分布在台州城市之中，为城市发展输送着源源不断的动力。然而，长期以来，小微企业的发展一直面临着融资难、效率低下、竞争能力弱等问题，严重制约了该类企业的发展壮大。在此背景下，2015 年 12 月，经国务院常务会议决定，设立浙江省台州市小微企业金融服务改革创新试验区。台州被设立为金改试验区以来，坚持以服务实体经济、服务小微企业为改革创新的出发点和落脚点，充分发挥政府及金融机构作用，全面推行普惠性小微企业金融服务，扩大金融服务机构的数量和范围，形成了多元化、多层次、差异化的小微金融服务格局。

台州形成了国有银行服务大中型企业、股份制银行服务中小企业、城商行及小微金融专营机构专注服务小微企业的多层次金融服务组织体系，以便更好地满足小微企业的需求和发展。浙江泰隆银行、浙江民泰商业银行两家城商行已发展成为小微企业金融服务的专营银行。

2. 泰隆银行为小企业主量身定制贷款产品

小微企业从事的行业性质不同，对于贷款期限、贷款方式等贷款需求也不尽相同，小企业主在申请贷款前应该充分考虑行业特点，"对号寻贷"。针对小微企业各种融资需求，专注于小企业金融服务的泰隆银行为小企业主量身打造了一些贷款产品。泰隆银行为拓宽小微企业融资渠道，在贷款业务、银行卡业务、理财业务等方面积极探索、不断创新，推出了"创业通""融 e 贷""义融通"等小企业贷款特色产品，从不同方面满足小微企业的个性化需求。如"义融通"适用于急需融资，但又无法提供有效担保的小企业或个人，只要借款人品行优良、讲求信用、有正常的生产经营条件，有一定的固定资产，均可申请该项贷款。

泰隆银行把市场细分成大中型企业市场和小微型企业市场，选择的目标市场是小微型企业市场，原因是小微型企业市场可挖掘的潜力很大，尽管单次贷款数量较小，但是庞大的客户数量一样能够带来较大的收益。在目标市场上，泰隆银行了解到，中小企业由于行业性质不同，导致它们在贷款期限、贷款方式等贷款需求方面都不尽相同。根据目标市场的特征，泰隆银行准确定位，针对小微型企业的贷款、融资等方面的需求进行定制服务。例如，生鲜批发行业的资金回笼较快，而从事小型工业生产的制造业所需要的生产时间、经过的手续更多，资金回笼的速度较慢，自然需要不同的贷款服务。

3. 民泰银行倾力打造"小企业之家"

民泰银行自成立以来，紧紧依托地方经济，始终坚持以服务小微企业为己任，抢抓机遇，开拓创新，逐渐走出了一条差异化、特色化的小微企业专营银行之路。

（1）小而专，以小微金融赢得市场。民泰银行成立于个私经济比较发达的浙江省温岭市，资本结构中的民营资本超过92%，因此与小微企业有天然的"地缘、血缘、人缘"关系。民泰银行在支持实体经济中求发展，在提高小微金融服务水平上下功夫，逐步建立了一套服务高效、特色鲜明、风险可控的小微企业信贷服务模式，较好地满足了小微企业金融服务需求，以实际行动赢得了"小企业之家"的美誉。

（2）小而精，以特色服务赢得信赖。民泰银行的三大业务特色"服务小微的市场定位、简洁高效的业务流程、灵活多样的担保方式"，致力于深化业务特色，提升服务品质，始终坚持"精简、精益、高质、高效"的流程法则。民泰银行推行以保证担保为主、其他担保为辅的贷款担保方式来解决小微企业贷款担保问题。同时抓准贷审视角，坚持实用化风控。

（3）小而新，以产品创新赢得先机。民泰银行重视小微企业特色产品的研发，推出了一系列符合小微企业融资需求和特点的小微特色金融产品，如"商惠通"贷款、"民泰随意行"等。其中"商惠通"贷款主要依托小微企业、个体工商户市场，结合市场"短、小、频、急"的特点，能高效、快速地为客户解决融资难问题。"民泰随意行"是民泰银行研发的金融IC卡手机信贷产品，可通过手机短信随时随地实现自助借款、还款、存取现金、消费、圈存等金融服务，一次授信可循环使用，不受时间和空间的局限，极大地凸显了小额信贷快捷、便利的特性。该产品的推出为"三农"和小微企业用户带来了极大的融资便利，特别是在广大农村地区得到快速普及，有效填补了农村偏远山区、海岛等地域的金融服务网点空白，提升了农村金融服务水平，广受社会赞誉，被中国人民银行总行列为科技创新项目。

（4）小而美，以实际行动赢得口碑。为切实履行"服务小微企业，支持实体经济"的职责，民泰银行不断规范经营行为，积极落实各种优惠服务政策，降低小微企业融资成本。目前全行136项服务收费项目，有35项免收服务费。积极响应国家"绿色信贷"的号召，民泰银行拟订"绿色信贷"有关授信政策，贯彻实施"绿色信贷"理念，不断加大对环保产业、循环经济发展、节能减排技术改造等方面的信贷支持。高度重视税务管理工作，强化依法纳税意识，不断提高纳税实务水平。积极投身社会福利事业，通过捐建希望小学、敬老院以及捐助奖学金、救灾款等多项措施，积极承担和履行社会责任，受到了社会各界的认可和肯定，用行动诠释着一个负责任的企业的风采，用爱心和担当肩负起了社会的责任。

民泰银行选择小微企业作为目标市场，为其提供有特色的金融服务是在这个市场上的定位。在目标市场定位上主要有以下几点值得推广的做法：①坚持对小微企业授信的倾斜，在客户群体内设立小组，对小组成员实施授信，小组内成员之间互相承担连带担保责任，提高了小企业信贷业务的审批效率。②大力发展客户经理对小微企业的金融服务能力，通过参与企业调查，传授各种调查手段，定期召开客户经理例会、学习交流等方式方法提高民泰银行客户经理对小微企业的服务能力。③改进和完善自身产品、服务流程，为小企业提供优质、全方位的服务。④根据各地实际情况，拟订不同区域的小微企业贷款额度占比和差异化的户均贷款额度，确保小微企业信贷投放的有效性和及时性。⑤根据地方经济特点，持续深化小微服务"根据地"模式，解决营业网点不足、服务延伸力度不够的难题，大大提高了服务的覆盖面和效率。⑥运用适合小微企业的风险控制技术，在掌控风险的同时深化服务内容。

资料来源：http：//wlnews. zjol. com. cn/wlrb/system/2013/08/01/016734467. shtml。

实 训 模 块

一、实训目的

通过案例学习，熟练掌握本章理论知识，并能灵活运用。

二、实训内容及要求

（一）实训内容

1. 通过对金融营销市场细分相关案例的阅读，学习各个案例中细分思路和对应的营销战略。

2. 运用所学知识以及资料的查询，尝试寻找当前金融营销市场中未被开发或发展前景良好的细分市场并进行小组讨论。

（二）实训要求

认真学习阅读相关资料，开拓思维积极参与。

三、实训方式

通过查询书籍、网站搜索、实地调研、小组讨论等方式进行。

四、实训结果

撰写一篇案例学习的心得体会，并就小组研究分析的细分市场进行归纳总结。

第6章 金融产品与营销策略

金融产品是金融机构向市场提供的满足人们对货币财产的保管、支付、流通与增值等需求和欲望的金融工具及其附加服务。金融产品作为现代金融业的载体，具有独特的特性，金融企业只有把握它的产品特性，才能有针对性地制定金融产品营销方案，实现既定的营销目标。

6.1 金融产品概述

6.1.1 金融产品的概念

金融产品指资金融通过程的各种载体，它包括货币、黄金、外汇、有价证券等。这些金融产品就是金融市场的买卖对象，供求双方通过市场竞争原则完成交易，达到融通资金的目的。金融产品可分为基础证券（如股票、债券等）和衍生（高级）证券（如期货、期权等）两大类；其次，根据所有权属性不同，金融产品又可分为权益产品（如股票、期权、认股证等）和债权产品（如国库券、银行信贷产品等）两大类。

6.1.2 金融产品的层次

金融产品按其属性可以表现为5个不同的层次：①核心产品，即向客户提供基本利益的产品，如支票可以支付及提供便捷的服务；②通用产品，即各金融机构普遍提供的产品；③期望产品，即消费者认定的某个产品应有的产品特性，如快速准确地结清支票、准确的月度报表和通过营销客户信息档案进入账户的能力等；④增扩产品，即产品所具有的特点，有助于营销人员将自己的产品区别于竞争者的产品，如一揽子产品与账户有关，并能向客户提供诸多好处，如免信用卡年费、贷款贴现和定期存单红利等；⑤潜在产品，即在一段时间后可能会改变的产品，例如通过营销客户信息档案或特别可视电话快速处理支票账单。

比产品更广的一个概念是产品线，指主要特征相似的一类产品。产品线的数量体现了产品组合的宽度，而各个产品线中的产品品目数量则构成了产品组合的深度。

6.1.3 金融产品的生命周期

金融产品的生命周期，是指金融产品从投入市场开始一直到被市场所淘汰的整个过程。不同的金融产品，其生命周期时间的长短具有很大的差异。根据客户对金融产品的使用或金融产品的销售情况，各种金融产品的生命周期可以分为四个阶段，即导入期、成长期、成熟期和衰退期。

下面介绍金融产品生命周期各个阶段的特点及营销策略。

1. 导入期

导入期是指金融产品投入市场的初期，即试销阶段。该阶段具有以下特征。

（1）客户对金融产品了解甚少，购买欲望不大，金融产品销售方需要花大量的资金来做广告宣传并开始建立完善的销售渠道。

（2）金融产品尚未定型，金融企业需要收集客户使用产品后的意见，不断改进产品，因此要投入一定的研制费用。

（3）在该阶段销售增长缓慢，盈利很少甚至发生亏损。

（4）销售增长率一般处于 0.1% ~ 10%。

在导入期，金融企业可以采取以下策略。

（1）建立有效的信息反馈机制、主动收集顾客反馈的意见与建议，并对其进行科学分析，及时改进产品设计，再将改进后的产品迅速投入市场，以取得客户的信任和支持。

（2）通过广告等多种途径让客户尽量了解新产品的用途和特点，使客户真正体会到新产品的方便与实惠，以激发客户的购买欲望。

（3）掠取策略，包括快速掠取和缓慢掠取两种。快速掠取策略是指采用低价格、高促销费用，以求迅速扩大销售量，取得较高的市场占有率；缓慢掠取策略是指采用高价格、低促销费用的形式，以获得更多的利润。

（4）渗透策略，包括快速渗透和缓慢渗透。快速渗透策略是指以低价格、高促销费用的形式，迅速打入市场，取得尽可能高的市场占有率；缓慢渗透策略是指以低价格、低促销费用推出新产品。

2. 成长期

成长期是指金融产品通过试销打开销路，转入成品生产和扩大销售的阶段。该阶段具有以下特征。

（1）金融产品基本定型，研制费用逐步减少。

（2）客户对产品有进一步的了解，广告费用下降。

（3）产品销量呈迅速上升态势，利润增加。

（4）竞争者加入，仿制品出现、产品竞争激烈。

（5）销售增长率一般大于 10%。

在成长期，金融企业主要采取以下策略。

（1）不断提高产品质量，改善服务。为了使自身产品异军突起，金融企业必须不断开拓产品的新用途和特色服务，改善产品的性能，赋予产品新的活力。

（2）改变广告宣传的重点。把广告宣传的重点从介绍产品转到建立产品形象上来，树立产品品牌，提高产品声誉。

（3）适当调整价格，增加产品的竞争力。通过适时的降价，激发对价格敏感客户的购买动机并采取购买行动。

3. 成熟期

成熟期是指金融产品在市场上的销售已接近和达到饱和的时期。该阶段具有以下特征。

（1）金融产品已被客户广泛接受，销售量的增长出现下降。

（2）成本与费用较少，利润稳定。

（3）仿制品层出不穷，市场竞争更为激烈，可能导致企业利润缓慢下降。

（4）销售增长率下降至 0.1% ~ 10%。

在成熟期，金融企业主要采取以下策略。

（1）市场改良。金融企业进攻型战略不断拓展产品市场，以扩大产品销售量。

（2）产品改良。这种策略是指改进产品的性能并努力实现产品的多样化与系列化，通过包装组合以提高产品的竞争力，不断满足客户的不同需要，吸引更多的客户。

（3）综合运用市场营销组合策略以增加产品销售，如增加销售网点、降低产品价格、改变广告内容等。

4. 衰退期

衰退期是指金融产品已经滞销并趋于淘汰的时期。该阶段具有以下特征。

（1）市场上出现了大量的替代产品，产品销售量由缓慢下降变为迅速下降，销售增长率为零。

（2）价格大幅下降，金融企业利润日益减少。

在衰退期，金融企业主要采取以下策略。

（1）持续策略。当产品进入衰退期，大量竞争对手会退出市场、金融企业可以继续沿用过去的策略吸引部分老客户使用老产品。

（2）转移策略。出于不同市场、不同地区客户需求的发展程度不尽相同，一些产品在这个市场上趋于淘汰，而在另外一些市场上可能还处于成熟期，因此金融企业可对各个市场进行比较，将产品转移到一些仍有潜力的市场上进行销售。

（3）收缩策略。金融企业缩短营销战线、精简人员、降低促销费用，把人力、物力、财力集中于某些最有利的市场上，以获得最大的利润。

（4）淘汰策略。即彻底将产品驱逐出市场，用新产品取代老产品以维持或扩大市场占有率，增加产品销售。

表 6 - 1 和表 6 - 2 对金融企业产品生命周期不同阶段的特征与金融企业的策略进行了归纳。

表 6 - 1　　　　　　　　　金融企业产品生命周期不同阶段的特征

所处阶段	产品稳定性	购买者数量	销售额	利润	竞争者
导入期	不稳定	少	低	亏损或微利	少或无
成长期	基本稳定	不断增加	快速增加	不断增加	增加
成熟期	不断完善	多，大众化	较稳定	稳定获利	大量
衰退期	滞后，市场出现大量新的替代品	下降	减少	减少或出现亏损	减少

表 6 - 2　　　　　　　　　金融企业产品生命周期不同阶段的影响策略

所处阶段	营销目标	产品策略	定价策略	分销策略	促销策略	时间策略
导入期	让客户了解产品	提供客户所需产品	成本加成定价	有选择地试销	创造产品知名度	尽量缩短
成长期	扩大市场份额	提高产品品质	适当调整以提高竞争力	建立广泛的分销渠道	充分利用广告扩大影响	适当延长
成熟期	维持市场份额，实现利润最大化目标	多样化与系列化	竞争性定价	增设网点，积极拓展销售渠道	综合运用各种促销方式	尽量延长
衰退期	减少费用尽量获利	持续、转移、收缩或淘汰策略	降价或采用折扣定价法	适当收缩	特定的促销活动	可缩短，并及时淘汰过期产品

6.2　金融产品开发策略

6.2.1　金融产品开发的含义及类型

金融产品开发是指金融企业为了适应市场需求而研究设计出与原有金融产品具有显著差异的金融新产品。即指金融产品中任何一个层次发生了更新或改变，使得金融产品增加了新的功能或服务，并能给客户带来新的利益和满足。据此可将金融产品开发划分为以下 4 类。

1. 发明策略

发明策略指金融企业根据金融市场需求，利用新原理与新技术开发新金融产品。这种新产品可以改变客户的生活方式或使用习惯，例如信用卡、手机支付等的出现改变了人们的支付习惯，大大减少了现金的使用量，并充分体现了灵活、便利、安全的特点，而手机银行、网上银行的出现更是将现代高科技与金融业务紧密结合，把金融产品开发推向了高潮。随着市场经济与科学技术的不断发展，客户需求将不断增加，金融产品发明会发挥越来越重要的作用。

2. 改进策略

改进策略指金融企业对现有金融产品进行改进，使其在功能、形式等各个方面具有新的特点，以满足客户需求，扩大产品销售。当前，金融产品种类繁多，为了避免发明新产品所需的大量资金、人力、时间等，金融企业可以对现有产品进行改造或重新包装，以扩大产品的服务功能，更好地满足客户需求。例如，商业银行在整存整取储蓄存款的基础上开发出通知存款，通过上述改造与重新包装，使原有的金融产品焕发出新的活力，吸引了大量客户。

3. 组合策略

组合策略指金融企业将两个或两个以上的现有产品或服务加以重新组合，从而推出金融新产品。如果金融企业拥有的产品过多，就很难从整体上开展有效的金融营销活动，因为客户难以充分了解全部产品。为了让客户更好地接受本企业的产品，金融企业可以对原有的业务进行交叉组合并在某个特定的细分市场上推广，让客户获得一揽子服务，这样就易于占领该市场并不断吸引新的客户。例如支票存款账户是一种结合支票存款和普通存款两者优点而组成的新产品，开立账户者可以利用支票取现和转账，既省去了携带现金的不便，保证了资金的安全，又加快了结算速度，还可享有利息。

4. 模仿策略

模仿策略指金融企业以金融市场上现有的其他产品为样板，结合企业自身以及目标市场的实际情况和特点，加以改进和完善后推出新产品。由于金融新产品是在学习别人经验、结合自身特点的基础上加以效仿的结果，因而金融企业在开发时所花费的人力、物力、资金等都比较低，简便易行且周期较短，所以被金融企业广泛采用。

6.2.2　金融产品开发的程序

金融产品开发与创新是一项艰巨且复杂的工作，它不仅需要投入大量的资金，而且其最终是否能够成功也是未知数。因而为了降低开发新产品失败的风险，必须科学遵循一定的程序进行开发。一般来说，新产品从设计、试销到全面推广要经过以下 8 个阶段。

1. 搜集构思阶段

开发新产品的关键在于从众多的构思当中选取最合适、最有发展前途的构思。所谓构思，是指各种能够满足现有客户或潜在客户某种需求的新产品的设想。西方营销学家的调查发现，60%的设想来自客户、竞争对手和情报资料，其余的40%则来自金融企业内部。充分征求、研究客户对金融企业服务的意见和看法是新产品开发成功的保证。

新产品方案的搜集与构思的主要任务是：从各个来源挖掘出对产品的设想，并提高构思的有效性。金融企业首先应仔细研究客户的需求，尤其要摸清潜在客户的需求，从各个方面搜集新产品的方案。搜集新产品方案及构思可以从内部和外部两种渠道着手。其中内部渠道有：金融企业内部的研究与开发部门、营销部门、职员；外部渠道有：顾客的意见、代理行与联营机构、同业竞争者、政府部门、专家学者的研究。

2. 筛选阶段

筛选的目的是剔除那些不适合金融企业发展目标或资源的新产品构思。金融企业获得的关于新产品的构思，不一定符合金融企业的需要，是否与金融企业的整体经营目标、政策及资源相一致，还需要经过筛选。产品构思的筛选直接关系到金融企业产品开发成本的高低，因此十分重要。通常，产品构思的筛选过程通常包括两个阶段。第一阶段，根据构思是否适合金融企业的发展规划、业务专长和资金实力，剔除那些明显欠妥的建议。这种迅速、准确的判断有助于金融企业节省资源。第二阶段，在余下的产品构思中进行进一步审查，利用评分表方法评出等级。在对一系列因素作出适当评价的基础上，慎重地作出决策。

3. 产品概念的形成与测试阶段

产品构思经过筛选后发展成为产品概念。对于经过筛选的产品构思，银行要用详细的文字或模型来表示，将停留在产品开发方案中的抽象的概念产品转化为具体的产品描述，构建成型的产品概念。对于成型的产品概念，一般由金融企业产品经理或开发人员组织实施选择某一顾客群体进行测试，并向他们详细描述新产品的功能、运作过程、给顾客带来的利益、该产品与其他同类产品的不同之处等，看看新产品能否满足顾客的需要，并进一步征求顾客的意见，以便顾客全面了解该产品，并对其进行评价。

4. 可行性分析阶段

新产品经过测试以后，金融企业还要对新产品开发从财务可行性分析和技术可行性分析两个方面进行经营分析。财务可行性分析主要是对新产品方案从财务上分析预计销售、成本、利润和投资收益率，同时进行长期的成本效益分析，预计长期销量和盈利目标，以保证新产品财务上的可行性；而技术可行性分析是对新产品进行技术论证，分析其技术上是否可行。在新产品技术可行的基础上，进行新产品实际开发，为客户提供新产品。

5. 产品开发阶段

经过对新产品的测试和分析以后，金融企业就进入了全面开发阶段。金融企业大多是无形产品，所以它的开发要比其他企业产品的开发方便得多。一般情况下，金融企业在进行产品开发时会涉及以下领域，包括：塑造一个独特的品牌；市场分析，客户分类；竞争力分析；买方行为；定价；成本和收益；产品设计和定义，产品定位；创新和生命周期发展；反馈和商业计划；产品面市后的分析；制定产品方案。

6. 产品试销阶段

开发出新产品之后便可以进入试销阶段，即向少数的客户进行试验性销售，观察客户的反应，衡量其广告效果、购买率，并推断能否实现预期目标，检测其对现实情况的适应性。金融企业通常在一定期限内选择某一市场让客户试用该产品，并根据客户的反应来衡量产品的效果及销售前景。在试销阶段金融企业还可以利用多种方式，比如表格调查、电话询问等来收集客户的意见和其他各种相关信息，以便对产品进行有针对性的改进与调整。

7. 商业化阶段

当新产品试销成功后，就必须立即投入正式生产，并尽快投放市场，以满足市场需求，并对新产品进行商业化经营。在此阶段，金融企业应确定新产品投放的时间、地点、目标市场、推广策略等具体细节。产品商业化阶段是实现产品创新目标的实践过程，也是各项营销策略的综合运用过程。

8. 评估与检测阶段

新产品投放市场后，金融企业还必须对客户的使用情况进行评估与检测，注意是否采取调整和补救措施。有效的检测可以促使金融企业能够及时收集到客户对产品的反应，随时对产品的一些缺陷加以改进，或是对营销战略进行适当的调整，并有助于促进下一个新产品的上市。

6.3　金融产品定价策略

6.3.1　金融产品定价及影响因素

金融产品定价是指金融产品的货币表现形式。影响定价的因素是多方面的，主要应考虑以下因素。

（1）产品和服务的开发成本。

（2）产品和服务的市场份额。

（3）产品和服务的风险程度。

（4）同行竞争产品和服务的定价。

（5）产品使用者对该产品的认可程度。

6.3.2　金融产品定价目标

定价目标是指金融企业通过制定特定的价格水平，凭借其产生的效用所要实现的预期目的，它是金融企业营销目标体系中的一项具体目标。在制定价格之前，金融企业必须首先根据目标市场定位确定产品的定价目标，并以此作为制定价格的指导。金融企业的定价目标越明确，制定价格就越容易。金融企业通常追求以下几个定价目标。

1. 利润最大化

利润最大化定价目标是指金融企业以在一定时期内所能获得的最高盈利总额作为营销活动中对金融产品定价的战略性目标。作为企业，经营的最终目标是为了获取最大的利润，但这并不意味着要制定最高的价格，因为金融企业的利润除了受价格影响之外，还受到金融产品的销售规模、营销成本以及其他诸多因素的影响。具体来说，金融企业的利润目标可分为利润最大化和一定投资收益率两种。

2. 扩大市场份额

市场份额是衡量企业经营状况与竞争能力的重要指标之一。较大的市场份额可以保证金融产品获得较高的销售数量，实现盈利水平的增长。尤其是一些新兴的金融机构，为了发展壮大，抢占市场先机，实现长期的盈利水平，往往会广设分支机构，以争取市场份额为定价目标。一些新开发的金融产品，在生命周期的早期阶段，为迅速打开市场，赢得一批稳定的客户，也常以此为目标，适当以低价格打入市场、拓展销路。

3. 应对价格竞争

在金融市场激烈的竞争中，价格竞争已成为市场竞争的一个重要而又有效的手段，金融企业可以运用价格手段来应对竞争。一般来说，市场规模较大的行业领导者，一般采取较稳定的低价策略，以主动防御现实和潜在的竞争，而行业中规模较小的企业无力左右行业价格，一般采取跟随主导企业来定价。但在一般情况下，金融产品定价过低并不是明智适当的决策，因为这可能造成顾客对产品质量的不良感知。因此，以低价格来应对竞争，维持生存的定价目标只能作为一个短期目标，就长期来看，金融企业应着眼于增加金融产品的附加价值，提高盈利能力，而不是陷入价格战。

4. 树立企业品牌形象

品牌形象是企业的无形资产，具有重要的市场价值。在金融产品日趋标准化和同质化的今天，企业的品牌形象已成为顾客的主要识别工具。客户在选择金融机构时，不再单纯地依据产品的服务功能进行评判，而是更加关注其品牌形象。一个具有良好形象的企业必然可以赢得更多顾客的信赖，从而留住已有的顾客并不断吸引新的顾客，大大提高企业的盈利水平，故而许多金融机构都以树立企业形象作为其重要的定价目标。对于培育出的特殊细分市场，金融机构可以采用高质高价的策略。如著名的投资银行摩根士丹利的形象，定位于提供优质服务的投资银行，它对产品和服务制定了较高的价格，但客户还是欣然接受，这在于客户认同它塑造的品牌和形象。

6.3.3 金融产品定价策略

1. 新产品定价策略

（1）撇脂定价策略。撇脂定价法是指在产品生命周期的最初阶段把产品价格定得很高，以求最大利润，尽快收回投资。金融企业采用这种策略是由其行业特点决定的。金融业的产品不同于其他企业的产品，可以申请专利保护，一些设计优良的金融工具和产品一上市，就会出现大量复制品。因此在新产品上市初期采用此策略，能迅速收回成本，降低经营风险。另外该策略还能提升企业的市场形象，一般高价都会给顾客带来优质的印象。撇脂定价策略给予企业更大的价格调整空间，一旦发现市场需求出现不利变化，企业可通过降价来保住市场份额。

实施撇脂定价策略，需要满足以下几个条件：①市场上大多数客户对价格变化不敏感；②企业拥有一个较好的营销系统和广告宣传能力；③金融产品独特新颖，竞争者难以模仿。

（2）渗透定价策略。渗透定价策略，又叫薄利多销策略。与撇脂定价策略先高后低的做法相反，它主要是在新产品上市时，先以低价打开市场，抢占市场份额，站稳脚跟后，再逐步将价格提高到一定水平。这种策略适用于对价格敏感的市场。它不是减价让利或是亏本经营，而是立足长远，通过提高市场占有率，来形成规模经济。

（3）满意定价策略。这是介于撇脂定价与渗透定价之间的一种策略。它既可以避免撇脂高价竞争影响销售量的风险，又可防止渗透低价导致企业盈利及形象的损失。它试图在两者之间选取一个平衡点，使企业和客户均达到一定程度的满意。不足的是，这种策略制定的价格比较保守，不太适合需求变化或竞争激烈的市场。

2. 折扣定价策略

折扣定价策略是指金融企业对满足一定条件的顾客少收一定比例的服务费用，降低顾客的成本支出，刺激顾客对产品的购买。该策略十分灵活，折扣形式也多种多样，主要包括：现金折扣、数量折扣及季节折扣。

3. 关系定价策略

关系定价策略注重与客户建立良好关系，着眼于客户的长期价值。它适用于金融企业与客户发生持续业务接触的领域。运用关系定价策略的重点，是掌握产品成本的详细数字和充分的顾客信息，合理进行成本分析和市场细分，建立起系列产品与客户的特殊联系。关系定价策略可采用长期合同和多购优惠两种形式。

4. 组合产品定价策略

组合产品定价策略的特点是，只核算总成本，对于单项服务或单个产品的单独成本与价格就不太关注，甚至有些产品价格可以低于成本，然后用成本低的产品或服务去补偿成本高的产品或服务，用收益高的产品或服务去弥补收益低的产品或服务，从而实现组合产品在总体上的赢利。在采用组合产品定价策略时，金融机构可以凭借价格相对低廉的产品或服务去吸引顾客，与其建立良好关系，进而通过交叉销售的方式带动收益较高的产品或服务的销售。采用组合产品定价有利于企业的信誉，扩大金融机构在顾客中的影响，增强企业的竞争力，因此其应用较为普遍。

6.4 金融产品分销策略

6.4.1 金融产品分销渠道概述

1. 金融产品分销渠道的含义

分销渠道，有时又称营销渠道，是指产品的所有权或使用权从生产者手中转移到消费者手中这一过程所经过的渠道。而所谓金融产品分销渠道指的是金融产品的营销渠道，也就是金融机构把金融产品和服务推向客户的手段和途径，包括筹资渠道和资金运用渠道。

金融行业因其产品的特殊性，使其分销渠道与实体产品的分销渠道存在相当大的差异，金融机构的分销渠道有其相对独特的运作方式。

2. 金融机构分销渠道的种类

分销策略的类型可谓多种多样，下面介绍几种主要的金融机构分销策略。

（1）直接分销策略和间接分销策略。这是根据金融机构是否自己销售产品为标准来进行划分的。

金融机构直接分销渠道也称零阶渠道，是指企业将产品直接售给最终需求者，不通过任何中间商。例如银行通过广泛设置分支机构开展业务，或派业务人员上门推销金融产品。直接分销渠道常见形式有设置分支机构、面对面推销、直接邮寄销售、电视销售、电子渠道、自动柜员机等。

金融机构间接分销渠道是指企业通过中间商来销售金融产品，或借助一些中间设备与途径向客户提供产品与金融服务，金融机构间接分销渠道与其所开展的具体业务密不可分。例如，消费者用信用卡消费的过程中必须借助于商场、酒店等消费场所，代发工资业务需要有消费者就职单位的配合，代收电费业务需要有供电机构的配合，银证通业务需要有证券公司的配合等。

（2）单渠道分销策略和多渠道分销策略。这是根据分销渠道的类型多少来划分的。如果金融企业只是简单地通过一个渠道实现金融产品的销售，如银行提供的产品全部由自己来销售或全部给经销商来销售，这种策略称为单渠道销售策略；多渠道分销策略是指就一家金融机构而言，如果其通过两种以上的渠道形式进行分销活动，就属于多渠道分销。多渠道分销策略的优点是：可以增加产品的市场覆盖面，有利于企业扩大产品的销售，提供市场占有率；其缺点是：会加大渠道管理难度。

（3）结合产品生命周期的分销策略。金融产品具有一定的生命周期，与之相对应，营销策略也可以根据金融产品的生命周期理论，在产品所处的不同阶段采取不同的营销渠道，这就是结合产品生命周期的营销渠道策略。如产品在导入期应以自销或独家经销为主，尽快占领市场，提高新产品的声誉；在成长期应选择有能力、有前途的中间商进行分销，提高销售量，扩大市场份额；在成熟期应拓宽营销渠道，与更多的中间商积极配合进一步扩展业务活动的范围；在衰退期选择声望较高的中间商分销产品，获取产品最后的经济效益。

（4）组合分销渠道策略。组合营销渠道策略是指将分销策略与营销的其他策略相结合，以便更好地开展产品的销售活动。这种策略又分为三种：①营销渠道与产品生产相组合的策略。金融企业根据所提供产品的特征选择分销策略。②营销渠道与销售环节相结合的策略。企业根据多渠道、少环节、平等互利的原则，尽量减少销售环节，拓宽营销渠道，更好地减轻客户的负担，促进产品的销售。③营销渠道与促销相结合的策略。金融机构通过大力开展广告宣传或协助中间商做广告以促进金融产品的销售。

6.4.2　影响金融产品分销渠道选择的因素

金融企业合理选择产品分销渠道主要应考虑以下因素。

1. 金融产品的特性

产品特性是影响营销渠道选择的最直接的因素之一。产品因素包括产品的价格、专业性、及时性、技术性、售后服务等。一般来说，单位产品的价格较高、专业技术性强和服务要求高的产品选择直接营销渠道或较短的间接营销渠道为宜；反之，对那些价格较低、技术服务要求不高的大众的金融产品可选择较长的间接营销渠道，或设置多个机构进行广泛分销。

2. 市场因素和顾客特征

市场范围大小、顾客的集中和分散、顾客人数、地理分布、购买频率和年均购买数量等因素，以及金融企业同业竞争者产品的营销渠道策略，都会影响到销售渠道的选择。

3. 金融企业自身的实力

金融企业的规模大小、资金能力、信用能力、管理能力、销售能力、提供的服务等，都会影响其分销渠道的选择。例如，信息技术的发展促使商业银行通过 ATM 机和电话银行来提供金融服务，从而扩展分销渠道。

4. 分销成本

分销成本是指维持金融产品分销渠道所需要的费用。费用花费越多，则成本就越大，不利于后续经营。

5. 政策因素

主要是法律法规对金融产品分销渠道的制约。如，国家对有些金融服务实行管制政策，不允许金融企业设立分支机构开展经营，如果金融企业想进入只能选择间接营销渠道；或是政策法规要求金融企业必须拥有最低限额以上的实收资本金才能设立分支机构等。金融企业受政策性约束越大，选择营销渠道的权利和范围就越小。

6. 自然、经济与文化因素

自然环境主要表现在地理条件对分销渠道的制约。经济环境的变化也会影响分销渠道决策，如果一个地区经济较发达，营销机构设置的平均规模应该大一些，功能也应该趋于综合化。再如，当某个市场中经济处于高涨时期，产品供不应求时，金融企业应充分利用中间商展开广泛的间接营销。在长期的发展过程中积累形成的观念、思想与习惯传统，具有相对的稳定性，不同地区文化的差异随处可见，金融企业要分析现存的文化背景及营销渠道对市场的文化依赖性，以选择合适的营销渠道策略，并根据文化环境的变化进行相应的调整。

6.5　金融产品促销策略

6.5.1　金融产品促销的概念

促销，是指企业用人员或非人员方式传递信息，引发和刺激顾客的购买欲望和兴趣，使其产生购买行为或使顾客对卖方的企业形象产生好感的活动。而所谓金融产品促销是指金融企业为开拓资金融通渠道，扩大资金融通范围，将自己的金融产品和金融服务以适当的方式向客户宣传、报道和说明，鼓励和刺激客户发生购买行为的营销活动。

6.5.2　金融产品促销手段概述

金融企业在促销中可以使用的促销工具或方式很多，大致可以归纳为以下几种类型。

1. 广告促销

广告促销是金融产品促销的一种重要形式，借助广告可以刺激需求、引导消费、扩大销售，提高金融企业的竞争力。

（1）广告的分类。

①按内容不同划分的广告。

a. 金融企业形象广告。这是指把金融企业作为一个整体进行宣传，以提高行业声誉，增强客户对金融行业的了解和信任感，赢得客户对该金融企业的选择。

b. 金融产品和金融服务广告。这是金融企业对其所提供的产品和服务所作的宣传。通过对产品的特点、作用、收益的介绍、告知，让客户了解金融产品和服务，激发客户的购买欲望。

金融企业形象广告与金融产品和服务广告是互相补充的。金融企业通过形象广告引起客户的注意和兴趣之后，再用产品和服务广告向客户介绍各种金融产品与金融服务，使客户能知道产品和服务为其所带来的特殊利益，从而增加金融产品的购买，不断提高金融产品的销售业绩。

②按金融产品作用不同划分的广告。

a. 先导型广告。主要用于产品的市场开拓阶段。广告的目的是告知消费者现在新出现了某类新产品，建立该类新产品的原始需求或基本需求，以便促进该类产品的销售。

b. 竞争型广告。主要用于进入竞争阶段的产品。广告的目的是为特定的产品（品牌）培植选择性需求。

c. 巩固型广告。主要用于处于成熟阶段的产品。广告的目的是提醒消费者不要忘记购买这一特定品牌的产品。为了使这种提醒的作用更广，通常还要辅以一种相关形式的金融企业形象广告，其目的是增强金融企业的形象和声誉，而不是直接刺激销售。因为一个积极正面的行业形象，不仅有助于吸引消费者，而且有助于吸引员工和投资者。

（2）广告的目标。

①以介绍为目标。介绍性广告主要用于一种产品的市场开拓阶段，此时的目标是建立该产品的初步市场需求。介绍性广告的具体目标主要是：a. 通告新产品上市信息；b. 介绍产品的新用途；c. 通告价格的变动；d. 说明产品的设计原理和使用方法；e. 描述可提供的服务，纠正错误的印象；f. 减少或缓和消费者的担心或恐惧心理；g. 树立企业的形象。

②以说服为目标。说服性广告通常用于产品竞争趋于激烈的阶段，此时的目标是影响消费者心理，为其品牌培植选择性需求，大多数广告均属于这种类型。说服性广告的

具体目标通常是：a. 培养品牌的偏好；b. 鼓励消费者改用本企业的品牌；c. 改变顾客对产品特性的认识；d. 说服顾客迅速购买；e. 说服消费者接受销售访问。

③以提醒为目标。提醒性广告较常用于已趋成熟期的产品，旨在保持顾客对其产品的注意。提醒性广告的具体目标一般是：a. 提醒消费者对产品的需要；b. 提醒消费者购买的地点；c. 保持尽可能高的知名度。与提醒性广告相关的一种广告形式是强化性广告，其目的在于让现有购买者相信自己购买的正确性。

（3）广告媒体的抉择。广告媒体又称广告媒介，是金融机构进行广告宣传的物质技术手段，是广告信息的载体。广告媒体主要有报纸、杂志、电视、广播、户外、网络等。使用不同的广告媒体产生的广告费用、广告效果、广告设计等都不一样，因此对广告媒体的选择应该慎重。金融机构正确地选择广告媒体，需要充分地考虑以下因素。

①媒体的效果。对于媒体的效果，主要从以下几方面进行考虑：第一，媒体的影响力，即指媒体在读者、观众中的声誉以及媒体能够引人注意的能力；第二，媒体的接触度，即一定时期内使多少人接触到广告宣传；第三，媒体的频率，就是指在一定的时间内，平均每人接触多少次广告。不同的媒体具有不同的效果，因此金融企业应该有针对性的选择。

②产品的类型。不同类型的金融产品有着不同的促销特点和不同的客户群。如性能较为复杂的技术产品，需要一定文字说明，较适合印刷媒体，面向专业人员，多选用专业性杂志。

③广告费用。广告费用包括媒体价格和广告设计制作费。不同的媒体有不同的价格，金融企业在选择广告媒体时，应依据自身财力尽可能选择效果好的媒体。

④消费者接触媒体的习惯。不同的广告媒体，消费者接触的习惯不相同；不同层次的消费者，经常接触和喜爱的媒体也有差别。因此，应针对目标顾客接触媒体的习惯去选择广告媒体，以保证广告信息的接收效率。

2. 人员促销

（1）人员促销的含义。人员促销是金融从业者以促成销售为目的与客户间的口头交谈，是说服和帮助购买者购买金融产品和服务的过程。由于金融产品和服务的复杂性与专业性，尤其是在新产品和新的服务项目不断涌现的情况下，人员促销所具有的灵活、直接、亲切、详尽和反复多次等优势，已成为金融产品和服务销售成功的关键。

（2）金融产品促销人员的类型。从金融行业开展业务的特点来看，凡是为销售产品或服务进行业务推广而与潜在客户或现有客户直接打交道的工作人员，广义上说都是推销人员。

①固定人员。固定人员是指不外出开展业务，而是在固定的场所内直接为客户提供服务的人员，有以下两种类型。

a. 机柜人员。主要指各金融机构营业网点的柜面人员。

b. 座席人员。主要指金融机构利用电子渠道拓展业务时，与之配套的相应的工作人员。电话语音系统或自动系统常有回答不了或解决不了的问题，需要座席人员来解决。

②流动人员。流动人员是指外出推广业务，直接与潜在客户或现有客户打交道的人员，主要包括以下几种类型。

a. 业务推销人员。指为拓展某项业务而直接外出寻找潜在客户的人员。

b. 客户经理。他们一般具备一定的金融知识，具有专业的营销技巧，开发潜在客户，了解客户需求，关注市场变化，为客户提供全面的销售服务。

c. 投资顾问。他们一般具备全面的金融知识，为客户提供个性化的投资咨询，为客户经理提供投资技术支持。

（3）金融企业的人员促销形式。金融企业的人员推销形式主要有座席销售、电话推销、面访推销、专题研讨、路演推介、宣传讲座、社区咨询等形式。

①座席销售。主要是指临柜人员的营业销售活动以及客户服务人员的咨询、推介、服务活动。

②电话推销。电话推销是指金融机构根据电话客户名单，对潜在客户通过电话拜访，达到邀约的目的。电话问询往往是面访的先导。

③面访推销。对重点潜在客户，客户经理或投资理财顾问要进行当面拜访，其具体步骤为：经过分析首先选出重点客户，然后客户经理进行广泛拜访，通过初次拜访，筛选出潜力客户，最后客户经理对潜力客户进行重点跟踪拜访。拜访的目标是全面了解客户的状况和需求，全面推介金融企业的产品、服务和形象。这种方式是金融企业普遍采取的推销形式。

④专题研讨。针对不同客户对银行、保险、证券、基金等业务的了解程度及应用程度，以及相关的投资水平和投资知识，金融企业可举办不同专题的研讨会，借此突出企业的实力及优势，提高客户或投资者对金融行业的认知度和良好形象。参加会议的人员除潜在的重要客户外，还应包括著名学者、相关部门的领导人和新闻媒介单位等。这种方式对机构客户进行业务推广尤其重要。

⑤路演推介。路演推介是指上市公司或金融界为推介企业和产品、树立企业形象而在不同地方连续举办的宣传活动，一般来说，路演分为网上路演和网下路演两种情况。随着信息技术的不断发展，金融企业越来越倾向于网上路演，通过网络介绍企业的基本情况、领导人物和基本信息，也可以在网络上进行视频演讲和网上交流，大大加快了信息传递的速度和准确性。

⑥宣传讲座。对机构客户或个人客户，销售人员可针对所印刷的宣传品采取讲座的形式，介绍金融企业、金融产品、金融服务以及操作方法等。届时，可邀请媒体参加。讲座可以是免费的，并通过讲座，建立客户数据库，讲座的内容可上传到网站，以供长期查看。同时，可发放调查问卷，以了解、掌握客户的认知、计划等情况。

⑦社区咨询。金融机构凭借其专业的知识、经验、技术和广泛的信息渠道，深入社区，对企业品牌、项目、产品、技术、市场、管理、服务等情况进行专门的宣传，进而向潜在客户提供产品信息、经济环境、预期收益、风险评估等服务。一方面可以把日常生活中需要了解的金融知识，需要掌握的金融技能，传授给社区居民和普通百姓，丰富百姓的金融知识和理财方式，普及公众的金融知识，提高公众的风险识别和防范能力；

另一方面，开展金融社区咨询活动，通过在现场对金融企业文化的介绍、优势服务、特色产品等的展示，让群众逐渐了解企业，从心底奠定对企业的品牌好感度、熟知度，从根本上提升企业的品牌形象，达到品牌形象与经济效益的双丰收。

3. 营业推广

（1）营业推广的含义。营业推广是指除广告、人员推销和公共关系与宣传之外，金融企业在特定目标市场上，迅速起到刺激需求作用而采取的一系列促销措施的总称，例如减价、免费提供配套服务、消费抽奖等。营业推广对在短时间内争取顾客采取购买行为、达成交易具有特殊的作用，故也称特殊推销。

（2）金融企业营业推广的工具。营业推广的工具多种多样，针对不同的客户，可大致分为三大类：第一类是面对消费者的，如赠品、奖券等；第二类是面对中间商的，有销售折扣、广告津贴等；第三类是面对销售人员的，如销售竞赛等。

①面对消费者的促销工具。

a. 赠送样品。向消费者提供免费试用新产品，使其了解产品性能，刺激他们的购买兴趣，促使其购买此产品。

b. 赠品或赠券。赠品是为了鼓励购买某种产品而附赠的另一种产品；赠券是一种有价证券，当持有者用它来购买某一特定产品或服务时，可享受一定幅度的优惠。赠券能刺激成熟品牌的销售，促进新产品或服务的使用。

c. 专有权利。针对现有顾客，提供某种特殊的权益和方便。

d. 有奖销售。即对购买产品的顾客给予相应的奖励。比如，对于信用卡用户，多有积分抽奖活动，以鼓励客户消费。

e. 配套或免费服务。为推广某种产品，对顾客提供相关配套服务或免费提供相关服务。

f. 数量折扣。按照顾客购买产品的数量或金额或积分的多少给予优惠，意在与顾客建立长期关系。

g. 合作推广。银行、证券公司、保险公司、工商企业等相互组成策略性促销联盟，共同向顾客提供一揽子优惠措施，以扩大产品的销售。

②面向中间商的促销工具。

a. 销售折扣。给予长期经销金融产品或者销售业绩较好的中间商一定折扣，包括批量折扣、价格折扣，批量折扣就是购买一定数量的产品，会额外赠送一些；价格折扣是指在某段指定的时期内，每次购货都给予低于目录单定价的直接折扣。这一优待鼓励了经销商购买一般情况不愿购买的数量或新产品。

b. 广告津贴。金融企业出资帮助中间商在当地媒体进行广告宣传，开发市场。

c. 销售竞赛。即金融企业确定销售奖励的办法，刺激、鼓励中间商努力推销商品而展开竞赛，业绩优异者给予奖励。

d. 公关活动。举办招待会，邀请中间商参加。或者定期在各个区域的中间商中选出业绩优良者，邀请他们到企业总部或世界其他地方的同业观光考察，增进沟通与合作。

③对销售人员的促销工具。对销售人员的营业推广主要有销售竞赛，这是激励销售人员增加销售的一种较好的促销方式，企业根据销售人员的销售业绩给予一定的提成、奖金等物质奖励和相应的精神鼓励。

4. 公共关系

（1）公共关系的含义。公共关系是一个社会组织用传播的手段使自己与公众相互了解和相互适应的一种活动或职能。金融企业公共关系，指的是金融企业在营销管理活动中，运用各种传播手段与社会公众沟通，以达到树立良好企业形象，赢得社会公众的好感、理解、信任和支持，从而乐于接受企业产品和服务的目标。金融企业公共关系是公共关系在金融领域营销活动中的综合运用。

（2）金融行业公共关系的对象。金融企业在其营销活动中，面对的公众是多层次、多种类、多方面的。总的来说公共关系的对象有企业与员工、居民、政府、新闻界以及同业机构。

①金融企业与员工的公共关系。员工是企业直接面对的、最接近的公众。员工具有二重性，他们既是企业内部公共关系的对象，又是企业开展外部公共关系工作依靠的力量。不论是前台还是从事后勤工作的员工，其思想意识和工作态度都会直接影响企业向客户提供服务的质量，反映企业的精神面貌和管理特色，从而影响企业形象的建立。因此企业要重视对其员工的公共关系，培养集体凝聚力。

a. 要尊重员工的个人价值，激发员工的主人翁精神，使员工将自己作为金融企业一员的个体价值与企业的团体价值融合在一起。

b. 要建立和运用激励机制，最大限度地调动每个员工的积极性、主动性和创造性，使所有员工齐心协力塑造好企业形象。

c. 要保持与员工的沟通，尤其是做好新产品、服务或营销计划的沟通，赢得员工的支持和合作。

②金融企业与居民的公共关系。金融企业与居民的关系是客户关系。客户是金融企业赖以生存和发展的基础，协调好与客户的关系，可以促进顾客形成对企业及其产品的良好印象和评价，提高企业及其产品在市场上的知名度和美誉度，为企业争取顾客，开拓和稳定市场关系。要建立与客户的良好关系，就需要做到：第一，让客户充分了解企业的宗旨、经营范围及服务手段和方式；第二，提供多样化的产品和热情周到的服务；第三，善于及时处理客户的投诉。

③金融企业与政府的公共关系。金融企业不仅要与企业打交道，而且还要与政府，尤其是当地政府发生直接或间接的关系。这种与政府的关系是金融企业应处理好的一种最重要的外部关系，是一种特殊的关系。首先，金融企业与政府的关系是一种领导与被领导的关系，这是指金融企业与政府在政治上、组织上或其他社会管理上的关系，并不包括货币信贷业务上的关系。其次，金融企业与政府关系又是一种间接的客户关系，即当地政府考虑到对当地建设所负的责任，常常请求或督促金融企业对当地企业或工程项目建设提供金融服务等。金融企业对政府应当做好以下公关工作。

　　a. 公关人员应尽量争取政府部门的负责人亲自察看企业的报告、业绩，并帮助企业领导建立与政府官员直接对话的渠道和关系，以便政府官员了解企业的情况和需要。

　　b. 金融企业也可以通过新闻媒介向社会介绍企业的情况，以此加强政府部门领导人对企业的了解，并借助社会舆论来影响政府部门。

　　c. 公关人员还需同社会知名人士、社会团体的领袖、学者等保持紧密联系，让他们了解并理解金融机构的发展再通过他们的影响力来争取政府部门的支持。

　　④金融企业与新闻界的公共关系。新闻界公众是指服务于报纸、杂志、电视、广播等新闻媒体部门的记者、编辑、节目主持人、专栏作家等。新闻媒体是金融企业宣传最重要的载体，金融企业通过传媒向公众传递信息、发表意见。因此，金融企业要实现自己的目标，宣传和树立企业的良好形象，就必须重视新闻界，搞好与新闻界公众的关系，并充分利用大众传播媒介，为树立形象服务，扩大金融企业的知名度和美誉度。金融企业要搞好与新闻界的关系，必须做到几点：第一，勤于并善于与新闻界接触，以求建立长期稳定的合作关系；第二，仔细研究新闻媒介的特点，掌握新闻工作的规律；第三，尊重新闻工作者的劳动与权利。

　　⑤金融企业与同业机构的公共关系。各金融机构之间的关系是一种竞争与合作的关系。金融机构从事的都是金融业务，都想在金融领域中获得最大的利润，因此在业务上会产生竞争的关系。但各金融机构也会通过同业拆借、同业存款等形式出现业务上的交叉和合作。

5. 网络营销

　　（1）网络营销的定义。网络营销（On－line Marketing 或 E－Marketing）就是以国际互联网络为基础，利用数字化的信息和网络媒体的交互性来辅助营销目标实现的一种新型的市场营销方式。威柏认为网络营销最直观的认识就是以客户为中心，以网络为导向，为实现企业目的而进行的一系列企业活动。

　　（2）网络营销的基本特征。

　　①公平性：在网络营销中，所有的企业都站在同一条起跑线上。公平性只是意味给不同的公司、不同的个人提供了平等的竞争机会，并不意味着财富分配上的平等。

　　②虚拟性：由于互联网使得传统的空间概念发生变化，出现了有别于实际地理空间的虚拟空间或虚拟社会。

　　③对称性：在网络营销中，互联网使信息的非对称性大大减少。消费者可以从网上搜索自己想要掌握的任何信息，并能得到有关专家的适时指导。

　　④模糊性：由于互联网使许多人们习以为常的边界变得模糊，其中，最显著的是企业边界的模糊，生产者和消费者的模糊、产品和服务的模糊。

　　⑤复杂性：由于网络营销的模糊性，使经济活动变得扑朔迷离，难以分辨。

　　（3）网络营销策略。

　　①第一层次网络金融服务营销策略。网络的互动特性使顾客真正参与到整个营销过程中成为可能。顾客不仅仅是参与的主动性增强，而且选择的主动性也得到加强。在满

足个性化消费需要的驱动下，金融企业必须严格遵照以消费者需求为出发点，以满足消费者需要为归宿点的现代市场营销思想来开展网络金融营销。

a. 消费者第一位策略。进行网络营销首先要找到目标消费者。不同的金融企业其消费者定位是不同的，不论是提供综合性网络金融服务还是专业性的网络金融服务，都必须根据自己的特点确定自己的细分市场和目标客户，然后要进一步接近和了解目标消费者群，并学会和他们一样进行思考，进而找到有效的互动沟通和传播途径。

网络金融营销传播的出发点和终结点均是"消费者导向"，这是整合营销传播的基本要求，即要使顾客这一角色在营销过程中的地位得到提高，思考"消费者想要的是什么"，而不是寻求"我们想要的消费者"。"消费者导向"不仅要体现到网络金融营销传播的每一个环节中，而且还应当持续不断地贯穿于下一轮网络营销传播的始终，金融企业要与消费者和其他利益人进行互动式双向沟通，要以顾客需求为导向，为客户创造价值，也要根据经常使用网络的客户的需要有选择地区分个人和企业客户，区别对待，拓展不同风格的界面和不同的服务。

b. 成本更低策略。在网络营销的实践中，成本策略不但包括以降低价格为手段吸引消费者、赠送礼物和国外旅游、"扣"住消费者购买心理等折扣策略，同时要以"光彩照人""上流阶层""名牌名流"等效应来淡化昂贵的价格，使消费者认为物超所值，认为所付出的钞票仅仅是成本的一小部分。要实现这样的成本策略，要求金融企业及时了解经常使用网络的消费者为满足自己的需要所愿意付出的成本价值。

c. 最方便的服务策略。该策略要求忘掉固定的销售渠道，重视消费者购买和享受金融服务的方便性。消费者怎么方便怎么来，一切以消费者的方便为中心展开网络营销工作。方便性策略是提升网络金融服务营销竞争力的又一关键点，是品牌忠诚度经济下"消费者就是企业上帝"的又一表现。比如，所有的界面操作都简单方便，不必受营业时间、营业网点的限制，可以 24 小时到网上进行业务办理等。在增加了消费者使用的方便性的同时，自身也获得了实惠，增强了消费者对该服务品牌的忠诚度，同时提高了竞争力。

d. 沟通策略。建立长期的良好沟通，在企业、服务、品牌和消费者之间建立一种牢固而稳定的友谊，将网络金融服务发展成为企业、服务和品牌的个性化朋友，令消费者因情感归属或是荣誉感而产生购买行为。而且，不能在提供完服务后便停止沟通，还要注意自身的循环本质。如果沟通效果良好，信息受众将会有相应的反应行为，金融企业可以统计、测量这些反应，将其输入资料库，在网上进行评估，进而进入下一个策划活动，最后可以根据上次计划活动的反应进行再调整，从而达到最契合的一点。

②第二层次网络金融服务营销策略。现代的网络金融服务营销策略不是单纯的基础策略的组合，在以第一层次网络金融服务的 4C 营销策略基础上，网络金融服务还要有特色、有个性，发展更高层次的营销策略组合。在业务体系上，必须积极创新、完善服务方式、丰富服务品种、提升服务质量，这就要运用以下四个策略的组合。

a. 差异化策略。随着网民队伍复杂性的增加，网络金融服务专业化是发展的必然趋势，这就要求提供网络服务的网站呈现专业化的特征，提供专门的、特色的服务，营销人员应制造营销策略上的差异，以保持自己的优势。具体表现在：第一，商业模式差异，独创性的、实效性的商业模式；第二，人才差异，专业性的金融服务人才；第三，思维差异性，网站运作的崭新理念；第四，管理差异，特色的网站管理模式；第五，品牌差异，独特的名称和域名；第六，服务差异，崭新的服务理念和服务内容；第七，传播差异，改变传统的传播途径。

b. 人性化策略。人性化策略已成为加强一个金融企业市场竞争优势的筹码。网络营销服务不仅要体现以消费者为中心的整合策略，注重高科技的应用，而且要以崭新的艺术思维去极力营造网络亲和力，讲究主题与颜色的搭配以及文化背景与企业形象的有效表现等；要仔细琢磨消费心理，尊重消费习惯，揉进艺术和娱乐基因，这样定会潜移默化地感染消费者，从而提高市场竞争力。

c. 即时策略。消费者可以随时并立刻进入网络操作系统，信息传递在几秒钟内便可完成，这意味着有关企业、服务的信息可以得到迅速修改，消费者可以立即得到问题的答复。在网络时代，任何金融服务必须向 Anytime、Anywhere、Anyhow 的"3A"式服务靠拢，建立"呼叫与回应"有机结合的"Callcenter"服务模式，向顾客提供"即时"的金融服务。

d. 一对一策略。在网络经济时代，越来越多的金融企业将营销策略确定在一对一的基础上，期盼通过互动和个性化服务与每位消费者建立直接且长期的关系。在营销时，金融企业必须考虑每一个消费者的个性、主张和自我表现，重视个性的生活态度，建立和运用资料库与其进行有效的互动。利用一对一策略可以有效地进行留住现有消费者和发展潜在消费者的营销。

③第三层次网络金融服务营销策略。有了前两个层次的网络金融服务营销组合做基础，金融企业还要提高营销策略高层理念。在经营理念上，金融企业必须实现由"产品中心主义"向"客户中心主义"的转变，并利用先进的技术手段和传播方式加强与消费者的互动。在战略导向上，金融企业必须整合与其他金融机构的关系，争取成为网络经济的金融门户。

a. 整合策略。整合是网络营销传播的关键所在。它指的是一切形式上的统一，包括目的、过程、目标与行动的统一，即在不受任何部门管辖的前提下与现有的和潜在的消费者、顾客、投资人和其他利益关系集团进行一致性的互动。一个金融企业越趋整合，它的互动就越趋一致，形象就越鲜明，消费者对它的忠诚度就愈高，从而导致企业的愈加完整。整合策略必须以消费者满意为导向，其对象主要有 6 个：消费者、其他利益集团、企业自我学习、品牌的定位、创意主题和企业的任务，还有对各种网络传播工具的整合。它讲究如何把公关、广告等现有的传播工具策略性地与网络融合在一起，使其发挥更大功效。随着网络技术的发展，金融业的门槛相对降低，金融企业应探索如何利用现代网络技术拓展金融服务市场与业务，改造传统服务流程，加强与证券、保险、投资理财等相结合，同时把各种金融服务融合到网络中去。

b. 传播策略。传播策略包括以下具体步骤：第一，确定传播目标；第二，区分消费者需求；第三，提供消费者利益点；第四，确认消费者心目中的品牌定位；第五，在个性品牌上进行传播；第六，找出说服消费者的理由；第七，有效地接触消费者；第八，建立策略成功与否的评估标准；第九，确认未来市场的需要，作出正确的修正。传播策略协助企业消除不协调的因素，使整个传播计划整合而不松散，使网络营销更有效地满足消费者的需求。一旦能确定消费者的需要，该策略必将会创造出极具煽动性的持续而统一的传播手段、途径和方式，树立个性品牌，使消费者情有独钟，从而便于下一步的创意、执行和品牌价值的实现。

c. 互动策略。网络营销倾情于与企业和消费者的积极而有意义的互动对话，尽量满足消费者的需求，让消费者切实感受到自己的意见和建议得到了企业的重视。网络金融服务应该提供快速处理消费者抱怨和询问的机制，为使每一个使用网络金融服务的消费者直接与服务产生互动，企业应千方百计地满足和创造消费者需求。

d. 数据库策略。建立和运用数据库策略，将数据转化为切实可行的网络营销传播需要 3 个步骤：激发消费者的反应；对消费者的反应进行测量和控制；建立资料库，整理消费者行为模式。如此循环往复，资料库将获得越来越详细和准确的消费者资料，从而更有效地开展消费者导向的网络金融营销。数据库技术的应用使消费者可以轻松地获得他们想要的信息内容和金融服务，打通双向沟通策略，有利于网上营销服务发展关系营销、增加个性化信息和提高消费者的忠诚度。

精选案例

案例 6 - 1 "采煤沉陷区治理"项目开发报告

一、项目概述

某区是老工矿区，重要的煤电化基地，自 20 世纪 30 年代起成规模开采煤炭资源，数十年大规模的地下采掘活动，形成了大面积的采煤沉陷区，给人民群众的生产生活造成了严重影响。因此，减轻煤炭开采对当地人民群众造成的影响，推进某区采煤沉陷区人居环境综合治理工作，改善当地人民的生产生活条件已经刻不容缓。

二、项目介绍

（一）借款人

A 公司成立于 2015 年 10 月，由某地国有资产管理局全额出资，属于国有独资的有限责任公司。借款人基本情况详见表 6 - 3。

表 6 - 3　　　　　　　　　　借款人基本情况

企业名称	A 公司	公司类型	有限责任公司（国有独资）
成立时间	2015 年 10 月	法人代表	×××
注册资本	60 000 万元	实收资本	60 000 万元

企业名称	A公司	公司类型	有限责任公司（国有独资）
出资人	某地国有资产管理局	注册地址	××市××区××镇××村×××号
基本户开户行	某支行	中征码	5000000000000000
统一社会信用代码	9000000000000000		
经营范围	道路、房屋、公共设施、市政设施建设（凭资质证书执业）；房地产开发；土地整治；园林绿化，植被恢复；养老经营管理		

2016年，A公司被某银行评定信用等级为A级。同年，经查询人民银行征信系统显示，A公司无银行借款、无对外担保、无不良信用记录。

（二）项目建设内容、条件

1. 建设内容

（1）基础设施建设。新建广场，新建24米宽、16米宽、4~8米宽道路，沿16米宽道路和24米宽道路铺设给水管线、雨水管、污水管线、电力管线、通信管线和燃气管线。

（2）环境设施建设。整治高边坡，实施绿化，新建公厕。

（3）农村危旧住房改造。对项目区A、B级危房进行维修加固，对C、D级危房实施异地迁建。

（4）文化教育设施建设。新建农民文化活动中心、农家书屋、农民培训中心、幼儿园。

（5）便民商业设施建设。新建农贸市场、生活超市、农产品交易展示中心、农资信息交流中心、农资储藏库。

2. 建设条件

（1）地理、地质条件。项目区地势东高西低，山脉南北伸展，高低悬殊，重峦叠嶂，岭谷相间。以低山、低中山为主，兼有岩溶丘陵、台地、平坝、山原。项目区涉及5个镇29个村，区域内存在大面积的采空区、沉陷区，地质条件较差。

（2）气候条件。项目区属于亚热带湿润季风气候区，气候温和，降雨丰沛，四季分明，无霜期长，冬暖春早，初夏多雨，夏热伏旱，秋多绵雨，冬季云多日照多。

（3）交通条件。该区域版图上承东启西、贯南穿北的几何中心。项目区交通较为完备，由高速、省道、公路、乡村公路和铁路构成交通网络。

（4）劳动力资源。某地常住人口为26.79万人，项目区某镇常住人口5.4万人，城镇人口2.78万人。项目所在地有大量的农村富余劳动力可就近满足项目对劳动力的需求。

3. 项目建设行政许可落实情况

（1）行业规划情况。项目所在地规划建设局出具说明，明确本项目在区城市规划范围外，符合乡镇规划。项目所在地行政办公室明确了某地改善农村人居环境建设的总体规划。

（2）项目用地审批手续。项目所在地国土房管局明确本项目用地符合国家土地供应政策。

（3）项目环评批复情况。项目所在地环境保护局出具环境影响评价文件批准书，同意本项目建设。

（4）项目用水、用电、用气、消防等落实情况。项目所在地水务局、电力分公司、天然气有限责任公司、公安消防大队出具说明，保障项目水、电、气和消防指导需求。

（三）项目投资估算与资金筹措

1. 总投资估算

表 6 – 4　　　　　　　　　　　　项目投融资计划

序号	项目	合计/万元	占比/（%）	建设期/万元			
				1	2	3	4
1	总投资	160 000	100.00	67 500	34 300	32 100	26 100
1.1	建设投资	150 240	93.90	66 261	32 232	29 228	22 519
1.2	建设期利息	9 760	6.10	1 239	2 068	2 872	3 581
2	资金筹措	160 000	100.00	67 500	34 300	32 100	26 100
2.1	项目资本金	80 000	50	37 500	16 000	14 000	12 500
2.2	某行借款	80 000	50	30 000	19 000	16 000	15 000

表 6 – 5　　　　　　　　　　　　总投资估算对比

序号	工程或费用名称	可研批复金额/万元	评估认定金额/万元	比例/（%）
1	工程费用	110 576	110 576	75.60
2	工程建设其他费用	16 581	16 581	11.34
3	基本预备费	10 172	10 172	6.96
4	建设投资	137 329	137 329	93.90
5	建设期利息	8 918	8 918	6.10

2. 利率定价及建设期利息

本项目贷款利率申请执行人民银行同期同档次基准利率上浮 10%。

本项目贷款额度 78 000 万元，贷款期限 20 年（宽限期 4 年），利率执行人民银行同期同档次基准利率。经测算，建设期利息共计 8 918 万元。

3. 项目资本金到位情况

近年来，项目所在地生产总值较为平稳，公共财政预算收入稳定，可支配财力逐年增长，项目所在地财政具备出资能力。

（四）借款人偿债能力

本项目资本金、委托代建资金和代建服务费均由项目所在地财政支付。

2015年，项目所在地工业总产值、固定资产投资、社会消费品零售总额、公共预算收入、可用财力等均实现增长。

项目所在地政府重视当地信用环境建设，未发现债务违约行为。对相关借款人存量债务性质认定到位，不存在单方面改变债权债务关系、转嫁偿债责任、逃废债务等行为；政府能够切实履行还款责任，及时将当年还本付息额度全额纳入当年地方财政预算，按照合同约定安排专项资金还本付息，积极维护政府信用。

（五）贷款风险及防范措施

1. 风险分析

（1）履约风险。本项目采用政府委托代建购买服务模式，还款资金来源为项目所在地政府支付的委托代建购买服务资金，委托代建购买服务资金能否按协议约定到位，协议双方能否按协议约定的权利、义务履行存在不确定性。近年来，当地政府重视信用环境建设，政府信用良好，风险基本可控。

（2）项目完工风险。由于项目投资大、建设期较长，项目在实施过程中存在许多不确定性，有可能导致工期延长、投资成本超支等风险。借款人必须与施工单位及监理单位明确相关的权利和义务，确保项目资金专款专用、如期完工。

（3）保证担保。本项目由某有限公司提供全额保证担保。

（4）质押担保方式。A公司出具股东决定，将项目委托代建购买服务协议质押，为本项目贷款本息提供质押担保。

（5）落实部分其他有效担保措施。按贷款投放进度追加不低于贷款本金及还款期前三年利息的15%出让土地抵押担保或专业融资担保机构保证担保等有效担保措施。

2. 评估结论及相关建议

本项目建设内容符合改善农村人居环境建设贷款项目范围，项目建成后具有较好的生态效益、社会效益和经济效益。借款人符合我行改善农村人居环境建设贷款条件，项目第一还款来源在贷款期限内能够覆盖贷款本息，第二还款来源基本有保障。开户行需分设台账对项目资本金、信贷资金、政府委托代建购买服务资金等进行管理。

三、项目效益

（一）改善项目区农村居民的生活条件

项目建成后能使采煤沉陷区受损户减少修护费用，减少政府每年补助和管理成本的支出；保障了沉陷区农村居民的住房安全降低灾害发生率，减少人员伤亡。由原始农村的生活方式，逐渐过渡到新的思想观念、新的道德风尚、新的管理形式，促进项目所在区农村人居环境建设，进而带动项目所在区以及其他区域农村人居环境建设。

（二）促进项目区农民就业，增加项目区农民收入

本项目建成后，将带动大量的人流、信息流、资金流等要素流入项目区，促进农产品、农副食品、餐饮、服务等产业需求急剧上升，需要大量劳动力，大幅度增加农民就业机会，提高农民收入水平。

（三）推动统筹城乡发展

推进采煤沉陷区农村居民集中居住，为农村居民向城镇集聚创造条件，逐步引导农村居民由农村向城镇集中，基础设施、公共服务设施水平逐步提高，从而缩小与城镇服务水平的差距，促进城乡统筹发展。

资料来源：某股份制商业银行内部资料。

案例 6-2　重庆银行"幸福存"

一、出台背景

利率市场化的改革大背景与五年期定期存款利率自主定价的放开给重庆银行带来了存款创新的机遇，同时，存贷息差收窄、存款产品同质化严重、市场竞争不断加剧也给重庆银行带来了巨大的挑战。面对市场机遇，行内迫切需要通过创新存款产品，以增强揽储竞争力。结合市场调研与客户需求，重庆银行基于传统储蓄产品，在功能上进行了优化，创新推出了"幸福存"产品。

二、产品介绍

重庆银行"幸福存"是一款一次性存入、按期结息、兼具收益性和流动性的特色定期储蓄存款产品。适合持有整笔资金，期望定期获得稳定收益的客户群体。

表 6-6　　　　　　　"幸福存"与普通定期储蓄存款产品功能对比

功能对比	普通定期	"幸福存"
本金提取方式	只支持部分提取本金 1 次，超出 1 次后只能全额提取	可选择全额提取或部分提取本金，不限次数
付息方式	到期时一次性支付全部利息	按期结息，客户可以自行选择按月、按季度、按年结息
收益自动转账功能	不具有此功能	爱随意送功能：可按期将"幸福存"的收益自动转账至指定的个人银行账户，跨银行、跨地区都免费

三、业绩展示

重庆银行"幸福存"作为具有特色功能的储蓄存款产品，以领先优势迅速席卷市场，在老百姓中获得了口碑，被全国范围内各类型商业银行竞相模仿，时至今日，已成为行业内创新储蓄存款标配产品。"幸福存"不仅是重庆银行的拳头产品，也成为重庆银行一块响亮的金字招牌。"幸福存"产品的推出不仅有力提升了重庆银行的揽储速度及揽储能力，还在重庆地区树立了良好的品牌形象。"幸福存"推出以前，重庆银行个人储蓄存款增长相对较慢，每新增百亿个人储蓄存款，大概需要 3 年左右的时间；"幸福存"推出以后，平均每年可新增百亿左右个人储蓄存款。

近年来重庆银行个人储蓄存款时点余额突破百亿大关，花费时间见表 6-7，近年重庆银行个人储蓄存款占重庆地区市场份额如图 6-1 所示。

表6-7　　　　近年来重庆银行个人储蓄存款时点余额突破百亿大关花费时间

个人储蓄存款/亿元	花费时间
100～200	3年4个月
200～300	2年
300～400	0.5年
400～500	0.5年
500～600	0.8年
600～700	1年
700～800	0.9年
800～900	0.17年
……	……

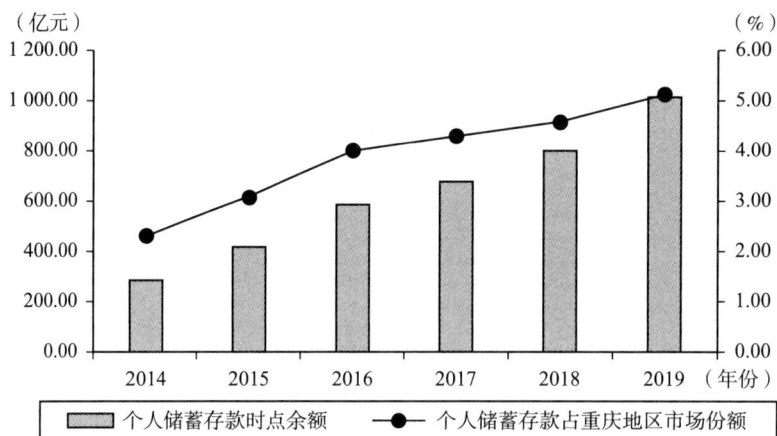

图6-1　近年来重庆银行个人储蓄存款占重庆地区市场份额

四、产品开发设计与定价策略

（一）产品设计初衷

重庆是一个人口流出大市，其辖内的开州、云阳、奉节等区县人口流出更为严重，在人口流出较多的情况下，"幸福存"产品很好地契合了客户追求稳定、较高收益、安全、方便的需求。客户外出工作，家里只剩下留守儿童和孤寡老人，身在外地，更多的关心与照顾就表现为"定期给父母赡养费，给子女抚养费"，传统汇兑需要客户额外付出手续费，需要在忙碌的工作中特意安排出时间办理相关业务，因此"幸福存"推出"定期结息＋爱随意送"功能，每月将"幸福存"的利息直接转入指定账户，将客户对家人的关心与爱准时送达；中国人习惯且偏爱储蓄，以备不时之需，"幸福存"相比传统储蓄品种，支持全部提前支取或者部分提前支取，而且不限次数，灵活保证了客户的用款需求；大部分储蓄客户都是风险偏好较低的客户，把钱存在银行看中的也是银行的安全，而"幸福存"是一款储蓄产品，享受存款保险制度的保护，对比其他较高收益的理财、信托、基金、股票等产品更安全。正是基于客户对于这些服务和功能的需求，重庆银行设计出了"幸福存"。

（二）产品微创新

重庆银行自推出"幸福存"后，在市场上引起了轰动，其他银行竞相模仿，目前，市场上不少银行均已推出类似产品。银行市场上，产品同质化程度高，客户需求千差万别，竞争不断加剧，唯有不断创新才能保持产品本身的竞争力。2015 年，重庆银行"梦想存"问世，打造了不一般的"零存整取产品"，"幸福存" ＋ "梦想存"的搭档，提供给客户更高的收益；2016 年，"幸福存"新增部分支取功能，予以客户更灵活的选择；2017 年，"爱随意送"功能上市，"幸福存" ＋ "爱随意送"给予客户更细致的关怀，更体贴的服务；2019 年，"幸福存"产品围绕结息、还款以及客户细微体验方面再次进行了微创新。每一次的创新升级尽管都是围绕"幸福存"的细微改变，但每一次的创新都充分体现了"心相伴、共成长"的服务理念，每一次的改变让重庆银行"幸福存"产品在同质化产品如云的今天仍然是独一无二的。

（三）产品定价策略

1. 定价背景

中国人民银行于 2014 年 11 月 22 日起下调金融机构人民币贷款和存款基准利率，同时取消五年期定期存款基准利率的公布，旨在进一步拓宽金融机构的自主定价空间，引导金融机构积极转变经营理念，提高市场化定价能力，强化市场基准利率体系建设，健全利率政策传导机制，为进一步推进利率市场化改革创造有利条件。

2. 定价依据

根据货币时间价值理论，资金的使用时间越长，则资金的时间价值就越大，故不同期限的资金对应的收益率或利率是不同的。根据央行公布的现有期限的基准利率，一年与二年基准利率相差 60bp，三年与二年基准相差 65bp，保守估计五年基准在三年基准上增加 60bp，同时按照上浮 45% 测算"幸福存"利率上限值。重庆银行比对了市场存款类似的个人产品收益和同业资金价格，随行就市对"幸福存"产品进行定价。

3. 各类产品价格比对

目前，金融市场吸收个人存款的主流产品有国债、储蓄存款、结构性存款、货币基金、理财等。不同的产品期限不同、风险不同，因此收益也不一样。一般而言，相同风险产品，期限越长，收益越高；相同期限产品，风险越高，收益越高。国债背靠国家信用，一般视为零风险产品，或者最低风险产品；储蓄存款背靠银行信用且享受存款保险制度的保护，风险次之；理财产品的风险取决于其背后投资的资产，风险比储蓄存款产品高。因此相同期限产品，储蓄存款价格应高于国债价格，低于同期限理财产品价格。由此可确定"幸福存"价格区间，再根据市场情况确定"幸福存"价格。

4. "幸福存"收益实现

国内商业银行的主要收入来源仍然是存贷利差，存款的一定比例可用于发放贷款，没有存款，则发放贷款成为无源之水，故"存款立行"成为每一家商业银行的立行之本。"幸福存"作为一款储蓄存款产品，并不能为银行带来直接收益。但是随着银行利差收窄，资产久期逐步拉长，需要长期限资金支撑，"幸福存"很好地弥补长期资金来源；同时，"幸福存"主要针对零售客户，较机构或同业存款其稳定性更高，可以有效提高资金稳定，减轻流动性压力。重庆银行的收入主要来源于利差收入与中间业务收入，"幸福存"产品为利差收入奠定了基础，同时，"幸福存"产品带来的活跃客群与树立的良好口碑也有助于中间业务收入的稳定增长。

五、特色营销活动

自 2015 年起，重庆银行连续多年与重庆团市委合作举办"春暖重庆·送爱回家"——返乡外出务工人员关爱活动。通过积极走进农民工源头地、高速路服务区、区县客运站设置宣传服务点、派送惠民出行手册，走进区县广场开展文艺汇演等活动。重庆银行在客户中树立了良好的口碑，巩固了在市民中的美誉度和知名度，在履行社会责任的同时，也带动提升了"幸福存""梦想存"等产品在客户中的影响力，达到了良好的营销效果。

资料来源：重庆银行官网。

案例 6-3　人寿保险顾问式营销模式简析与实例

一、人寿保险营销模式

进入 21 世纪后，随着中国加入 WTO，对外开放与深化改革的进行，GDP 总量出现跨越式发展，国民人均 GDP 大幅增加，保险作为一种规避经济风险的金融工具在公开市场中的接受度不断增加。人寿保险，则是应对因人身风险所引起的经济风险的具体金融工具。人寿保险的营销方式是较为多样化的，中国市场目前存在以下三种主流营销模式。

（1）直销，即保险公司—代理人销售模式。

（2）电销，即通过电话、互联网等方式进行人寿保险产品销售。

（3）银行保险，即通过与银行合作，由银行代理销售相关保险产品。

本案例主要探讨直销模式，即是目前世界广泛认同的、亦是举绩规模最大的保险公司——代理人销售模式（以下简称保险代理人模式）。

二、保险代理人模式的产生和发展

1992 年，美国友邦保险有限公司在中国（不含港澳台地区）开设了第一家外资保险公司，并开始实行营销体制，引入保险代理人模式，并很快被国内保险公司认同并效仿，并一直持续到现今。

人寿保险及保险代理人模式是否能在一个地区进行快速发展，取决于当地居民的可支配水平以及保险深度（保险深度=保费收入/国民生产总值，反映保险业在国民经济中的地位）和保险密度（保险密度=保费收入/人口数量，反映国民参加保险的程度）。在 2014—2018 年，中国国内居民人均可支配收入年复合增长率达到了 7.24%。截至 2017 年，中国国内保险密度如图 6-2 所示，保险深度如图 6-3 所示，各国保险密度如图 6-4 所示。

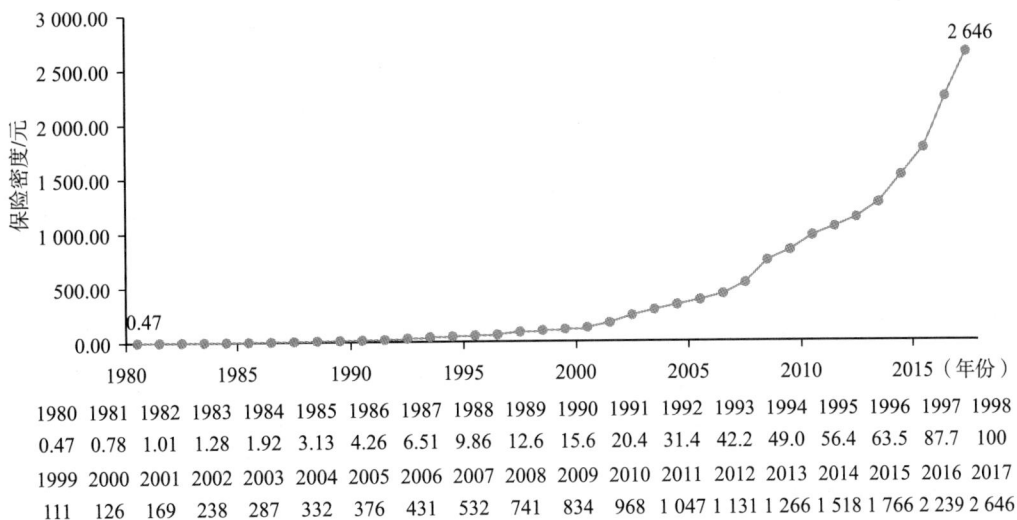

1980	1981	1982	1983	1984	1985	1986	1987	1988	1989	1990	1991	1992	1993	1994	1995	1996	1997	1998
0.47	0.78	1.01	1.28	1.92	3.13	4.26	6.51	9.86	12.6	15.6	20.4	31.4	42.2	49.0	56.4	63.5	87.7	100

1999	2000	2001	2002	2003	2004	2005	2006	2007	2008	2009	2010	2011	2012	2013	2014	2015	2016	2017
111	126	169	238	287	332	376	431	532	741	834	968	1 047	1 131	1 266	1 518	1 766	2 239	2 646

图 6 - 2　中国国内保险密度

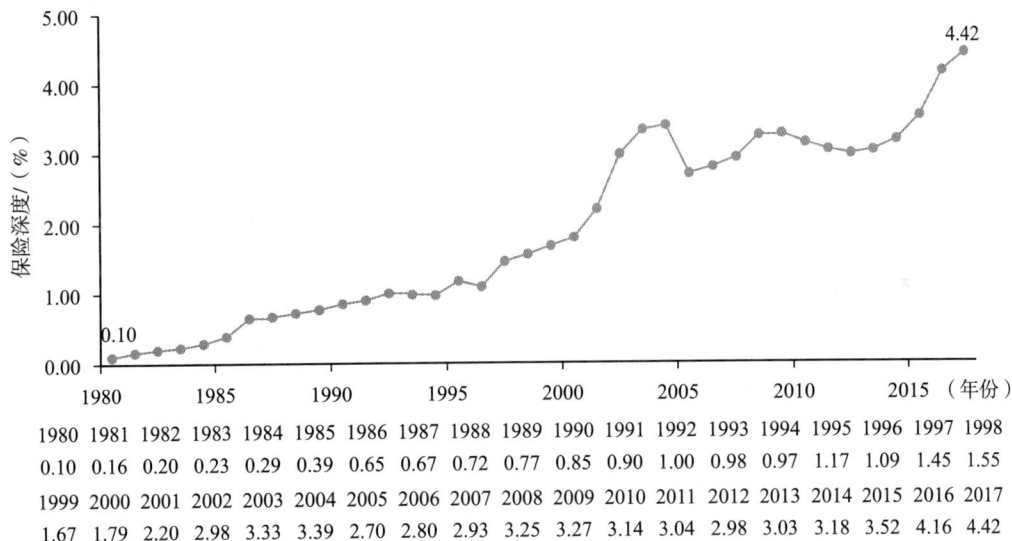

1980	1981	1982	1983	1984	1985	1986	1987	1988	1989	1990	1991	1992	1993	1994	1995	1996	1997	1998
0.10	0.16	0.20	0.23	0.29	0.39	0.65	0.67	0.72	0.77	0.85	0.90	1.00	0.98	0.97	1.17	1.09	1.45	1.55

1999	2000	2001	2002	2003	2004	2005	2006	2007	2008	2009	2010	2011	2012	2013	2014	2015	2016	2017
1.67	1.79	2.20	2.98	3.33	3.39	2.70	2.80	2.93	3.25	3.27	3.14	3.04	2.98	3.03	3.18	3.52	4.16	4.42

图 6 - 3　中国国内保险深度

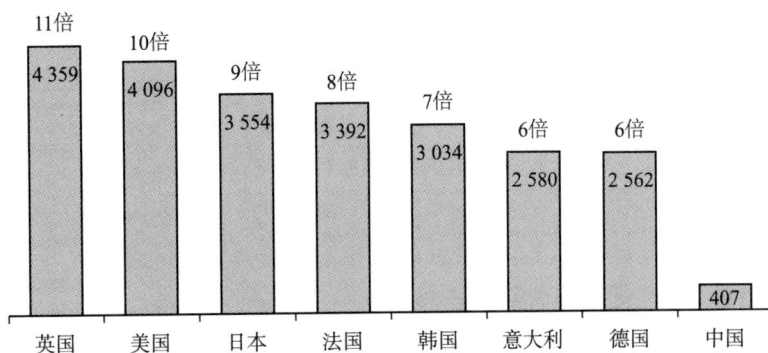

图 6 - 4　各国保险密度（美元）

根据中国银行保险监督管理委员会副主席黄洪2017年11月28日在布达佩斯亚洲金融合作协会中东欧金融前沿问题论坛上的开幕致辞中指出:"中国的保险深度、保险密度分别为全球平均水平的66%、53%",并对比同期发达国家、地区相关数据,可以得出推论,目前保险行业及人寿保险行业在国内尚有较大发展潜力。

三、顾问式营销模式与传统代理人营销模式异同

目前在人寿保险市场的保险代理人模式营销实例中,绝大部分均为以产品为导向的营销模式,即保险公司内部经过市场调研、精算等步骤设计出人寿保险产品(例如某终身寿险附加终身重疾险及意外伤害险),并下发产品信息至代理人,由代理人接触客户并促成签单,代理人不能对既定产品的保险形态、主附加险种类进行更改,只能够调整保险金额(以下简称保额)或保费,且代理人只负责前端营销,其收入也完全来自产品的销售,保全及理赔服务均由保险公司其他相关职能部门提供。上述销售模式被称为传统代理人营销模式。

传统代理人营销模式具有能够有效控制保险公司销售成本、快速开拓市场、扩大产品销售规模和公司知名度、便于公司把握销售节奏,调整市场价格等优势。

由于传统代理人营销模式的核心是公司产品,对代理人而言,服务是为了更好地卖出产品,而客户通过自主进行对比、选择时更注重价格和额度。故而在市场营销中,公司间经常会陷入产品同质化严重、打"价格战"等问题,且随着保险公司规模扩大,代理人的快速扩招,该模式暴露了因代理人素质良莠不齐、专业知识欠缺等引起的一系列误导性销售、理赔及保全法律纠纷等问题。这些现象极大地影响了人寿保险行业在中国市场的声誉。

顾问式营销模式(以下简称顾问行销)起源于20世纪90年代,2005年进入中国人寿保险市场。该销售模式的核心是客户需求,代理人需要通过与客户沟通来获取客户的真实需求,并以客户需求为导向进行针对性的保险方案的设计,最终目的是为客户解决实际问题,达到"双赢"的目的。

顾问行销具有以下特点。

保险公司不设计具体的组合产品形态,而是提供单一形态的产品(如终身寿险、定期寿险、消费型重疾险、两全险、意外伤害险等),供代理人自由组合。保险公司需要建立系统的家庭财务分析系统,能够根据代理人获取的数据进行建模,计算家庭财务风险缺口。

代理人全流程负责前端销售、保全业务、协助理赔服务,需要有较高的专业素养,其收入来源涵盖销售、长期服务等多方面考核指标。

代理人在第一次与客户进行沟通时,不做产品营销,代之以了解收集客户的家庭财务状况、工作收入、生活状态等,探求客户真实的需求。

代理人根据客户的需求,依据公司对于客户财务缺口的数据分析,自由地对公司提供的单一形态产品进行组合,自由选择主附险组合、保险形态、缴费方式和期限进行调整。形成对于该客户"量身定制"的"解决方案",并促成签单。

四、顾问式营销模式简析与实例

顾问行销模式会将传统的营销部分切分成"联系客户""初次晤谈""需求探寻"

"数据收集""保单设计""第二次晤谈""促成""反对意见处理""转介绍获取"九个模块，每一个模块的目的都是增加客户的信任度并导入下一个模块。

实例简析：2018 年 12 月，××保险公司代理人通过其客户获得转介绍准客户（以下简称陆先生）一位，现知陆先生为 27 岁，当地人，未婚，在当地一家股份制商业银行担任客户经理，年收入约 12 万元，每月固定支出 3 000 元左右，未购房，和父母同住，了解到其在近期并未有组建家庭的想法。

（联系客户）该保险公司代理人在与其进行联系前，先通过推荐人获取到其大致信息，且推荐人已先期通知陆先生。在联系客户时，有效利用第三方（推荐人）影响力，并对客户进行了减压处理，强调会晤的目的是介绍家庭财务安全规划，并不会在见面时做任何销售动作，初步减轻客户拒绝情绪。最后与客户约定于某日下午在其办公室见面。

（初次晤谈）在初次晤谈阶段，该保险公司代理人对其运用了破冰技巧，从银行工作谈起，了解到由于陆先生经常加班，三年间身体情况有所下滑（体检目前指标正常，但尿酸、氨基转氨酶等各项指标均有所升高），且目前准备添置房产，积蓄大部分要支付首付。

（需求探寻）在了解到陆先生一些具体财务情况后，该保险公司代理人发现，若陆先生在高强度的工作中身体出现重疾风险，将没有足够的流动资金应付医疗费用，并且在住院治疗期间，失去收入来源，全部依靠父母，会透支老人的退休费用。因此该保险公司代理人对他进行了深入提问："如果某一天身体出现了问题，有为自己准备相关的医疗费用吗？如果出售房产，会不会有出售时间？能否接受房产大幅折价？且住院及之后的恢复阶段，没有收入来源，怎么解决？""如果在生病期间还是想要个人不动产投资不受影响，有想过怎么做吗？""如果婚前经济情况出现大幅下滑，是否会影响到对于人生的规划？"深入提问的目的是为了让客户仔细思考其在之前并未思考过的问题，并且强调这些问题的重要性，引发客户对于现状的不满情绪。陆先生表示因为自己身体情况出现下滑，以前有过建立保障的想法，但因听闻保险产品尤其是重疾产品较为昂贵，大多数需要近万元，现在并没有多余的资金因此作罢。此时该保险公司代理人已经总结出陆先生的问题和部分需求：担忧身体状况，以及出现重大疾病后的治疗和后续恢复费用；在该保险公司代理人引导后了解了收入损失的概念，并表示想要规避收入损失风险；担心目前市场中保险产品较为昂贵，会影响自身财务规划。

（数据收集）该保险公司代理人将正确的保险观念传递给陆先生，"人寿保险本身就是解决人身风险引起经济风险的金融工具，建立保障本身就是对于财务风险的把控，如果过度保险，反而对自己的财务规划有害。因此应该按照自身经济情况选择和建立保障，来应对可能出现的财务缺口。但要怎么才能确定自己的财务缺口呢？"然后利用该保险公司《家庭财务状况问卷》为其做了演示，并且量化收集了陆先生的一些家庭经济数据，承诺在之后会为其绘出家庭财务安全演示表。在会晤结束时，约定了第二次晤谈的时间和地点。

（保单设计）在结束第一次晤谈后，该保险公司代理人将《家庭财务状况问卷》获取到的数据上传至公司数据分析系统，并得到了陆先生的收支、应备、已备费用图，并测算出其目前几年内（若一直保持单身）财务风险缺口，在30岁之前，其需要报销因重大疾病产生的所有医疗费用，以及约30万元的流动资金在治病及两年的康复期内备用，在其成家后，财务风险缺口将进一步提高。结合陆先生目前因积蓄房产首付，并不能拿出较大笔资金投入的实际情况，将其保险预算大致锁定在其年净收入的7%以下。因预算有限，且需要满足陆先生目前担心的"流动资金不足"的问题，在险种上，选择了公司一款终身寿险作为主险，额度10万元，按照1∶1的比例选择终身重疾进行绑定，并按照1∶3的比例选取一款消费型重疾险作为附加险（消费型重疾险保费相对较低，保障期限非终身，设定为至55岁），最后搭配公司一款医疗险（作为公费医疗保险补充，针对医保不能报销的部分，额度上限100万元），见表6-8。最后保障如下：

本次定制方案主要解决陆先生作为一位较为年轻，且从事较高强度工作的银行人，在现阶段若出现重大疾病风险，导致流动资金以及医疗费用不足的问题，兼顾客户目前因积蓄房贷导致预算不足的困难。在客户今后的经济情况更好时，该保险公司代理人将通过周年检视等长期服务方式，将消费型重疾逐步替换为两全型重疾或终身型重疾，来达到长期保障的目的，同时添加家庭收入保障险和意外伤害险种。

表6-8　　　　　　　　　　　各保险比较

名称	主/附险	保障期限	保障内容	缴费期限	年缴保费/元
××终身寿险	主险	终身	身故/全残赔付保额10万元	20年	2 190
附加终身重疾	附加险	终身	重大疾病赔付10万元（共享额度）	20年	680
附加消费型重疾	附加险	至55岁	重大疾病赔付30万元	每年缴	552
医疗险	主险	至80岁	报销型、可报销全部住院医疗费用，保费逐年递增	每年缴	532
合计					3 954

（第二次晤谈）在与陆先生的第二次见面中，该保险公司代理人首先与准客户回顾了上次晤谈的内容，重申了其担心的问题。在这之后对其展示了经过测算的陆先生30岁之前的财务风险缺口，并提供了为其定制的解决方案。

（促成）（反对意见处理）此时，客户对于该保险公司代理人的专业度已非常认可，能够给予很大的信任度，并且对于较为低廉的预算更加满意。该保险公司代理人为准客户讲解了这份解决方案的优势和后期需要继续完善的部分，客户对于公司的长期服务文化非常满意。最后代理人为其阐述了"人寿保险"所有的保险形态（寿险、健康险、意外险、年金），以及中国的医保报销制度，告诉客户如何先期使用30万元重疾险报销款作为流动资金、在康复出院后用医疗险将所有医疗费用进行报销并用作两年的康复金，使客户感受到代理人与同业的专业度差异。最后代理人按照客户要求为客户的保单添置了保额为30万元、年缴费660元的意外伤害险，并当即成交，签署了保单。

（转介绍获取）在保单制作完成，递送保单时，该保险公司代理人为客户仔细讲解了保单条款，着重强调了等待期、犹豫期、免责等内容，并向客户阐述了其拥有的包括"电话医生""国内 SOS 服务""国内合作医疗资源"等附加服务内容，在此期间，表示了希望客户在认同代理人服务的基础上，向其推荐准客户的愿望，并获取到了转介绍名单。

五、顾问式营销模式评价

顾问行销模式是较传统保险营销模式而言更加现代化的营销方式，在这种定制化的服务中，客户的体验感是在逐步增加的，对于公司和代理人的信任感和对于保险行业的认同感会逐渐提高。对代理人而言，由于准确把握了客户的需求，在保单设计时，能够"量体裁衣"，而不是机械地向客户推销产品，将沟通的主动权始终把握在自己手中，并且能够避免陷入市场中同业产品的"比价""误导销售"等过程，但该模式对于代理人的综合素质以及学习能力要求较高，大部分使用该销售模式的保险公司对于代理人的招聘有较高的学历和前职工作经历要求，且需要接受较长时间的专业培训才能达标。对于保险公司而言，公司的成本更多的投入在高素质代理人的培养以及单项产品设计中，相对而言前期投入较大，但客户黏度高，中高端客户促成成功率高，投诉及理赔纠纷比例低是较为明显的优势。因此该种营销方式更加适合资金实力雄厚的保险公司。

资料来源：保险协会和银保监会内部资料整合。

实 训 模 块

一、实训目的

熟悉金融产品开发的程序；了解金融产品定价目标和策略；通过实训项目，使得学生掌握针对某一特点金融产品制定营销策略方案的技巧与方法。

二、实训内容及要求

（一）案例 6 - 1 讨论题

1. 项目开发应从哪些方面综合考虑？

2. 项目开发与国家政策之间有什么关系？

3. 该项目的开发具有什么现实意义？

（二）案例 6 - 2 讨论题

假如作为一名销售经理，将以哪种方式营销重庆银行"幸福存"？

（三）案例 6 - 3 讨论题

1. 在顾问行销模式的九个模块中，哪一个模块是最重要的，其重要性何在？

2. 你认为作为保险行业顾问行销模式下的代理人，需要具备哪些素质？

三、实训方式

1. 教师组织学生分组讨论。

2. 各小组针对讨论结果，撰写一篇相关的研究分析报告，同时分组汇报。

四、实训结果

根据小组的分组汇报进行成绩评定。

第7章 金融营销计划、战略与 顾客满意度

金融营销活动缺乏计划将会导致行动和经费开支上的混乱，使金融企业在市场竞争中处于劣势地位，因此每个金融企业必须用计划来对待市场。制订营销计划是金融产品营销过程中最重要的工作之一。制订营销计划可以使金融企业更好地适应环境，可以减少金融营销活动的盲目性，合理配置企业资源；可以明确各方责任，协调各方关系；可以充分调动营销人员的积极性；可以更好地实施营销策略，为金融企业带来直接利益。

7.1 金融营销计划的编制与执行

7.1.1 金融营销计划概述

1. 金融营销计划的含义

金融营销计划是一个综合的过程，是金融企业在某一特定时期为了实现战略目标而制订的有关营销方面的行动方案（即营销方案）。它既包括金融营销计划制订前的准备工作以及营销计划的编制、执行与控制；还包括利用各种资源支持计划实施、通过评价以及利用分支网络搜集信息对计划的实施进行反馈，从而调整与修正计划的具体活动。

2. 金融营销计划的要求及种类

（1）金融营销计划的要求。金融营销计划必须体现以下3项基本要求。

①内容全面、完整，减少营销工作的盲目性。

②明确各部门和有关各方的权、责、利，避免互相推诿、扯皮，以便增强有关人员的积极性，提高营销工作的效率。

③使金融企业的资源得到合理配置，既要保证营销工作开展过程中必要的人、财、物的需要，又要防止费用失控。

（2）金融营销计划的种类。金融营销计划的种类根据不同的划分方式，分为以下几种。

①按照职能机构不同划分，分为整体营销计划和部门营销计划。整体营销计划是金融企业开展营销工作的总体计划，主要规定金融企业营销工作的目标、任务、营销战略和策略。部门营销计划是各有关部门，如公司金融部、个人金融部、公关部、有关分支行的营销计划。

②按照期限不同划分，分为短期计划和中长期计划。短期计划，一般以年度计划为主，内容主要是营销工作实施的具体细节；中长期计划，主要体现时间跨度较大的营销工作的实施步骤。

③按照涉及范围不同划分，分为专项营销计划和营销组合计划。专项营销计划是为某一项专门的营销工作或销售某一特定金融产品编制的计划，具有较强的针对性和操作性；营销组合计划是对涉及面较广的总和性营销工作编制的计划，需要各部门的密切配合。

7.1.2　金融营销计划的编制步骤

金融营销计划的编制应包括基本任务和方向、环境分析、前景预测、优势与劣势以及计划与挑战、营销目标、营销战略与策略、实施方案、营销预算和监督与监控等内容。

营销计划必须根据情况的变化不断进行修改、补充和调整，使其始终能适应新的要求。营销计划的编制主要包括以下 6 个步骤。

1. 市场调研

营销工作的成效在很大程度上取决于金融企业对市场的了解程度，这就要求金融企业对市场状况进行深入的调查，只有这样才能做到有的放矢，防止盲目性。调研的内容包括：宏观环境、客户需求、竞争对手、市场状况等。

2. 市场环境预测

营销计划中的环境分析主要包括市场状况、产品状况、分销状况、竞争状况等内容。预测的主要内容包括：宏观经济走势、微观经济前景、市场对金融产品的供求、利率、汇率和社会平均利润率、金融产品的销售前景等。

3. 确定总任务和目标

总任务的制定应该具有客观性、切实性和激励性。目标主要包括：市场目标，如进入哪些市场；财务目标，确定成本和收益；销售目标，营业额、业务增长率、市场份额等。

4. 制定营销战略与行动方案

营销战略应该建立在对具体目标详细分析的基础之上，在具体目标与战略指导下，金融企业可以更详细地落实任务，规定什么时间做、什么地点做、由谁来做以及怎样做等几个方面的内容。

5. 编制预算

主要是对营销工作发生的开支和通过营销活动后收益的增长进行核算。

6. 计划的控制

金融营销计划是根据特定的条件制订的，为了保证计划的顺利实施，在制订计划时应该确定计划执行过程中的一些监控措施，如图 7 −1 所示。

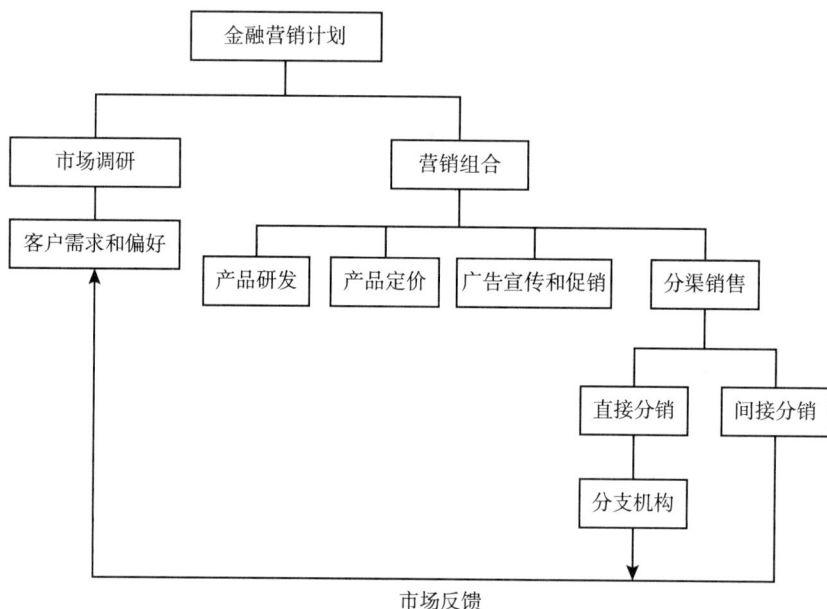

图 7 −1　营销计划所涉及的具体的营销活动及其相互关系

7.1.3　金融营销计划的执行

金融企业制订营销计划的最终目的是为了执行营销计划，即实现企业的战略目标。营销计划的执行包含计划的实施和控制两个方面。

1. 计划的实施

金融营销计划的实施顺利与否，与目标管理和动态最优化管理有关。

（1）目标管理就是在激发员工积极性和创造性的基础上，通过控制和评比计划经营指标完成情况，保证营销计划有效完成。在实施目标管理时，要注意明确相应岗位应负的责任和跟踪指标完成情况。

（2）动态最优化管理即由于环境的可变性，金融营销计划要始终处于动态的编制—执行—修改—再执行的过程。

2. 计划的控制

金融营销计划的控制包括年度计划规定的各项指标完成情况的控制；各项赢利指标的控制，如成本指标、利润指标、收益指标、资金周转率指标等；经营效率的控制，包括人员效率、分销效率、销售促进效率等；战略动态管理控制，使之与营销环境的变化相适应。

7.2　金融营销战略的分类与实施

金融营销战略是指金融企业为了高效地实现经营目标，在掌握足够市场有效信息及自身情况的条件下，系统地设计出的营销战略。本节主要介绍金融企业的目标市场战略、市场定位战略、竞争市场营销战略。

7.2.1　目标市场战略

金融企业在市场细分和目标市场选择的基础上，根据自身条件和客观环境选择目标市场的营销战略。一般有以下三种目标市场营销战略可供选择，如图 7-2 所示。

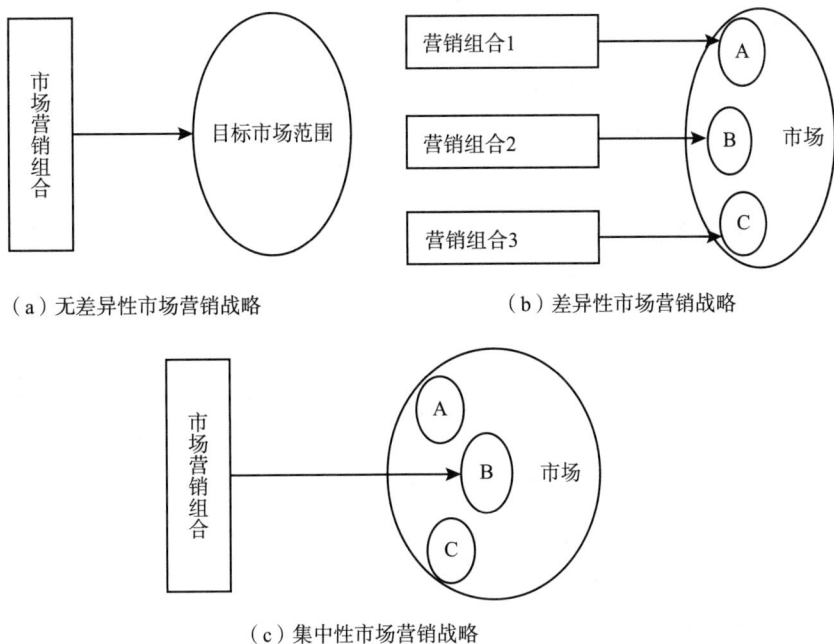

（a）无差异性市场营销战略　　　　（b）差异性市场营销战略

（c）集中性市场营销战略

图 7-2　目标市场营销战略

1. 无差异性市场营销战略

金融企业把整个市场看作一个大目标市场，认为所有客户对某种金融产品及服务有着共同的需求，忽略他们之间实际存在的差异，用同一产品和服务满足各种顾客群体的需求，在所有的市场上同时开展业务。金融企业采取该战略的优点在于：①这种战略由于产品和服务单一，可以节省金融企业的产品和服务研制费用。②具有规模效应，可以降低生产成本，可以简化销售过程，降低流通费用。③不必细分市场，可以节省有关市场调研、促销宣传等方面的费用。所以无差异性目标市场战略又被称为低成本目标市场战略。采取该战略的缺点是：①金融企业的产品、服务及营销战略的针对性不强，不易发挥竞争优势，不能充分满足市场需求。特别是当金融企业的竞争对手都采取同一战略时，会加剧市场竞争，导致两败俱伤。②部分市场需求得不到满足，从而丧失较好的市场机会。目前国内金融企业的市场营销战略比较粗糙，不注意市场细分和定位，往往采用这种战略，可看作市场营销初级阶段的标志之一。

2. 差异性市场营销战略

差异性市场营销战略是根据消费者不同类型、不同层次的需求特点，把整个金融市场划分为若干个细分市场，从中选择两个或两个以上细分市场为目标市场，并针对不同的目标市场制定和实施不同的营销组合战略，多方位或全方位地开展有针对性的营销活动，是金融企业近年来最主要的营销战略。

该战略能较好地满足客户的不同需求，增强金融企业对目标市场的渗透能力，赢得更多的顾客群，从而扩大市场份额。但同时，采用这种战略，由于产品和服务及营销手段的多样化，会造成成本和费用的提高，经营过程复杂化，同时也会受到资源的约束。金融企业在实施差异性目标市场营销战略时，要比较由产品多样化而引起的成本的增加与由金融产品和服务的开发而增加的收益，所以要考虑成本增加必须小于收益增加。

3. 集中性市场营销战略

集中性市场营销战略是指金融企业以一个或少数几个细分市场作为目标市场，针对一部分特定的目标顾客的需求，集中营销力量，实行专业化经营和服务的一种战略，又称为对准焦点目标市场营销战略。如美国花旗银行香港分行及其在亚太地区其他分行，定位于亚洲经济起飞带来的一大批"新富"，以"贵宾式"和国际化的服务和产品来满足较高层次客户需求。金融企业采取该战略的优点是：可以集中全部力量为一个或少数几个目标市场服务，在发挥其相对资源优势的情况下，通过产品和服务及营销手段的专业化，降低成本，提高市场占有率，取得市场竞争优势。采取该战略的缺点是：金融企业的目标市场狭窄，风险较为集中。金融企业在实施集中性目标市场营销战略时，应调好焦距，对准特定顾客群体、对准可能形成的一批金融产品、对准一定地域的市场或对准某一收入阶层的顾客和某一年龄段的顾客。

7.2.2　市场定位战略

市场定位是指对金融企业的产品进行设计，从而使其在目标客户心目中占有一个独特的、有价值的位置。本质是使金融企业之间的形象及产品严格区分开来，使客户对这种差别有明显的认知，最终在客户心目中留下深刻的印象。市场定位是通过影响客户心理，获得客户的认同，最终提高金融企业的竞争力，增加效益。

金融企业之间的竞争非常激烈，为了争夺有限的客户资源，金融企业就要增强客户对金融产品的认同感，防止被其他金融产品替代。在金融企业的营销工作中，市场定位有着极为重要的战略意义。市场定位决定了金融企业营销组合策略的制定思路，为制定市场营销战略打下基础。

制定市场定位战略主要包括以下两步：首先是确定差异，即确定金融企业可以从哪些具体方面寻求差异化；之后是制定相应的战略，尤其是找到本金融企业产品独特的营销卖点。市场定位战略包含以下 5 种战略。

1. 产品和服务差异化战略

产品差异化是指金融产品在客户心目中留下了与众不同的印象。产品差异化体现在多个方面，如产品的风格、特色以及可靠性等。金融企业追求的产品差异化，应该是能够满足客户更高需求或新的需求基础上的产品差异化。

产品差异化战略指的是与金融产品相关的战略，即选择什么样的产品来满足客户的更高或新的需求。据调查，客户对金融产品的要求主要有以下几点：安全、方便、处理业务迅速、准确无误、服务态度好、有优惠。需要强调的是，实施产品差异化战略时，一定要以客户的需求为宗旨，不要盲目开发新产品，要综合考虑自身因素、竞争者情况和客户需要等。

除了产品追求差异化之外，金融企业竞争的另一个关键点是服务差异化。当今的金融企业服务差异化主要体现在金融企业员工的服务态度、服务效率和增值服务上，并逐步向增值服务转移。例如，有些金融企业以往为企业财务人员提供的服务主要是账务查询、交易查询等，现在延伸到可以在任意地点、任何时间掌握账户实时信息和变化情况的企业手机银行服务。金融企业的服务差异化战略就是要做好金融服务品种的开发，不断向某一细分目标市场提供其所需的金融服务，为其提供差别性服务。

2. 人员差异化战略

人员差异化战略的重点是培养有素质及具备随竞争要求不断更新自身技能的人员，态度温和、耐心周到且具有专家形象的员工更能得到客户的信赖，这是很多大金融企业取得强大竞争优势的关键。以往金融企业人员主要进行的是产品服务，现在对金融企业人员的要求越来越苛刻，将来更多的要求是从事智能服务。

3. 形象差异化战略

金融企业形象主要包括企业标志、文字、理念的宣传、工作气氛的营造、公益事件的宣传以及人员接触等。金融企业自身形象或产品形象会对目标客户产生很大的影响，好的品牌形象会促使客户形成独特的感受。形象差异化战略的实施不是单靠几个广告、几次公益活动就能达到的，而是一个长期的系统工程，需要建立一整套企业文化价值方案，并通过有效的途径传达金融企业形象信息，借助一切有效的传播手段使客户获得形象接触的机会。

4. 价格差异化战略

金融企业的经营目的就是赢利，定价是价格差异化战略实施的关键一步。金融企业在定价时，要综合考虑成本、顾客的购买力及需求、企业竞争这三个因素。成本因素是金融企业考虑的一个重点，任何企业都想尽可能地降低成本，以高于成本的价格售出金融产品。近年来，金融业实施了相应的价格差异化战略，如裁员、利用高科学技术处理简单操作性业务、采用自动兑币机、自动柜员机等。

5. 渠道差异化战略

渠道差异化战略是指金融企业的产品在何处转移给顾客的决策。渠道差异化战略要取得成功，就要注重分销渠道的多寡及销量，尤其在金融企业分销渠道越来越多样化的今天，建立有效的金融网点系统，就会使金融企业赢得更多的客户青睐和持久的客户忠诚。拥有与众不同的分销渠道，或者能把分销渠道拓展到竞争者想不到的领域，金融企业就会抢占先机。

7.2.3 竞争市场营销战略

金融市场营销战略的选择取决于金融企业的规模及其在行业中的竞争定位。竞争定位就是在对金融市场上所有企业市场占有率排序的前提下，确定本企业的市场地位和竞争对手。市场占有率指的是一段时间内，某企业产品的市场销售额或销售量占同类产品总销售额或总销售量的比例。市场占有率分为相对市场占有率和绝对市场占有率，相对市场占有率是本企业某产品的绝对市场占有率相对于另一竞争企业相同产品的绝对市场占有率，绝对市场占有率是本企业某产品的销售额或销售量相对于本行业相同产品的总销售额或销售量。

以金融企业市场占有率的大小定位竞争者，可以把竞争市场营销战略分为以下4种类型。

1. 市场领导者战略

处于市场领导者地位的金融企业一般被公认为市场领袖，它控制着其他同类金融企业的行为，在金融市场上相关产品占最大的市场占有率（约为 40%），并且在战略上有多种选择权。市场领导者进行市场定位时，往往会充分利用"第一位"的有利地位。

（1）扩大市场总规模。这对市场领导者是非常有利的，他们通常采取以下战略。

①市场渗入战略。即在现有市场上挖掘和发现潜在客户，使其变成企业的实际客户。

②开拓海外市场战略。当继续扩大国内市场已有困难时，应将目标瞄准其他国家的金融市场。

③新市场战略。即开拓新的市场，通过金融产品（或服务）的变更或创新，推出新的金融产品和服务项目，吸引新客户。

（2）保持现有市场占有率。处于领导者地位的金融企业，除不断争取更大的市场外，还应采取措施守住原来拥有的市场地盘，保持市场领导者地位和市场份额。一是继续发挥本身优势，提高市场进入难度，主动设置障碍来阻止竞争对手的进攻；二是采取积极防御战略，对竞争对手的攻击及时作出反应，遏制竞争对手的继续进攻；三是不断减少竞争对手进攻的诱因，如适当降低利润水平、推翻竞争对手的假设等。

（3）扩大市场占有率。处于市场领先地位的金融企业可通过金融产品不断创新、成本优势继续领先、高额的营销费用支出等策略扩大市场占有率。

2. 市场挑战者战略

市场挑战者是指在金融业中仅次于市场领导者的金融企业，同类产品市场占有率居于第二位或更少（约 30%）。要成功地攻击市场领导者，市场挑战者必须具备以下基本条件和某些优势。

（1）具有某种持久的优势。

（2）具有某种条件能部分或全部抵消市场领导者的固有优势。

（3）拥有阻挡市场领导者反击的武器。当然，处于挑战者地位的金融企业也可以向规模和实力同自己相仿的金融企业及其他小金融企业发动进攻，以增强实力，扩大市场份额，提高竞争地位，更强有力地向市场领导者进攻。

成本优势和差异化优势是金融企业竞争优势的两大支柱，因此，处于挑战者地位的金融企业应设法谋求其中一种或两种竞争优势，提高自己与市场领导者抗衡的能力。成本优势战略和差异化战略是获取上述两种竞争优势的最佳战略。成本优势战略的指导思想是：金融企业以在企业内金融产品或服务的成本最低为目标，金融企业的一切经营活动都围绕这一目标进行。差异化战略的指导思想是：金融企业在客户对金融产品或企业本身广泛重视的诸多特性中挑出一个或数个为众多客户重视的特性，将其置于该位置上，在本行业内推出客户喜欢的金融产品或服务，取得竞争优势并获得溢价的回报。

3. 市场追随者战略

位居市场追随者地位的金融企业的营销战略，以模仿市场领导者或挑战者的行为为主，尽可能地形成自己的特色。市场追随者成功的关键，一是保持低成本和提供优势的金融服务以阻挡挑战者的进攻（因为市场追随者通常是市场挑战者攻击的主要目标）；

二是市场追随者实行的营销策略和行动要力求避免直接扰乱市场领导者的市场，以免市场领导者的报复。处于市场追随者地位的金融企业应选择以下追随战略。

（1）全面模仿。如市场领导者推出一种新型财务咨询服务并初获成功，市场追随者亦应马上向现有细分市场的客户提供类似的财务咨询服务，以巩固现有客户关系，防止他们的转移。市场追随者对市场领导者的模仿应及时，模仿的内容与结果尽可能同市场领导者接近。

（2）部分模仿。这种模仿是指市场追随者对有显著利润吸引力的金融业务领域或服务项目追随和模仿市场领导者；而在其他一般的金融产品或服务项目方面，则保持自身的特色与优势，在内部资源的配置和经营活动方面保持其与众不同的风格。

4. 市场补缺者战略

处于市场补缺者地位的金融企业，它们的最佳战略是选择集中经营。集中经营战略的指导思想是：金融企业选择一个或数个细分市场，集中其所有资源为该细分市场提供有特色或成本低廉的金融服务，金融企业的一切营销活力都以细分市场的客户满意为导向。

7.3　金融营销客户满意度与忠诚度

7.3.1　满意度与忠诚度的含义

1. 客户满意度

客户满意度指标就是指在目标市场中针对所有的客户，对实际和预期的购买、消费经验的整体评价。即：客户满意 =f（客户的期望品质 – 客户的感知品质）。从客户的角度来看，虽然客户体验到的服务质量可能很高，但由于客户的期望更高，两者就会形成一定的差距，因此降低了客户感知服务质量的水平。过度承诺、过早承诺，都会使改进企业服务品质的努力前功尽弃。所以，在服务营销实践中，应注意将顾客期望控制在一个相对较低的水平，营销活动的余地就会大一些；同时，控制好顾客的期望水平，企业就可以根据具体情况来超越顾客的期望，使顾客产生愉悦感，这对提高顾客的忠诚度可以起到事半功倍的效果。

例如，在银行营业厅里设置的取号排队系统，会明确告知顾客从该时刻到享受服务开始还需要等待的顾客人数。该系统的实际采用会让顾客自己调节其服务期望值，减少客户排队等待的沮丧和抱怨，减少对企业服务的不满。

2. 客户忠诚度

金融营销客户忠诚度是指客户偏好于某金融企业的服务、金融产品，多次到该企业接受服务、购买金融产品，且这种重复行为不受其他金融企业营销措施和客观条件的影响。

客户满意、关系信任、转换成本、客户价值是影响客户忠诚度的主要因素。对客户忠诚度主要可以用下列指标进行衡量：一是再次购买，即客户会再次接受该金融企业的服务或金融产品，不受客观环境的影响和其他竞争企业的营销方式影响；二是推荐，即客户会向身边的人推荐该金融企业的服务和金融产品，其推荐行为是完全自愿无偿的，且愿意接受金融企业推荐的新产品、新服务。

7.3.2　客户满意与客户忠诚的关系

客户满意不代表客户忠诚，客户忠诚并不是客户满意，从某一角度分析客户满意只能被作为客户忠诚的必经之路，客户忠诚并不能说明客户满意。客户满意可以认为是客户十分满意的主要平台，也能够将满意作为研究消费者的一种临界状态，发挥预警功能。

金融企业发现客户需求和购买欲望的途径是市场调查和分析，从而为客户提供其所期望的服务产品，最大限度使客户获得满意。金融企业开展工作的终极目标就是客户满意，若客户不能满意则金融企业的服务将无法获得利润。而金融企业积极竞争的主要途径是实现客户忠诚。客户拥有忠诚不仅会再次购买服务，形成固定的客户群体，并且还会为产品服务免费推广，以便吸引更多的客户，最大限度占有市场份额，节约销售所需成本。

客户满意与忠诚二者最明显的区别就是客户购买银行服务产品之后表示满意但是并不会再次购买。客户满意一般是指一次性购买相同产品或者服务的行为，而客户忠诚最少会发生两次购买行为，客户对金融企业形成忠诚之后会对同一金融企业的同一业务或者其他业务再次多次购买。可知，金融企业不仅为客户提供满意的服务还会加强客户对自身产品的忠诚度。

7.3.3　加强客户满意度与忠诚度的措施

客户满意度与忠诚度的提高并不仅仅依靠短期措施，满意度和忠诚度只能通过时间逐渐培养。这是一种将领导力与日常行动作为基础、不断累积的经营方式，同时突出积极进取的企业文化。金融企业高层形成了积极进取获得客户信任的理念，随之向企业文化中渗透，通过多年的发展不断实施调整。

1. 树立以客户为中心的理念

金融企业开展全部活动必须密切联系客户满意度的提高这一目的，促使客户在享受金融产品服务的过程中获得满足并且超越自身的预期。金融企业必须站在客户角度设计金融产品以及提供服务，在服务的整体过程中凸显真诚、友善、周到等特点，进一步有效提高客户忠诚度。此外金融企业在日常经营中应当结合客户的建议，并且视其为提高客户忠诚度的重要基础，加强企业和客户之间的良性互动，在金融企业日常经营的所有行为中贯彻落实客户是上帝的理念。同时，金融企业需要对终身价值的重要性清楚认识，与客户之间形成一种互惠互利的长期关系，不但从客户身上获得短期利益，还要从与客户建立的良好关系中获得长期利益。

2. 细分客户，提供个性化服务

通过对金融客户的深度分析，发现具有价值的客户并且提供令其满意的金融服务。金融企业获得客户资料的途径包括：金融企业分支机构、金融产品系统等，在实现全面采集数据以后，通过数据挖掘软件研究客户特点。重点进行两方面的分析：一是客户价值分析，科学有效地划分客户；二是准确预测客户购买倾向、兴趣喜好等，方便为其提供个性化服务。同时，需要积极更新数据库系统，这样就需要金融企业追踪客户。综合国外的有关经验，追踪客户的行为是提升客户满意度以及增加金融企业收入的重要途径，金融企业需要汇总每天客户达成的交易明细，通过定时或者实时的方式向中央数据库系统进行更新，金融企业业务部门合理对购买倾向模型、利润贡献度模型等及时应用，踊跃与客户进行交流并且适时提供专业服务，最终留住客户，为金融企业增加利润。

3. 进行业务流程创新

金融企业联系客户的基本类型，在各个职能中较为分散的工作，依据对创造客户价值有利的营运流程再次进行组织，进一步构建将客户作为核心的业务流程，最终节省成本，提升对市场的反应速度，达到客户的要求。

（1）对业务流程科学整合。第一，从价值链角度分析金融企业业务再造流程，联系客户的价值贡献程度对业务程序科学审视，必须清除仅提升了成本却没有贡献的服务输出。第二，对业务流程有效简化。在设计业务过程中，合并分离、重复的多重供需；减少繁缛的环节；更改产品业务分离流程成为一揽子业务流程；利用网络数据库技术，更改串型流程为并行流程，最终提升工作效率。

（2）设置具有多样化特点的流程。由于客户产生的多样化需求，采用普通流程一般无法达到各种客户的所有要求。因此，业务流程必须体现出多样性，如此才能够符合客户的时间、效率等要求。

4. 内部营销，提高客户感知

生产与消费金融服务是同步发生的，在服务过程中员工和顾客具有极强的互动性，员工的工作态度、工作质量对客户体验、客户质量造成了重要影响，在一定程度上对客户的满意度与忠诚度起到了决定作用，因此金融企业一定要努力做好内部营销。内部营销是将员工作为内部市场，利用舒适的环境，通过营销思想与方法，将附加价值提供给员工，进一步对其态度与行为造成影响，帮助员工积极发展外部营销，有效交换了金融企业与外部客户，为企业创造大量的价值和利润。未来一段时间金融企业将会面临更加严峻的挑战，但是也会伴随着更加大的机遇以及频繁的变化。在前所未有的战场上金融企业将会进行激烈的竞争，获得客户的情感、理智与钱包。在这场竞争中不同金融企业拥有不同的优势与劣势。为了努力获得客户的忠诚度与满意度以及由此形成的经济回报，金融企业必须积极进行创新，力争更上一层楼。

精选案例

案例 7-1　建设银行信用卡客户拓展经营业务策划方案

一、建设银行信用卡业务特色介绍

建设银行的信用卡业务，包括传统的信用卡发卡业务，以及信用卡分期业务，信用卡分期业务种类比较多，对于日常消费，有信用卡消费分期、账单分期、现金分期、商户分期、分期通、购车分期、装修分期等业务。

（一）建行消费分期

龙卡信用卡消费分期付款（以下简称消费分期）业务是指持卡人在消费后至最近一期账单日前两日（外币消费须在消费交易入账后至最近一期账单日前 3 个工作日）期间，致电建行申请将消费金额逐笔分期，在约定期限内按月偿还的业务。

建行消费分期业务具有以下优势。

（1）优点：申请该业务的消费可不受商店和商品的限制，只需交易符合建行条件，每月支付一定手续费，即可办理。

（2）适用人群：龙卡信用卡主卡持卡人。

（3）适用条件：持卡人单笔刷卡消费满 1 000 元或等值外币。

（4）可选期数：可自由选择 3 期、6 期、12 期、18 期、24 期（每月为一期）。

（二）建行账单分期

建行账单分期是指账单日次日至最后还款日期间，持卡人向建行申请将已出账单一定人民币消费金额办理分期偿还（30 天仅可办理一次）。申请金额最低为 500 元，最高不超过已出账单中人民币消费总金额（不含取现、分期付款以及建行规定的其他交易）的 90%。

建行账单分期业务具有以下优势。

（1）申请便捷：网站、短信、电话随时办理，实时知晓申办结果。

（2）期数灵活：3、6、12、18、24 期等多种期数供用户选择。

（3）金额自选：最高可达账单余额 90%，一次打包申请。

（4）还款轻松：首期本金和手续费记入下个月账单，享受更长免息期。

（5）自由消费：信用卡消费均可申请。

（三）建行现金分期

建行现金分期是建行推出的信用卡现金信贷业务，即时满足客户旅游、付费、购物等小额资金需求，客户可灵活运用信用卡信用额度支取现金，更可轻松享受 3、6、12、24 期分期还款。

建行现金分期业务具有以下优势。

（1）足不出户：动动鼠标，3 分钟即可完成在线申请。

（2）申请便捷：无担保、无抵押，无须提供申请材料。

（3）实时放款：实时知晓申办结果，资金即刻到账。

（4）期数灵活：可自由选择 3、6、12、24 期分期还款。

（5）积分奖励：分期交易入账时一次性获得分期本金等额积分。

（四）建行商户分期业务

龙卡信用卡商户分期付款业务是指持卡人用龙卡信用卡（商务卡除外）在建设银行约定的商户购买商品或服务时，可选择将商品总额平均分成若干期（期数即月份数），通过建设银行分期付款专用 POS 机刷卡交易后，持卡人在约定期限内按月还款并支付相应手续费的业务。

建行商户分期业务具有以下优势。

（1）手续简便：轻松一刷，即可分期，无须额外申请。

（2）理财体验：一次刷卡，分期付款，减轻财务压力。

（3）提前享受：轻松购物，更多满足，早日实现梦想。

（4）积分回馈：永久积分，精彩换礼，体验超值回馈。

（五）建行分期通业务

建行分期通是建设银行近期推出的信用卡分期产品，可用于信用卡固定额度无法满足、且当前市场上分期产品无法覆盖的多元化消费信贷场景之中。

建行分期通具有"申请便捷、专享额度、使用广泛、还款轻松"的优势。

建行装修分期业务：装修分期业务是指建行可以为有真实装修资金需求的客户提供装修贷款业务，额度发放到装修分期专属信用卡，客户刷卡消费使用。

业务优点：纯信用，无抵押，零利息、低手续费、分期还款最长可分 60 期，最高可贷 50 万元，随时可以提前还款，提前还款只需还剩余本金，无违约金及其他任何费用。

（六）建行购车分期业务：客户在建设银行合作经销商购买家用汽车，申请购车分期，建设银行核准后，将贷款分期金额平均分成若干期，由持卡人在约定期限内按月还款，并支付一定手续费的业务。

建行购车分期业务具有以下优势。

（1）优惠费率：合作汽车厂商贴息，远低于同期限汽车贷款利率。

（2）专享额度：购车分期额度最高可达 30 万元，且不占用正常信用额度。

（3）灵活期限：最长 60 个月分期还款，提前还款只还剩余本金，无违约金及其他任何费用。

（4）轻松理财：缓解资金压力，增加购买预算。

二、建设银行信用卡客户拓展经营业务总体思路

建设银行信用卡客户拓展经营业务总体思路是：一个共识、一支队伍、四个拓客关键点、一个价值核心，全力推进信用卡获客工作。

（一）思路聚焦，形成一个战略共识

全行高度重视信用卡业务，以"争先进位，勇夺第一"为奋斗目标，将信用卡业务纳入"一把手"工程。各支行通过召开零售业务会，明确信用卡业务作为创收的重点产品，要加强各个业务部门信用卡业务联合营销。明确信用卡业务条线融合、客户融

合、产品融合的创新方向，全行上下思想高度统一，在竞赛费用资源予以倾斜，营造良好的发展氛围。

（二）奖惩同步，建立一支过硬队伍

抓考核、抓队伍。在每个网点设有信用卡业务联系人，负责信用卡业务指标跟进、政策转培训，实现以点带面的业务推动机制，带动网点信用卡业务发展。

（三）深耕细作，紧抓四个拓客关键点

1. 抓常态，稳进件

（1）抓网点常态。根据信用卡客户净增任务，按卡户比及通过率为各网点设定信用卡发卡进件任务数，并开展达标活动，对进件优秀的网点奖励中收，对落后的网点减发中收。同时，要求网点深挖行内客户资源，抓实信用卡预审批营销工作，做好网点信用卡预审批常态化营销，延续"低产减中收"活动，全面提高预审批进件率，确保每日信用卡发卡进件量达标。

（2）抓精准营销常态。充分运用精准营销数据，定期下发工作指引，定期通报网点分配、营销及执行情况，促进网点做好行内客户的常态化营销维护，提升精准营销进件量。

（3）抓分期同步办卡常态。要求网点以分期同步办卡覆盖率100%为目标，根据不同的分期客户的用卡需求，适配不同的卡产品。针对装修分期、分期通客户营销家庭卡、优享卡等重点产品，针对购车分期客户结合总行优惠政策，做好汽车卡同步营销。

2. 抓联动，促客户

深化公私联动，发挥当地优质代发工资单位对公客户资源，在做好到店客户营销的基础上，加大上门外拓力度。同时，结合工会龙卡发行契机，要求网点在推广工会龙卡的同时加大信用卡营销，确保一卡一配，信用卡覆盖率100%。

3. 抓二维码，拓新客

积极开展员工二维码营销办卡竞赛活动，获客流程进行培训，每周在朋友圈发布特色产品及权益，加快推进信用卡二维码发卡营销工作。同时，积极开展商户二维码营销工作。配合相关活动，在商户端布放二维码获客链接，力争从商户端拓展更多优质客户。

4. 抓通过率，提质量

梳理信用卡业务流程，制定"双提升"方案，即提高信用卡本部工作效率，提升网点进件质量。通过查看网点信用卡补件情况，分析网点在信用卡进件方面存在的问题，引导网点改正错误。同时，定期搜集进件及审批案例，制作营销风险指引，加强风险把控。

（四）活客经营，围绕一个价值核心

坚持"深挖客户价值，活客经营"价值核心，在客户经营方面下足功夫。

（1）打造品牌促销活动，搭建用卡环境广覆盖。在总行"龙卡星期六"主题活动下，结合当地特色，采用"线上＋线下"模式，开展一系列信用卡促销活动。锁定城市各大综合体、客户日常消费商圈，开展龙卡美食节、购物节、商超满减、汽车卡加油满减、随付贷等特色主题活动，并通过微信公众平台、H5、短信、网点、电台、朋友圈等形式广泛宣传，打造本地"龙卡星期六"等脍炙人口的品牌。

①深联动。联动推进普惠、收单、特惠、发卡、分期、积分、龙支付等业务布局，

转变传统单点拓客思路，通过圈、链式合作营销提高市场拓展效率，实现商户批量、快速拓展，规模和质量双提升，为获客、活客和存款提升作出更大贡献。同时，深度维护重要对公客户，为商户导流引入庞大的建行客户，取得双边共赢的局面。

②促消费。加大资源投入，与苏宁、国美、中国国旅、中石化等知名商家合作开展商户分期业务，打造热门消费产品分期促销活动平台。在进一步促进消费交易的基础上，提升信用卡客户活跃度。

（2）以"四绑定"工作为抓手，打造客户家庭消费"第一钱包"。鼓励营销端同步做好活客工作，积极引导客户绑定微信、支付宝、龙支付和手机支付产品，培养客户绑卡、用卡意识，将龙卡信用卡打造成为客户家庭消费"第一钱包"。

（3）针对不活跃客户开展封闭式精准营销，开展刷卡送话费封闭式精准营销活动"信用卡未活跃客户提质项目"。通过在大数据工作平台，根据信用卡卡片信息、信用卡客户信息、信用卡交易数据等标签，筛选出近半年信用卡活跃临界客户、新开卡未活跃客户、已活跃但近3个月未消费客户等客户数据，开展精准营销活动，并为达标客户充值赠送话费。

资料来源：中国建设银行重庆大渡口区支行。

案例 7-2　某某证券公司××小区社区营销方案

一、活动主题

"某某证券投资交流会"走进××社区

二、活动的地点

以××小区为社区试点，通过对该小区的全面分析制定出适合的方案策略。

三、活动时间

根据小区情况设定最为合适的时间段（建议是周末）。

四、活动的要求

针对居民的年龄和收入水平，制定出不同层次的营销方案，可以通过问卷调查、上门服务等方式了解居民的层次，以提供不同的投资建议和投资产品。

该活动可行性分析：

（1）广阔的投资理财需求；

（2）稳定的收入来源；

（3）收入层次清晰；

（4）理想的理财需求环境；

（5）聚集的宣传效应。

五、活动涉及的内容

宣传投资理念和投资策略，推销理财产品，寻找潜在客户群体，开发新客户，促进开户及投资产品的预约买卖，利用分类礼品，促进营销效果。

六、活动方式

1. 扫楼

选择合适的单元进行上门扫楼的方式，通过与客户面对面的交谈寻求相关的信息，如是否接触过证券方面的投资理财等，通过给予一定的信息来增加潜在客户的兴趣。

2. 设立咨询点

安排人员在咨询点摆放并发放宣传资料，进行证券知识的介绍，增加小区人员对证券知识的了解，不断挖掘客户。

3. 面对面营销

通过一系列的小型碰头聚会，一对一的交流，营销我们的理念、策略、品牌。

4. 开设相关的专题讲座

聚集小区人员进行证券知识专题讲座，激发参与者的信心，提高客户开发的效率。

七、目标要求

挖掘潜在客户及准客户，增加人们对证券的了解；建立自己的稳定客户群，让证券走进小区，形成群众效应。

1. 预计成效

某某证券品牌走进小区；建立比较长期的投资理财客户渠道；挖掘很多潜在的客户及准客户（后面将进行相关的投入产出分析）。

2. 后续发展动向

复制模式积极推广；"某某证券投资交流会"走进各小区。

八、活动的具体安排

1. 人员安排

1~2 人在小区进行摆点，3~4 人在小区某一个单元扫楼以寻找潜在客户，2 个分析师在特定场所进行证券专题知识讲座，2 人派发宣传单、张贴海报。以上均需做好相关计划。

2. 时间安排

周日上午 8：00~11：30；下午 14：00~16：30。

3. 小区的具体情况

小区住户的投资需求；收入来源；客户层次分析；小区住户的年龄结构；在投资中的人员情况（包括投资经验、投资时间、资产量等）；理想中的投资需求。对不同的客户进行分类，根据他们的风险偏好采取不同的针对措施。

4. 活动操作

（1）悬挂横幅：横幅可以活跃驻点气氛，吸引客户注意，同时醒目地提示客户活动内容，有利于客户快速了解活动主题。因此横幅宣传非常重要，摆点的地方必须悬挂宣传横幅。

（2）张贴海报：海报可以让小区的客户随时了解活动安排，也可以通过海报了解活动将提供的各种优惠条件，这样能够有效地吸引到有意向的客户。我们要把宣传海报张贴到路边或者小区里的宣传栏、报刊栏、电梯等显眼处。海报的具体内容主要是活动时间和活动期间的优惠措施及礼品赠送等。

（3）散发宣传单：发放宣传单有利于客户详细了解公司的情况，增强客户对本次驻点营销的信任度，从而愿意到驻点进行更详细的询问，提高营销的成功率。宣传单的发放安排为：在驻点固定地方由客户自由索取，或1~2人在小区交通要道派发宣传折页或两种方式同时进行。发放折页时可以以口头的形式向客户做简单介绍，可将有兴趣的客户直接引导至驻点位置，与客户进行更深入的接触。

（4）现场演示：现场演示是吸引客户的十分有效的手段。可在驻点对现场客户进行网上交易系统的演示和讲解，在演示过程中可同时介绍活动提供的优惠措施及某某证券公司的交易优势。

（5）现场咨询：对客户进行现场咨询能最大限度地活跃驻点气氛，拉近与客户的距离，在驻点地营销人员要耐心解答客户的询问，对于客户提出的建议或意见要有纸质记录。

（6）填写客户意向调查表：可请有投资意向的客户填写客户意向调查表，便于收集客户姓名、电话等个人信息，为以后的营销活动做铺垫。对兴趣较浓厚的客户，要向其介绍我们的优势和一些增值服务以及活动的优惠措施等，用专业的话术打动客户，尽最大可能争取客户确定来我部开户。

九、活动费用

（1）宣传材料（包括宣传海报、宣传单等）。

（2）矿泉水。

（3）开户礼品。

（4）午餐补贴。

（5）场地租用费。

（6）其他费用。

资料来源：某某证券股份有限公司内部资料。

案例7-3　收购式抵押贷款业务营销策划

一、住房贷款市场分析及业务特征

（一）交易总量

近三年，昆明地区的商品住宅房产交易总量逐年不断攀升，如图7-3所示。

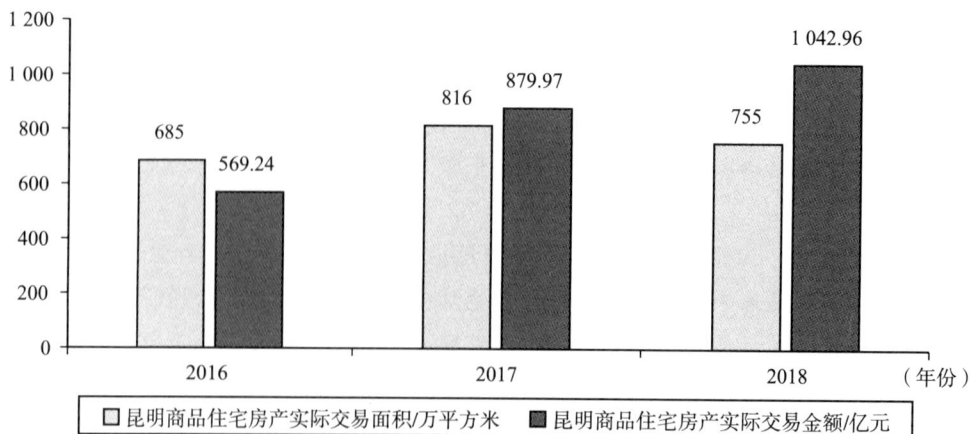

图7-3　昆明房产实际交易额和交易面积

（二）房产预售情况

昆明地区商品住宅房产预售交易持续呈现"购销两旺"的势头，并且在2018年呈现出爆炸性上升的态势，预示昆明房产交易日趋活跃，如图7-4所示。

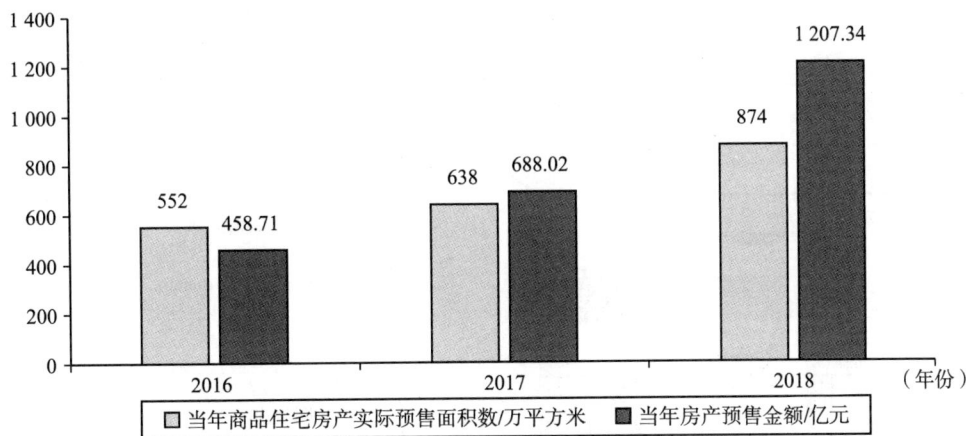

图7-4　昆明房产预售情况

（三）机遇

昆明房地产市场发展存在很大的机遇，亦会给昆明房地产按揭服务市场提供很大的成长空间。

1. 昆明房地产按揭市场分析小结：一个值得积极介入和拓展的市场（见图7-5）

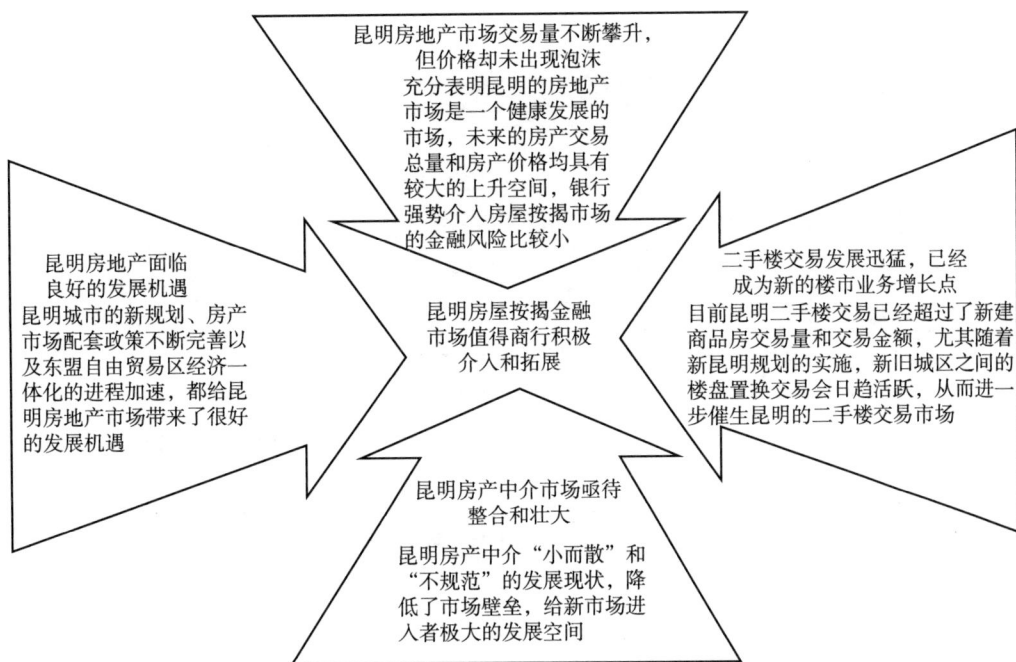

图7-5　昆明房地产现状

2. 收购式抵押业务是传统住房按揭业务的演进（见图7－6）

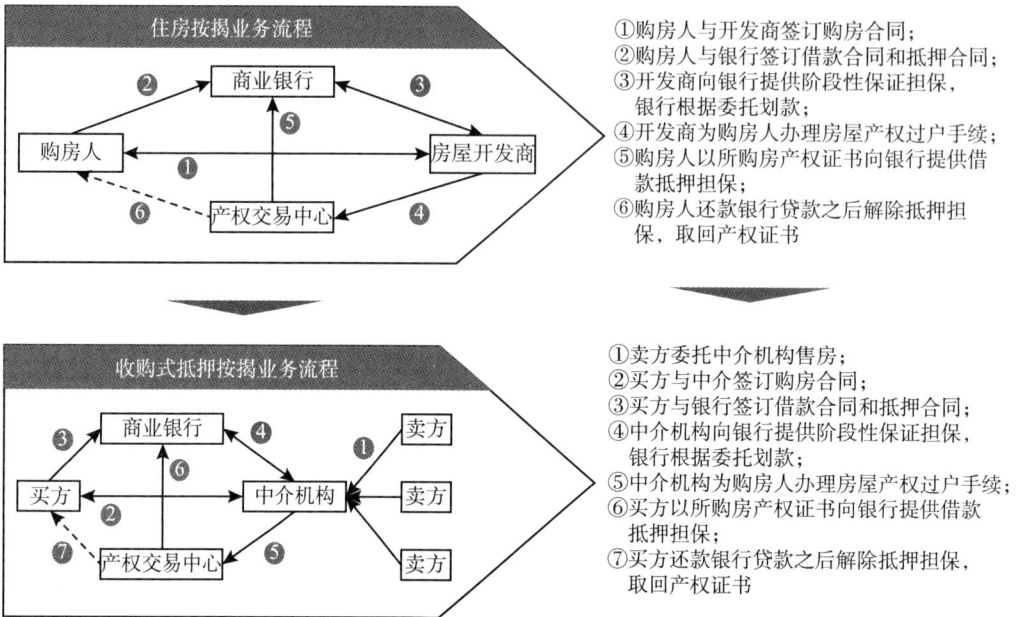

①购房人与开发商签订购房合同；
②购房人与银行签订借款合同和抵押合同；
③开发商向银行提供阶段性保证担保，银行根据委托划款；
④开发商为购房人办理房屋产权过户手续；
⑤购房人以所购房产权证书向银行提供借款抵押担保；
⑥购房人还款银行贷款之后解除抵押担保，取回产权证书

①卖方委托中介机构售房；
②买方与中介签订购房合同；
③买方与银行签订借款合同和抵押合同；
④中介机构向银行提供阶段性保证担保，银行根据委托划款；
⑤中介机构为购房人办理房屋产权过户手续；
⑥买方以所购房产权证书向银行提供借款抵押担保；
⑦买方还款银行贷款之后解除抵押担保，取回产权证书

图7－6　住房按揭业务流程

3. 可以通过收购式抵押业务衍生出的新银行业务（见图7－7）

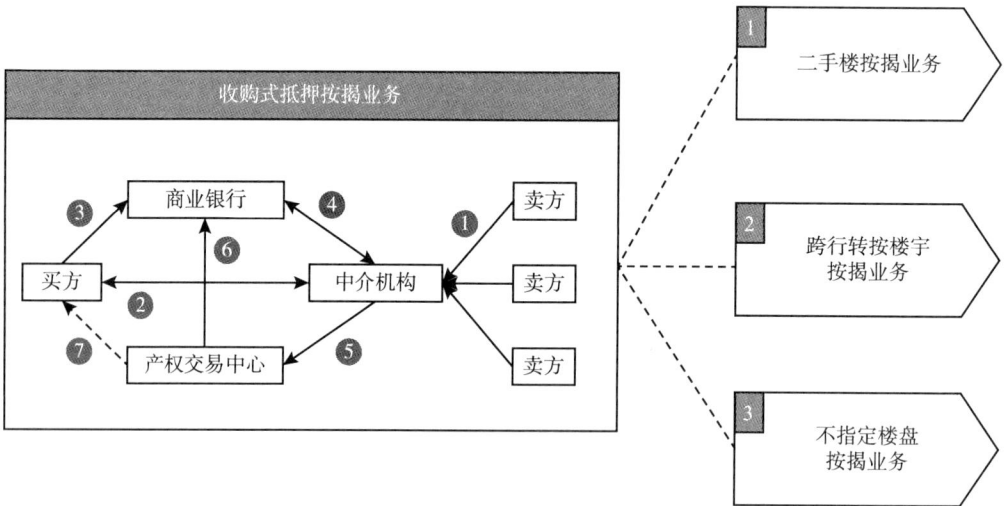

图7－7　收购式抵押衍生出的新银行业务

二、收购式抵押贷款业务操作思路

1. 先进的银行与按揭机构合作思路——战略合作伙伴模式（见图 7 - 8）

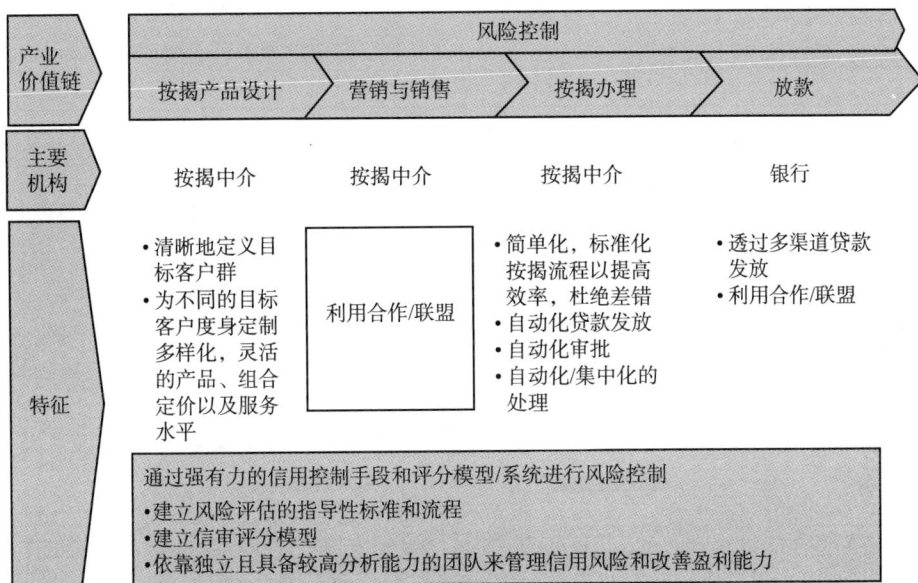

图 7 - 8　战略合作伙伴模式

2. ××银行业务关注点（见图 7 - 9）

××银行与中介发挥各自的业务比较优势，形成合理的业务分工与高效的互动配合机制，构建个人金融业务拓展新模式。

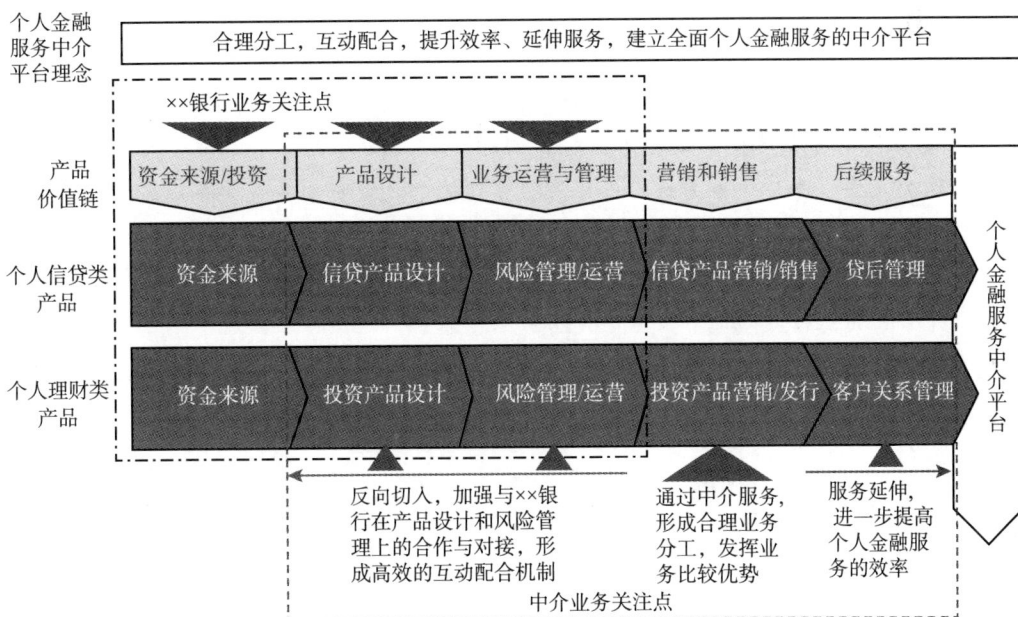

图 7 - 9　××银行业务关注点

3. 合作公司多元化的业务收入来源（见图7-10）

通过高效的金融中介增值服务，中介机构将具有多元化的业务收入来源，从而具备较强的市场生存和发展能力。

中介公司可分别为××银行、个人金融客户和各类理财产品发售机构创造中介服务价值，并获取相应收入

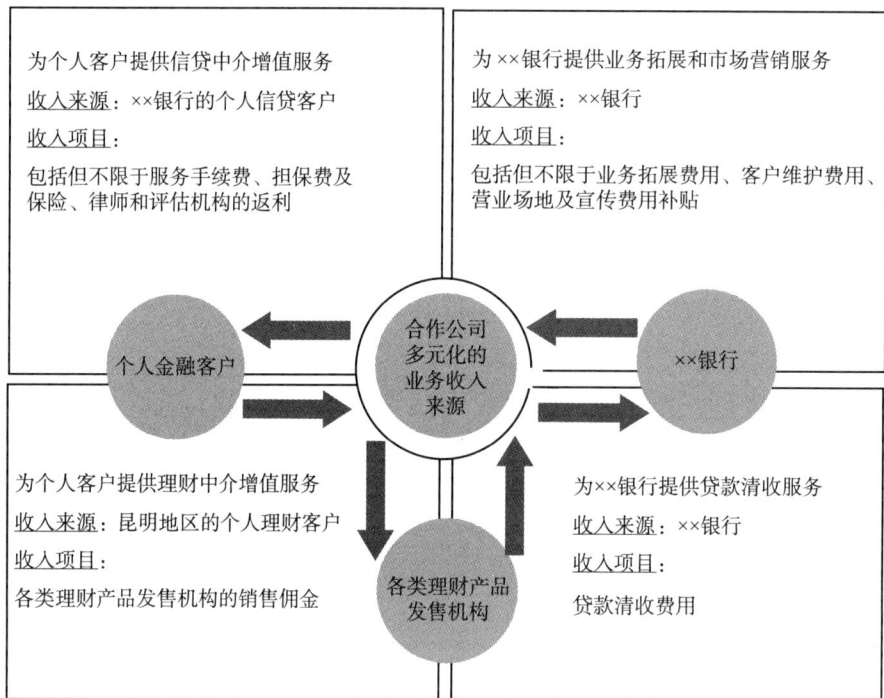

为个人客户提供信贷中介增值服务

收入来源：××银行的个人信贷客户

收入项目：

包括但不限于服务手续费、担保费及保险、律师和评估机构的返利

为××银行提供业务拓展和市场营销服务

收入来源：××银行

收入项目：

包括但不限于业务拓展费用、客户维护费用、营业场地及宣传费用补贴

个人金融客户

合作公司多元化的业务收入来源

××银行

为个人客户提供理财中介增值服务

收入来源：昆明地区的个人理财客户

收入项目：

各类理财产品发售机构的销售佣金

为××银行提供贷款清收服务

收入来源：××银行

收入项目：

贷款清收费用

各类理财产品发售机构

图7-10 合作公司多元化的业务收入来源

4. 全方位个贷金融服务体系（见图7-11）

合作公司应以房贷业务为核心，逐步把商行的个人信贷业务架构建设成为以房产金融为核心的全方位个贷金融服务体系。

5. 金融服务的延伸（见图7-12）

中介公司将从传统的住房按揭中介增值服务入手，逐步将服务延伸到中高端的个人理财类增值服务领域。

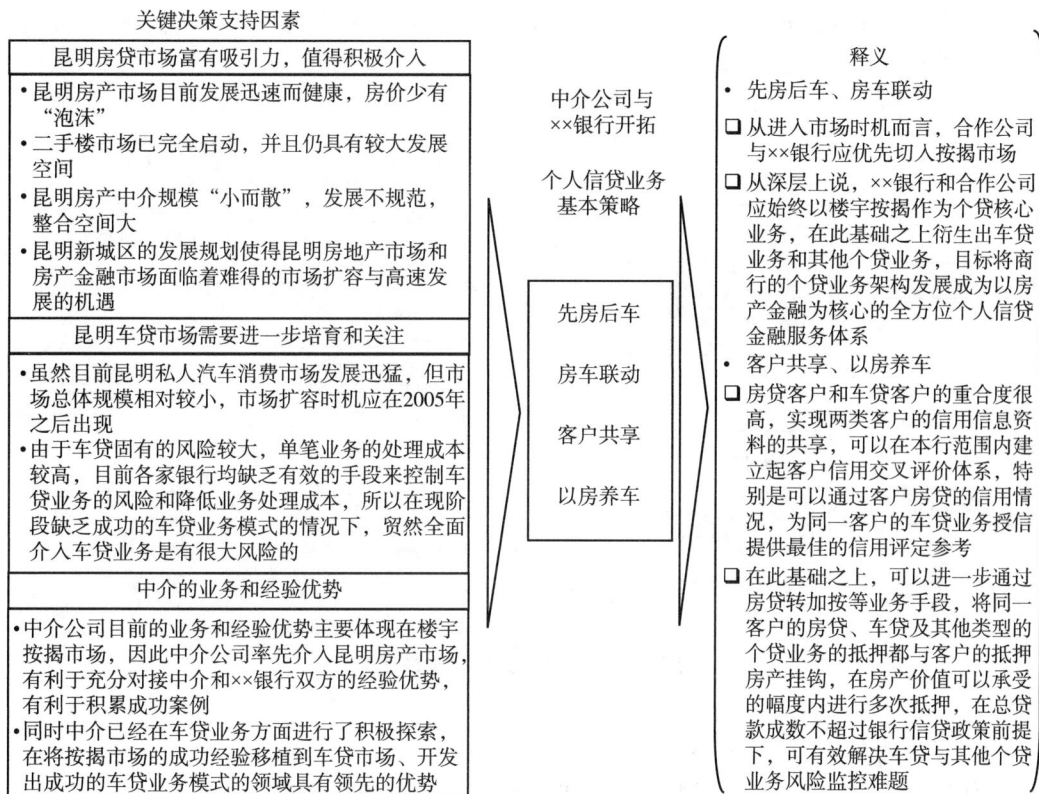

关键决策支持因素

昆明房贷市场富有吸引力，值得积极介入

- 昆明房产市场目前发展迅速而健康，房价少有"泡沫"
- 二手楼市场已完全启动，并且仍具有较大发展空间
- 昆明房产中介规模"小而散"，发展不规范，整合空间大
- 昆明新城区的发展规划使得昆明房地产市场和房产金融市场面临着难得的市场扩容与高速发展的机遇

昆明车贷市场需要进一步培育和关注

- 虽然目前昆明私人汽车消费市场发展迅猛，但市场总体规模相对较小，市场扩容时机应在2005年之后出现
- 由于车贷固有的风险较大，单笔业务的处理成本较高，目前各家银行均缺乏有效的手段来控制车贷业务的风险和降低业务处理成本，所以在现阶段缺乏成功的车贷业务模式的情况下，贸然全面介入车贷业务是有很大风险的

中介的业务和经验优势

- 中介公司目前的业务和经验优势主要体现在楼宇按揭市场，因此中介公司率先介入昆明房产市场，有利于充分对接中介和××银行双方的经验优势，有利于积累成功案例
- 同时中介已经在车贷业务方面进行了积极探索，在将按揭市场的成功经验移植到车贷市场、开发出成功的车贷业务模式的领域具有领先的优势

中介公司与××银行开拓个人信贷业务基本策略

先房后车
房车联动
客户共享
以房养车

释义

- 先房后车、房车联动
- 从进入市场时机而言，合作公司与××银行应优先切入按揭市场
- 从深层上说，××银行和合作公司应始终以楼宇按揭作为个贷核心业务，在此基础之上衍生出车贷业务和其他个贷业务，目标将商行的个贷业务架构发展成为以房产金融为核心的全方位个人信贷金融服务体系
- 客户共享、以房养车
- 房贷客户和车贷客户的重合度很高，实现两类客户的信用信息资料的共享，可以在本行范围内建立起客户信用交叉评价体系，特别是可以通过客户房贷的信用情况，为同一客户的车贷业务授信提供最佳的信用评定参考
- 在此基础之上，可以进一步通过房贷转加按等业务手段，将同一客户的房贷、车贷及其他类型的个贷业务的抵押都与客户的抵押房产挂钩，在房产价值可以承受的幅度内进行多次抵押，在总贷款成数不超过银行信贷政策前提下，可有效解决车贷与其他个贷业务风险监控难题

图 7-11　全方位个贷金融服务体系

图 7-12　金融服务的延伸

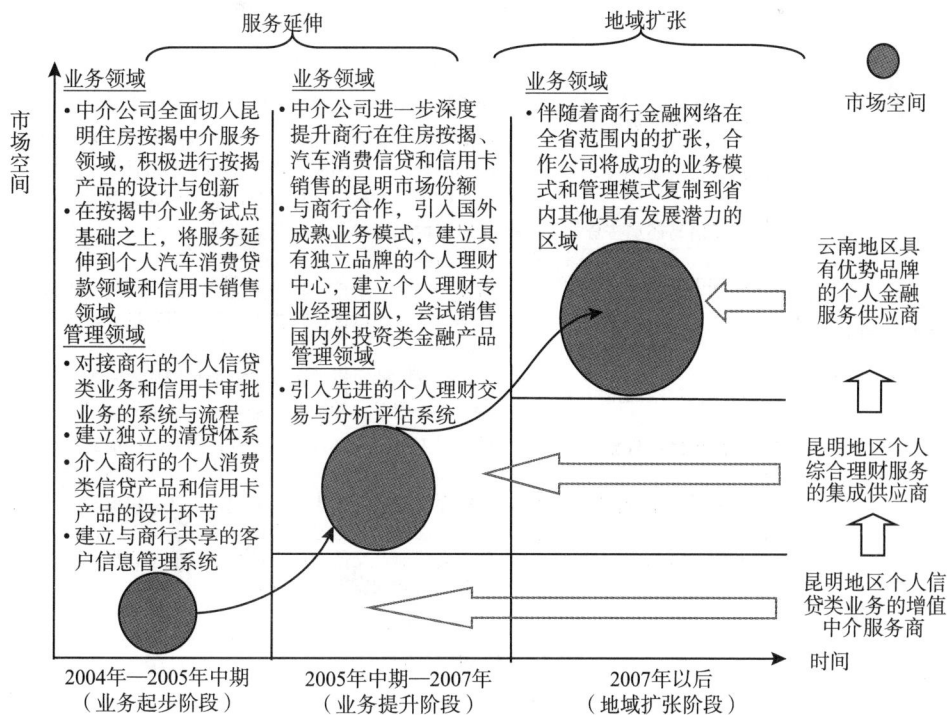

中介公司与银行合作，可以通过抵押收购贷款业务扩展出来一系列丰富的产品，随之带动双方业务增长，如图7－13所示。

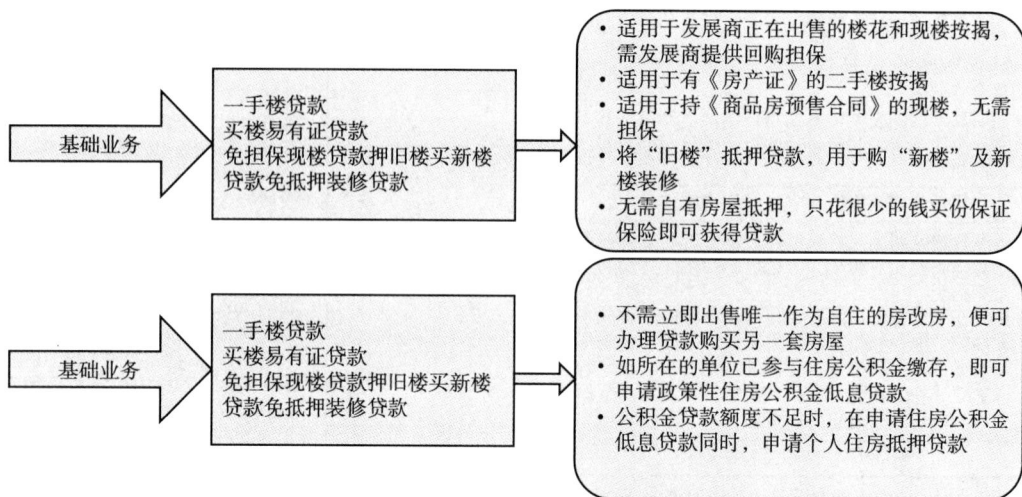

图7－13 基础业务和政策性业务

6. 理财业务（见图7－14）

中介公司与银行合作，可以通过抵押式收购贷款业务扩展出来一系列丰富的产品，随之带动双方的业务增长。

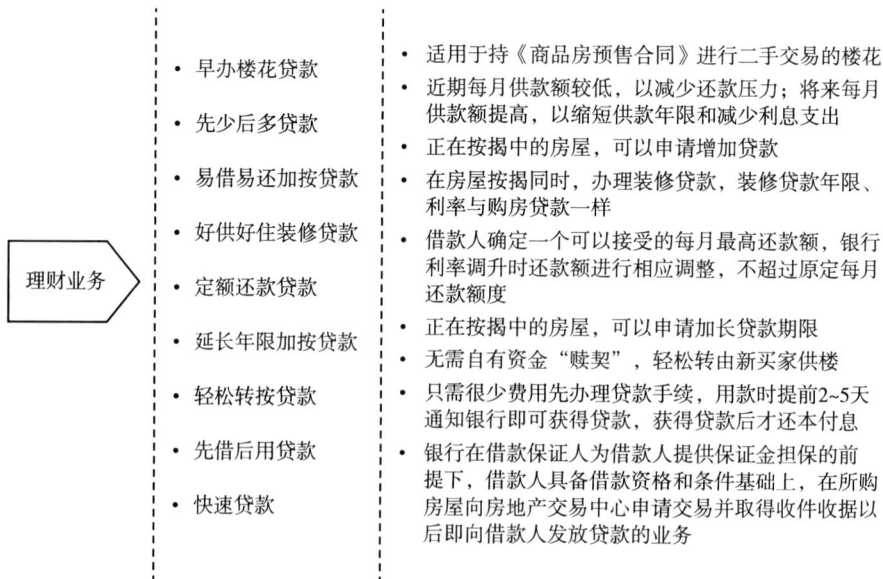

图7－14 理财业务

三、收购式抵押贷款业务操作思路

1. 抵押贷款业务操作（见图 7-15）

在房贷业务领域，首先以二手楼按揭业务起步，将服务延伸到跨行转按楼宇按揭业务和不指定楼盘按揭业务。

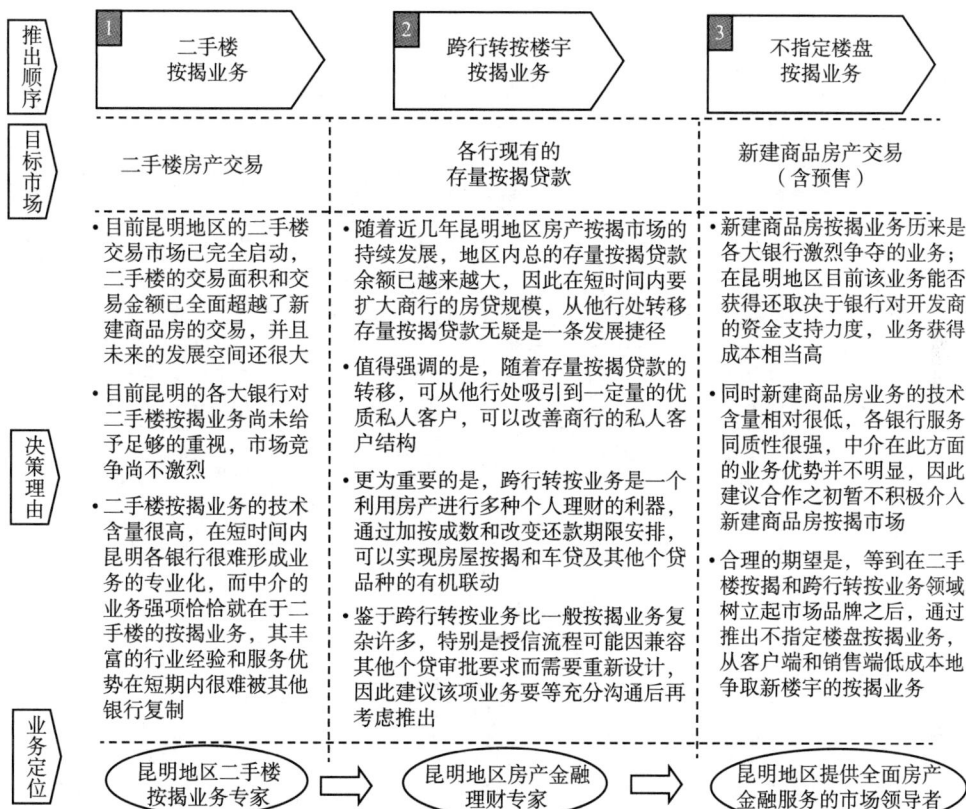

图 7-15　抵押贷款业务操作

2. 业务专业化能力的重点（见图 7-16）

二手楼按揭业务技术含量高，关键的成功因素在于理顺业务价值链和引入中介业务模式，迅速打造商行的专业化品牌。

3. 跨行楼宇转按业务关键环节（见图 7-17）

楼宇转按业务的突破口在于将房贷与车贷联动，充分释放房产抵押物的市场价值，凸显房产金融灵活理财的魅力。

4. 不指定楼盘按揭业务（见图 7-18）

不指定楼盘按揭业务的成功关键在于充分利用市场品牌影响，从客户端和销售端入手，低成本地获得新建楼盘的按揭业务。

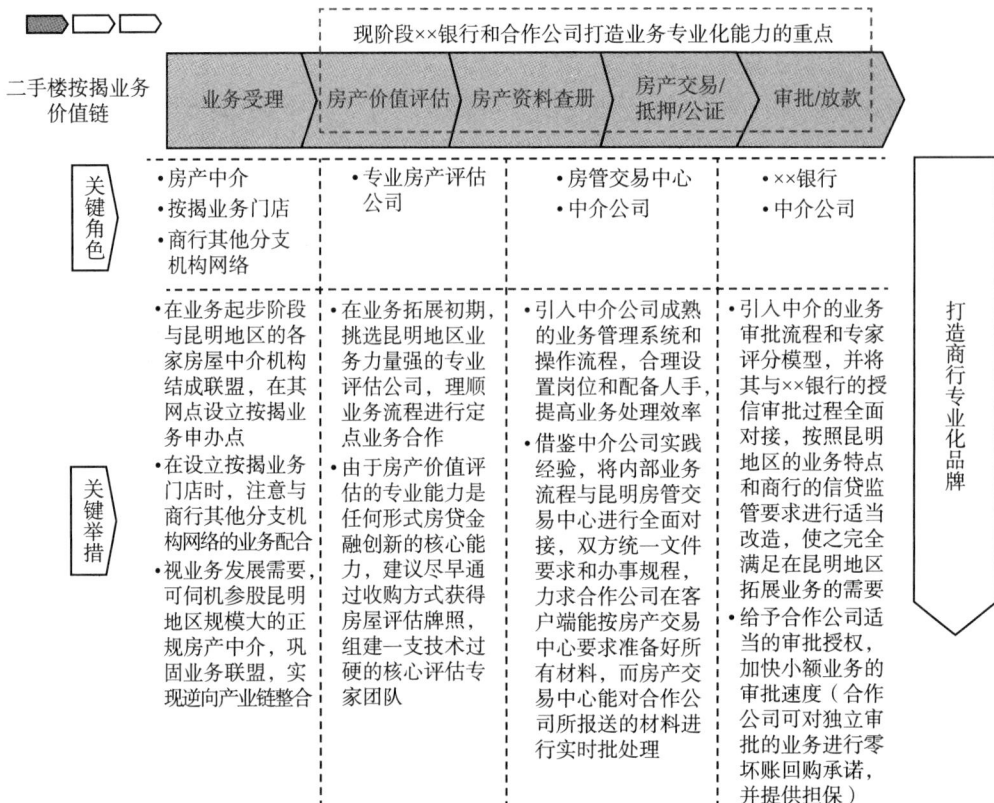

图 7-16　业务专业化能力的重点

图 7-17　跨行楼宇转按业务关键环节

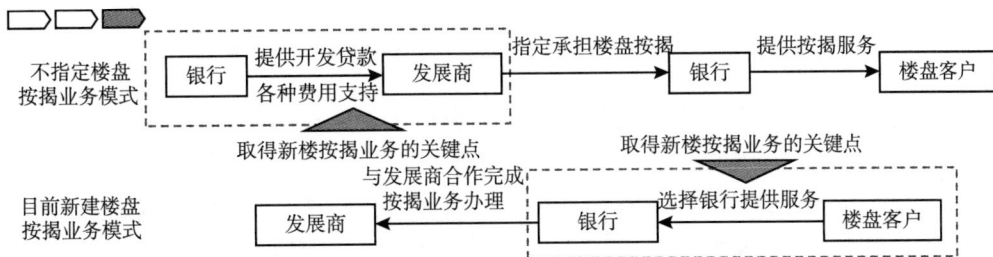

不指定楼盘按揭业务模式

银行 —提供开发贷款各种费用支持→ 发展商 —指定承担楼盘按揭→ 银行 —提供按揭服务→ 楼盘客户

取得新楼盘按揭业务的关键点

目前新建楼盘按揭业务模式

发展商 ←与发展商合作完成按揭业务办理— 银行 ←选择银行提供服务— 楼盘客户

取得新楼盘按揭业务的关键点

模式区别说明

- 传统的新建楼盘按揭业务的获得主要取决于银行是否能对发展商提供前期的开发贷款或其他形式的资金配套，甚至包括各种赞助费用的支持。在传统模式下，开发商在与银行的业务交往中占据着主动地位，银行获得新楼盘按揭业务的综合成本较高。目前昆明地区的各大银行拓展新楼盘的按揭业务主要采取此种模式
- 在不指定楼盘的按揭模式下，银行能否获得新楼盘按揭业务主要取决于客户的选择。从设计初衷而言，该模式被设计成一个"多赢"格局的安排：客户可获得发展商给予的一次性付款的楼盘价格优惠，发展商可获得银行按揭贷款在产证办出前100%到位的安排，而银行则如愿地低成本获得了楼盘按揭业务
- 但从市场实际情况而言，随着楼市升温和银行房贷竞争越来越激烈，客户可获得的一次性付款优惠有逐渐被取消的趋势，而越来越多的银行也会给予发展商100%按揭贷款提前支付到位的许诺。所以从发展趋势而言，银行能否获得不指定楼盘按揭业务的关键在于是否具有良好的房贷服务品质和在房贷市场上较高的市场信誉口碑
- 由于目前××银行尚不具备房贷市场上良好的信誉口碑和服务品质（这些无形资产需要时间积累的），同时又鉴于新楼按揭业务市场传统上是各大银行房贷业务竞争的重点领域，所以我们建议合作公司和商行暂且不把新楼按揭业务作为业务拓展重点，待商行在二手房按揭和跨行转按产品市场上成功之后，再推出不指定楼盘按揭业务，届时则可以充分利用商行的市场品牌影响和累计的客户忠诚度，低成本介入新建楼盘的按揭业务

图 7 - 18　不指定楼盘按揭业务

5. 二手楼按揭业务（见图 7 - 19）

中介公司首要定位于为商行拓展二手楼按揭业务，因此在合作初期商行各支行仍可以继续独立拓展新楼盘按揭业务。

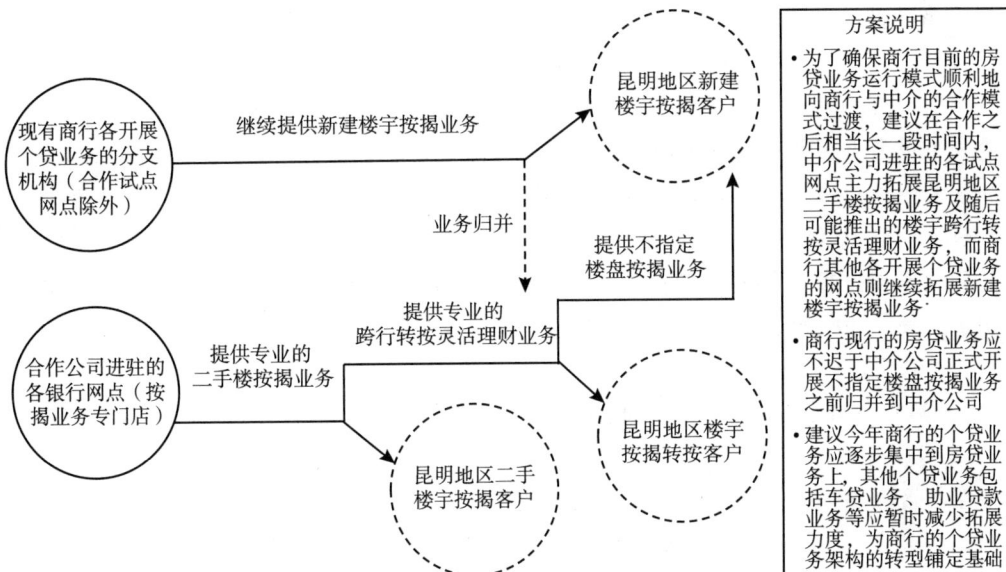

图 7 - 19　二手楼按揭业务

资料来源：http://wenku.baidu.com/view/b838182a2af90242a895e53B.html。

案例 7-4 "走进园区"金融产品推介书

某科技发展有限公司，成立于20××年，由原××区管委会出资8 000万元组建，为某市发展集团旗下国有全资公司。该公司为集"园区建设、地产开发、产业招商与营运、对外投资及资本营运"于一体的全资国有企业。公司具备国家一级房地产开发资质，所负责的市政和房屋建设项目获得各类殊荣80余个。近年来，获得国家级奖项3项（广厦奖、全国建筑工程装饰奖、全国工人先锋号）；获市级奖项7项（五一劳动奖状、优质绿化工程奖、优质工程奖、市政金杯奖、市级房地产开发品质项目等）；2014年获某市地产开发品牌企业称号。

某互联网产业园位于科技创新城核心地带，建筑面积85万平方米，由三期构成，其中一期面积35万平方米，总投资6亿元，已于2015年10月正式开园；二期面积28万平方米，总投资13.5亿元，已于2018年年初开园；三期面积21.5万平方米，目前正在建设。

产业园布局了移动互联网等6大新兴产业类型、5大品牌众创空间。园区已入驻创新型、创业型企业300多家，其中包括腾讯众创空间、阿里云创新中心、博端物联网创新中心、软通智慧等知名龙头企业50多家，累计孵化培育中小微科技型、创新型企业140余家，集聚创业创新人才近1万人。截至目前已申报高新技术企业近70家，申报高新技术产品200余项。

产业园整合资源，完善五大服务体系，实施人才"十百千万计划"，为入园企业提供十大增值服务。积极构建"产业扶持＋债权融资＋股权投资＋改制上市"的金融体系，设立10亿元某区科技创新专项资金、220亿某区战略性新兴产业股权投资基金、7只专业化股权投资基金、4类科技金融创新产品，为企业提供融资扶助。同时，设立国家级留学人员创业园孵化中心、知识产权法庭和知识产权服务中心，坚持创业与创新共生，产业与资本融合，科技与人文互动，为创业创新营造良好的发展环境，努力将产业园建成市级乃至西部创业创新高地。

某城市商业银行下辖6家分行、36家支行1 775个分支机构，从业人员2万多人；资产规模突破10 000亿元，居全国领先水平；存款总量和增量均居某市银行业前列；不良贷款率保持在1.18%以内；资本充足率13.31%，经营业绩和资产质量稳步提升，入围全球银行200强、中国企业500强。

一、信用易贷

（一）科技成长信用贷：诚倍扶忧·倾力助航

1. 贷款对象

在某区直管区内注册、纳税，产业类型符合某区产业发展导向，年销售收入4亿元以下，具有自主知识产权或核心技术，为某市科技管理信息系统入库且无不良信用记录的科技型企业。

2. 产品特色

（1）对有信用企业提供的无抵押、无担保的信用贷款。

（2）通过将合法拥有的专利权、商标、著作权等知识产权作为主要质押物，从合作银行获取的知识产权质押贷款企业通过信用保证和知识产权质押组合获取的贷款。

3. 贷款额度

支持额度单户每笔不超过 2 500 万元。

4. 贷款期限

单笔贷款期限为 3 个月（不含 3 个月）以上，1 年以内（含 1 年），原则上可连续 5 年申请。

5. 贷款方式

仅由企业法定代表人、股东或实际控制人及配偶提供连带保证责任担保。

6. 还款方式

按月结息，分期还本或到期一次性还本。

7. 贷款条件

（1）某区注册两年（含）以上。

（2）为某市科技管理信息系统入库企业的科技型企业。

（3）××创投为该行出具企业推荐函。

8. 必备资料

（1）有效的经营相关证照。

（2）公司章程。

（3）财务报表、银行结算账户明细表。

（4）纳税凭证、水电气缴费凭证、员工工资单。

（5）资产产权证明文件。

（6）经营相关合同、协议。

（7）其他该行规定的必要材料（该行对客户资料信息完全保密）。

（二）税易贷：诚信助业·悉力引航

税易贷是以诚信纳税的小企业缴纳的税款及经营性现金流为依据，向其发放的用于解决短期流动资金需求的贷款业务。

1. 贷款条件

（1）企业在工商行政管机关核准登记注册并正常营运 3 年以上，且企业法定代表人或实际控制人在企业现主营行业累计从业时间在 4 年以上。

（2）纳税信用等级评定在 B 级（含）以上，经核实的年纳税总额不低于 10 万元。

（3）该行规定的其他条件。

2. 必备资料

（1）有效的经营相关证照。

（2）公司章程。

（3）财务报表、银行结算账户明细表。

（4）纳税证明材料。

（5）其他该行规定的必要资料（该行对客户资料信息完全保密）。

3. 贷款对象

具有较长经营年限，按时、足额纳税且纳税额度较高，现金流较为稳定的小企业。

4. 产品特色

（1）贷款额度最高可达人民币200万元，期限最长可达1年。

（2）无须抵押担保，以小企业良好的纳税信用为基础，诚信纳税有助于获得更多贷款。

（3）还款方式灵活多样，在授信期限及额度内可循环支用。

（三）科技型企业知识价值信用贷：助推科技·改变未来

科技型企业知识价值信用贷是指向纳入市科技型企业信息管理系统的科技型中小企业发放的，以知识价值信用为基础，由科技型企业知识价值风险基金提供风险补偿的信贷业务。

1. 贷款条件

（1）纳入市科技型企业信息管理系统。

（2）信用记录良好，具备履行合同、偿还债务的能力。

（3）该行规定的其他条件。

2. 贷款对象

纳入市科技型企业信息管理系统并取得知识价值信用额度的科技型企业。

3. 产品特色

（1）纯信用，科技型企业无须提供抵质押担保。

（2）最高贷款金额可达300万元。

（3）贷款利率执行人行基准利率。

（4）以"知识产权""研发投入""科技人才""创新产品""创新企业"作为评价标准，更加契合科技型企业实际。

4. 必备资料

（1）有效的经营相关证照。

（2）取得的专利、知识产权及高新技术产业/产品相关资质证明材料。

（3）近两年财务年报及最近一期财务月报。

（4）贷款资金用途证明资料。

（5）其他该行规定的必要资料（该行对客户资料信息完全保密）。

二、申请流程（见图 7 - 20）

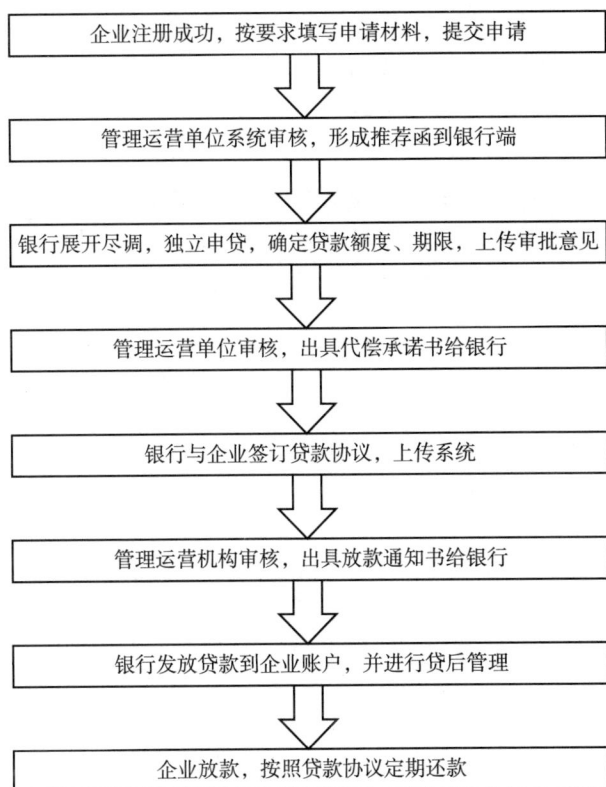

图 7 - 20　信用易贷申请流程

资料来源：某股份制商业银行内部资料。

实 训 模 块

一、实训目的

通过案例学习，熟练掌握本章理论知识，掌握如何编写金融营销计划、如何设计顾客满意度调查问卷，并能灵活运用。

二、实训内容及要求

（一）实训内容

1. 通过对金融营销计划编制要求以及相关案例的阅读，学习各个案例中编制思路和具体应包含的内容。

2. 运用所学知识以及资料的查询，尝试科学合理编制金融营销计划并进行小组讨论。

3. 针对某一金融机构，设计顾客满意度调查问卷。

（二）实训要求

熟知金融营销策划的编制、熟知顾客满意度设计流程。

三、实训方式

（一）分组设计营销策划书、调查问卷。

（二）实地调研、分小组汇报结果。

四、实训结果

（一）根据小组的营销策划书、问卷调查进行成绩评定。

（二）分组汇报调查问卷实施的结果。

第8章　金融营销与风险管理

由于经济全球化和金融自由化的步伐逐渐加快，金融业面临的风险也随之增加，国际金融频繁动荡，多数国际金融集团都受到波及，致使部分企业出现高额不良资产甚至倒闭。金融企业必须将防范金融风险和化解金融风险放在重要地位，采取合理的营销风险管理办法，最终实现金融产品营销目标。

8.1　金融风险概述

8.1.1　金融风险的概念

金融风险是指金融变量的变动所引起的资产组合未来收益的不确定性。

金融风险有狭义与广义之分。狭义的金融风险专指银行、信托投资公司、证券公司、保险公司等金融机构由于各种不确定性因素而遭受损失的可能性，所涉及的范围比较小；广义的金融风险指个人、公司、金融机构以及政府等所有参与金融活动的交易主体因不确定性而遭受损失的可能性，所涉及的范围比较大。不论是狭义概念还是广义概念，其本质含义都是金融资产遭受损失的不确定性。

8.1.2　金融风险的特征

1. 隐蔽性

隐蔽性是指由于金融机构经营活动的不完全透明性，在其不爆发金融危机时，可能因信用特点而掩盖金融风险不确定损失的实质。

2. 扩散性

扩散性是指由于金融机构之间存在复杂的债权债务关系，一家金融机构出现危机可能导致多家金融机构接连倒闭的"多米诺骨牌"现象。

3. 加速性

加速性是指一旦金融机构出现经营困难，就会失去信用基础，甚至出现挤兑风潮，这样会加速金融机构的倒闭。

4. 不确定性

不确定性是指金融风险的发生需要一定的经济条件或非经济条件，而这些条件在风险发生前都是不确定的。

5. 可管理性

可管理性是指通过金融理论的发展、金融市场的规范、智能性的管理媒介，金融风险可以得到有效的预测和控制。

6. 周期性

周期性是指金融风险受经济循环周期和货币政策变化的影响，呈现规律性、周期性的特点。

8.1.3　金融风险的来源和影响因素

金融风险是在金融活动过程中产生和发展的，它是一个动态过程，并且有很强的传导性。金融风险通过特定的传导机制积累加剧后可能会引发新一轮金融危机。

1. 金融风险的来源

正如美国经济学家弗雷德里克·S. 米什金所言：信息不对称通过逆向选择和道德风险影响金融体系，形成了金融体系内在的不稳定性，带来令全世界畏惧的"金融风险"。

2. 金融风险的影响因素

（1）金融市场联动性是金融风险传导的基础。联动关系的存在使单个金融市场出现风险时，金融风险能够在相关联的金融市场间进行传递。

（2）资产配置活动是造成金融风险传导的重要行为。当某个金融市场由于资产价格的波动而出现大的风险时，金融市场间的收益均衡关系被打破，市场中的投资者就会利用这一波动进行有利于自己的资产配置活动。正是这一行为使一个金融市场的风险对其他金融市场产生了外在的冲击效果，金融风险在金融市场间形成了传导关系。

（3）投资者心理与预期的变化是金融风险传导的推力。由于金融市场中信息的不充分性和不对称性，以及投资者的认知偏差、心理素质等因素的影响，投资者常常会采取一些非理性的投资行为。当经济处于繁荣时期，银行信贷和公司投资都迅速扩张，人们往往会被眼前经济繁荣的景象所迷惑，这种迷惑会使人们加大投资力度，经济泡沫在此基础上愈加膨胀，最后只能以经济危机爆发的形式强制解决。一旦经济危机出现，投资者心理与预期会发生重大改变，由于"羊群效应"的存在，恐慌心理会在投资者中进行传播，投资者的交易行为变得更加扭曲，形成金融市场的更大波动。因此，投资者非理性的投资行为是金融风险传导的推力。

（4）信息技术发展为金融风险的传导提供了有利条件。信息技术的发展使市场信息能迅速传递到世界的每一个角落，通过金融市场上经济变量的改变，金融危机会更加迅速地蔓延。进入 21 世纪后，信息技术发展更加迅猛，在信息技术的支持下，资本流动加快使市场中出现的风险会给投机资本以可乘之机。这些短期投机资本会大量流入存在套利机会的金融市场，大量投机资本的冲击必然造成金融市场风险的传递，而一旦套利机会消失，大量的短期资本又会迅速流出，从而加剧金融市场的动荡。

8.2　金融风险的分类

金融风险的种类和分类标准很多。按照能否分散，可将金融风险分为系统风险和非系统风险；按照驱动因素不同，可将金融风险分为市场风险、信用风险、操作风险等类型。以下重点对系统风险和非系统风险进行说明。

8.2.1　系统风险

系统风险是指由于多种因素的影响和变化，导致投资者风险增大，从而给投资者带来损失的可能性。系统风险包括宏观经济风险、购买力风险、利率风险、汇率风险和市场风险。

（1）宏观经济风险。宏观经济风险指的是经济活动和物价水平波动可能导致的企业利润损失。

（2）购买力风险。购买力风险又被称为通货膨胀风险，是指由于通货膨胀的不确定性变动导致金融机构遭受经济损失的可能性。

（3）利率风险。利率风险是指由于利率的变动而给金融机构带来损失或收益的可能性。

（4）汇率风险。汇率风险又被称为外汇风险，是指由于汇率变动而使以外币计价的收付款项、资产负债遭受损失或收益的不确定性。

（5）市场风险。市场风险是指由于金融市场变量的变化或波动而引起的资产组合未来收益的不确定性。

8.2.2　非系统风险

非系统风险是指某些因素的变化造成单只股票价格或者单只期货、外汇品种以及其他金融衍生品种下跌，从而给有价证券持有人带来损失的可能性。非系统风险是可以抵消、回避的，因此又被称为可分散风险或可回避风险。非系统风险包括信用风险、财务风险、经营风险、流动性风险和操作风险。

（1）信用风险。信用风险又被称为违约风险，是指在信用活动中由于存在不确定性而使本金和收益遭受损失的可能性。

（2）财务风险。财务结构不合理、融资不当使公司可能丧失偿债能力而导致投资者预期收益下降的风险。

（3）经营风险。经营风险是指公司的决策人员与管理人员在经营管理过程中出现失误而导致公司盈利水平变化，从而使投资者预期收益下降的可能性。

（4）流动性风险。流动性风险是指由于流动性的不确定变化而使金融机构遭受损失的可能性。

（5）操作风险。操作风险是指由于不完善或有问题的内部操作过程、人员、系统或外部事件而导致的直接或间接损失的风险。

8.3　金融营销风险管理的目标与内容

8.3.1　金融营销风险管理的内涵

金融营销风险管理是指金融企业有意识地通过计划、组织和监督控制等管理活动，通过特定的程序和方法，以最小的成本把风险发生概率和损失减至最低程度，来保护企业生存和发展能力的活动和职能。金融营销风险管理既是一门艺术也是一门科学，它提供系统的识别和衡量企业所面临的损失风险的知识，以及对付这些风险的方法。

8.3.2　金融营销风险管理的目标

金融风险管理的最终目标是在识别和衡量风险的基础上，对可能发生的金融风险进行控制和准备处置方案，以防止和减少损失，保证货币资金筹集和经营活动的稳健进行。

一般来说，金融营销风险管理基本程序可分为四个阶段：营销风险识别、营销风险衡量、营销风险预警和营销风险控制。这四个阶段存在内在的联系，是一种周而复始、循环往复的过程。

1. 营销风险识别

营销风险识别是指风险管理人员通过对大量可靠的营销信息进行系统了解和分析，认清金融企业营销活动存在的各种营销风险因素，找出特征指标，进而确定企业营销所面临的风险及其性质，并把握其发展趋势。营销风险识别是整个营销风险管理工作的基础，不经过认真识别，营销风险是无法衡量与科学管理的。

通常从以下两个方面着手识别营销风险：一是分析营销业务对象的业务活动状况，如资产结构、人员组成和以前的信用记录；二是分析业务对象可能面临的人员损失、财物损失、费用损失和责任损失等，识别潜在的营销风险，判断将来出现损失的可能性。

通常来说，识别金融营销风险的方法有很多，可以通过感性认识和经验进行判断。但更重要的是必须依靠对各种会计统计、经营资料和风险记录的分析、研究和整理，发现风险产生的原因和条件，鉴别其性质。在实际操作中应根据具体情况，综合运用多种方法识别营销风险。

2. 营销风险衡量

营销风险衡量是对某种特定的营销风险，测定其风险事故发生的概率及其损失程度，它是在营销风险识别的基础上进行的。通过识别，弄清存在的营销风险因素，确认营销风险的性质，并获得有关数据。然后，通过对这些指标和数据的处理，得到关于损失发生概率及其程度的有关信息，从而对风险程度作出评价，对发展趋势作出预测，为营销风险预警提供依据。

3. 营销风险预警

营销风险衡量之后的风险问题要及时地预警和报告。营销风险预警是一个动态过程，金融企业要实时地进行营销风险的预警和监视，为制定风险控制决策提供依据。企业可以借助计算机管理信息系统进行，但关键仍在于管理者的风险管理水平。

4. 营销风险控制

金融企业在调查清楚了营销风险的性质和大小之后，必须运用合理而有效的方法降低营销风险的发生概率，同时制定出风险事故的处理方案，有备无患。这一阶段的核心是营销风险控制处理手段的选择，它是营销风险管理过程的一个关键性阶段。在进行营销风险管理的过程中，还要对营销风险管理进行监控，保证管理过程的有效实施。同时要对营销风险管理效果进行评价，即对营销风险管理各阶段所采取的对策和手段的适用性及效益性进行分析、检查与评估，并不断修正和调整计划。

8.3.3　金融营销风险的管理手段

金融营销风险的管理手段主要有：营销风险回避、营销风险防范、营销风险控制、营销风险分散、营销风险转移和营销风险自留。

1. 营销风险回避

营销风险回避是以放弃或拒绝承担营销风险作为控制方法来回避损失发生的可能性。常用的回避方法是：一是将特定的风险客户予以免除。例如，金融机构认为一项金融产品风险较大就决定不开发该项业务，从而可以完全免除风险。二是在营销开展中途放弃某些既存的风险客户或业务。也就是说，金融机构开展的营销活动投入远远超过收益则立即止损，中止营销活动。

营销风险回避在彻底消除风险损失的同时使获利的可能性降为零，它是风险管理技术中最简单也是最消极的一种，但应注意有些营销风险是无法回避的，有些营销风险采取回避手段是不经济的，还有些营销风险的回避可能带来新的营销风险的产生。

营销风险回避策略主要应用于以下几种情况。

（1）当某项营销活动风险极大，企业确实无力防范和控制该项营销活动。

（2）当某项营销活动有多种实现方案时，选择风险小的方案进行替代。

（3）当实施某项营销活动的过程中遇到不可逾越的风险因素时，采取措施绕道行之、迂回包抄。

2. 营销风险防范

营销风险防范是一种事前控制风险的做法，可以达到防患于未然的目的。主要是通过一系列的措施来加强金融机构自身的免疫系统建设，防止营销风险的产生，主要采取以下防范方式。

（1）加强市场环境的调查研究。这是金融机构防范营销风险的根本性措施。通过对市场的调查研究，金融机构通过掌握相关情报资料，包括客户需求信息、竞争者经济及政策信息、政治与法律信息等，为营销决策提供有力的依据。

金融机构在进行市场环境调查时，尤其要注意对交易对手的信誉进行调查。首先，调查交易对手的履约记录。其次，调查对手的管理层素质。企业领导者的素质关系到整个企业的前途命运。要对企业主要管理人员的年龄、才干、创新精神、市场把握程度等进行分析，从而了解对手的风险程度。再次，还要调查对手的盈利能力。盈利能力是企业实力的源头，对手盈利能力强，承担的风险相对就较低。审查盈利能力时，要从多方面考察企业的财务状况。最后，调查对手的员工素质，包括员工的整体素质、技术水平、创新意识和敬业精神等。

（2）提高营销人员的素质。营销人员综合素质的高低会对金融机构的营销风险防范效果产生直接影响。为了提高营销人员的素质，应该做到：一是提高金融营销人员的专业能力与风险意识，营销人员必须充分了解其推销产品的相关知识及正确预判产品风险的能力，并且从人员招聘、培训、日常管理等方面向营销人员灌输增强防范风险的意识，继而培养他们的危机感与责任感；二是建立风险防范与处理小组，制定相关的金融风险预防的规章制度，提高风险处理能力。

（3）建立金融营销风险预警机制。建立金融营销风险预警机制是为了监视营销活动中的不安全行为（营销失误）和不安全过程（营销波动），从而及早制止营销风险的产生。

3. 营销风险控制

营销风险控制是指金融机构对不愿意放弃也不愿转移的营销风险，企业通过降低营销风险发生概率和减少营销风险发生带来的损失程度来达到营销风险管理的目的。

营销风险控制是金融营销风险管理中较为适用的一种方法，它是在营销风险事故发生前或发生后，通过积极改善营销风险的特性，减少损失发生范围或损失程度，使其能为金融企业所接受，从而抑制损失又不丧失获利机会。通常分为风险发生前的风险预防和风险发生后的风险处理。风险发生前的风险预防指通过实施各种控制工具控制发生概率，力求消除各种隐患，降低减少营销风险发生带来的损失程度；营销风险发生后主要以减少营销风险损失为主并且要兼顾预防营销风险的扩散和斩断因营销风险发生而引起的连锁反应。

为了使营销风险得到有效控制，金融机构不仅要建立风险管理机构，做到各部门任务分工清楚，职责权限明确，同时要制定科学的规章制度，包括风险管理的指导思想、政策纲要和方针策略等，也要遵守外部监管机构的有关规定。

4. 营销风险分散

风险分散是为了避免风险过于集中而进行多元化组合的一种管理策略，即"不要把鸡蛋放在一个筐里"。例如，在资金来源上可以实现多元化，向多个投资者或渠道融资；客户分散，如采用银团的方式参与大宗客户授信业务，使原来一些效益较好、风险较高、金额较大的单个金融机构难以承担的项目，通过多家机构的联合得以实现，有效地分散客户集中的风险；产品分散，金融机构根据市场和客户的金融需求，积极拓展业务品种，避免业务过于单一的风险；期限分散，金融机构应将金融业务的期限进行短、中、长的合理搭配，避免期限过于集中可能带来的风险；利率分散，金融机构业务中固定利率和非固定利率均应占一定的比例，减少因市场利率变动造成的损失。

5. 营销风险转移

金融营销风险转移也是一种事前控制风险的手段，金融机构通过一定的方式将营销风险转嫁给其他的主体以达到本企业对风险的管理目的。营销风险转移的方式有：保险转移和非保险转移。

（1）保险转移。保险主要是对静态资产的保险，但大部分营销风险属于运作风险，属于不可保风险，因此保险不是营销风险的主要转移手段。

（2）非保险转移。它是指企业可以通过合同或契约将风险发生可能带来的经济损失和法律责任等转嫁给非保险业的其他主体，以达到降低企业营销风险的发生概率和营销风险造成的损失的目的。主要方法有出售、转包或分包和租赁。

6. 营销风险自留

营销风险自留又称营销风险承担，风险自留是指一个金融企业以其内部的资源来弥补损失。营销风险自留是一种营销风险处理的财务型技术手段。当营销风险无法避免或避免手段不可能，又不能有效地预防且无法转移的情况下，企业只能采取风险自留的手段，从财务上作出安排，以备在损失发生后进行处理。营销风险自留的主要方法有：将损失摊入经营成本、建立意外损失基金、借款等，以此来补偿营销风险的经济损失。

精选案例

案例 8 - 1 代销金融产品违规，华泰证券遭监管处罚

2019 年 8 月 26 日，江苏证监局发布公告称，经查，华泰证券在代销"聚潮资产 - 中科招商新三板 I 期 A、B 专项资管计划"过程中，使用未经报备的宣传推介材料。江苏证监局认为，该行为违反《证券公司代销金融产品管理规定》第十条的规定，反映出公司内部控制不完善。决定对华泰证券采取责令改正的监督管理措施，如图 8 - 1 所示。

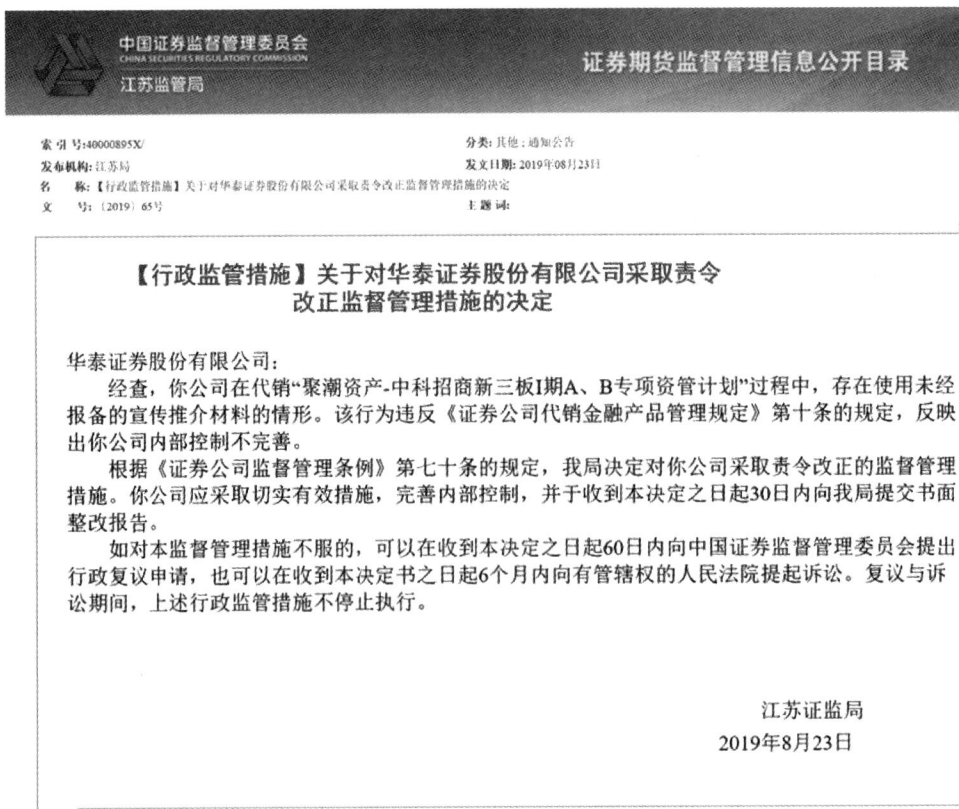

图 8 - 1 证监会对于华泰证券的整改决定

该资管计划由浙商基金下属机构上海聚潮资产管理有限公司担任管理人，华泰证券为资金托管方和销售方，分 A、B 两期计划，共发行 1.8 亿元，于 2018 年 1 月 29 日到期。

2018 年 5 月，该产品被曝发生违约，未能如期兑付。而在产品违约后，投资者催讨资金时，却被公司告知：一不清楚所投股权公司经营现况、财务状况；二不清楚理财资金去向。

根据投资者在网上的公开信内容，指出华泰证券在销售该产品时，在路演材料中，以“伟大企业的摇篮”“历史性的机会”等词汇描述，并且指出，有销售人员声称有内部员工大量购买。

(1) 券商内部。金融产品销售宣传、合规性趋严，券商也要提出对内控以及适当性管理提出更高要求。理财顾问一般是出于销售业绩压力、利益诱惑等原因，通过违规销售、虚假营销来获取自身利益。从根源上解决，首先要向员工宣导市场监管要求，持续强化员工的合规意识，严格执行投资者适当性管理。另一方面，券商需要对自身的业务模式进行变革，加快财富管理转型，改变以通道收入、金融产品销售收入为主的运营模式。投资顾问也要加快转型，在深入了解投资者需求及风险偏好的基础上为其进行资产配置，而非单纯给投资者推销理财产品。

(2) 监管重拳整治营销宣传。2019 年以来，券商代销金融产品的违规被监管处罚不在少数，如东莞证券、中信证券、光大证券、东吴证券等，不过问题主要集中在员工飞单上，也就是向投资者推荐不属于本机构正规销售范围的产品。像华泰证券因为宣传推介不规范吃罚单的，在券商中并不多见。但投资者在购买理财产品时，中介机构宣传不当、虚假宣传等现象屡禁不止。监管层近日出重拳整治这一乱象，就在华泰证券收到罚单的同一天，央行、银保监会、证监会、外汇局联合发布《关于进一步规范金融营销宣传行为的通知》（以下简称《通知》），就进一步规范金融营销宣传行为向社会公开征求意见，对宣传行为提出了具体限制，如图 8－2 所示。

关于《中国人民银行 中国银行保险监督管理委员会 中国证券监督管理委员会 国家外汇管理局关于进一步规范金融营销宣传行为的通知》公开征求意见的通知

字号 大 中 小　　2019-08-26 16:00:00

打印本页　关闭窗口

为进一步规范金融营销宣传行为，切实保护金融消费者合法权益，人民银行、银保监会、证监会与外汇局联合起草了《中国人民银行 中国银行保险监督管理委员会 中国证券监督管理委员会 国家外汇管理局关于进一步规范金融营销宣传行为的通知》，现向社会公开征求意见。公众可以通过以下途径反馈意见：

1. 通过电子邮件将意见发送至：zruiyi@pbc.gov.cn。

2. 通过信函方式将意见寄至：北京市西城区成方街32号中国人民银行金融消费权益保护局（邮编：100800），并在信封上注明“规范营宣通知征求意见”字样。

3. 将意见传真至：021-20897337。

意见反馈截止时间为2019年9月10日。

附件1：中国人民银行 中国银行保险监督管理委员会 中国证券监督管理委员会 国家外汇管理局关于进一步规范金融营销宣传行为的通知（公开征求意见稿）.doc

附件2：起草说明.doc

中国人民银行
2019年8月26日

图 8－2　公开征求意见的通知

《通知》对金融营销宣传行为提出了 11 条具体要求，其中第五条提出关于不得以欺诈或引人误解的方式对金融产品或金融服务进行营销宣传。11 条具体要求：一是建立健全金融营销宣传内控制度和管理机制；二是建立健全金融营销宣传行为监测工作机制；三是加强对合作第三方机构金融营销宣传行为的监督；四是不得非法或超范围开展金融营销宣传；五是不得以虚假、隐瞒的内容或者引人误解的方式对金融产品和服务进行营销宣传；六是不得以损害公平竞争的方式开展金融营销宣传；七是不得利用政府公信力进行金融营销宣传；八是金融营销宣传不得损害金融消费者知情权；九是不得利用互联网进行不当金融营销宣传；十是不得违规向金融消费者发送金融营销信息；十一是不得开展法律法规和金融管理部门认定的其他违法违规金融营销宣传行为。

此次法规对金融营销行为设定了多条禁令，主要包括 9 个方面的禁令。

1. 加强第三方机构监督

金融产品或金融服务经营者应当依法审慎确定与合作第三方机构的合作形式，明确约定本机构与合作第三方机构在金融营销宣传中的责任，共同确保相关金融营销宣传行为合法合规。除法律法规另有规定外，金融产品或金融服务经营者不得以金融营销宣传行为非本机构作出为由，转移、减免其应承担的责任。

2. 不得非法或超范围开展金融营销宣传

金融产品或金融服务经营者进行金融营销宣传，应当提供能够证明合法经营资质的材料，以便于相关金融消费者或合作第三方机构等进行查验。证明材料包括但不限于经营许可证、备案文件、行业自律组织资格等与金融产品或金融服务相关的身份资质信息。金融营销宣传内容应当与上述证明材料载明的经营范围保持形式和实质上的一致。

3. 不得以欺诈或引人误解的方式对金融产品或金融服务进行营销宣传

金融营销宣传不得引用不真实、不准确的数据和资料；不得隐瞒限制条件；不得对过往业绩进行虚假或夸大表述；不得使用小概率事件夸大产品收益；不得对资产管理产品未来效果、收益或与其相关情况作出保证性承诺，明示或暗示保本、无风险或保收益；不得对不同类型产品进行比较；不得使用偷换概念、不当类比、隐去假设等不当营销宣传手段。

4. 不得以损害公平竞争的方式开展金融营销宣传

金融营销宣传不得以捏造、散布虚假事实等手段恶意诋毁竞争对手，损害同业信誉；不得通过不当评比、不当排序等方式进行金融营销宣传；不得冒用、使用与他人相同或相近等有可能使金融消费者混淆的注册商标、字号、宣传册页。

5. 不得利用政府公信力进行金融营销宣传

金融营销宣传不得利用金融管理部门或地方金融监管部门对金融产品或金融服务的审核或备案程序，误导金融消费者认为金融管理部门或地方人民政府对该金融产品或金融服务提供保证，并应当提供对该金融产品或金融服务相关信息的查询方式；不得对未经金融管理部门或地方金融监管部门核准或备案的金融产品或金融服务进行预先宣传或促销。相关法律法规、规章和规范性文件已对保险产品进行专门规定的，从其规定。

6. 不得损害金融消费者知情权

金融营销宣传应当通过足以引起金融消费者注意的文字、符号、字体、颜色等特别标识对限制金融消费者权利和加重金融消费者义务的事项进行说明。通过视频、音频方式开展金融营销宣传的，应当采取能够使金融消费者足够注意和易于接收理解的适当形式披露告知警示、免责类信息。

7. 不得利用互联网进行不当金融营销宣传

利用互联网开展金融营销宣传，不得影响他人正常使用互联网和移动终端，不得提供或利用应用程序、硬件等限制他人合法经营的广告，干扰金融消费者自主选择；以弹出页面等形式发布金融营销宣传广告，应当显著标明关闭标志，确保一键关闭；不得由从业人员自行编发或转载未经相关金融产品或金融服务经营者审核的金融营销宣传信息。

8. 不得违规向金融消费者发送金融营销宣传信息

未经金融消费者同意或请求，不得向其住宅、交通工具等发送金融营销信息，也不得以电子信息方式向其反复发送金融营销信息。以电子信息方式发送的，应当明确发送者的真实身份和联系方式，并向接收者提供拒绝继续接收的方式。

9. 不得开展法律法规和金融管理部门认定的其他违法违规金融营销宣传活动。

《通知》强调，金融机构开展金融营销宣传活动违反上述规定但情节轻微的，金融管理部门可对其进行约谈告诫、风险提示并责令限期改正；逾期未改正或其行为侵害金融消费者合法权益的，金融管理部门可责令其暂停开展金融营销宣传活动。对于明确违反相关法律法规的，由金融管理部门或相关监管部门依法采取相应措施。

资料来源：https：//www.sohu.com/a/337068896_100179406；http：//finance.sina.com.cn/roll/2019-08-27/doc-ihytcitn2249912.shtml；http：//www.safe.gov.cn/safe/2020/0103/15048.html。

案例 8-2　富国银行被罚事件

2018 年 4 月，美国消费者金融保护局（United States Consumer Financial Protection Bureau，CFPB）和美国货币监理署（Office of Comptroller of Currency，OCC）分别向富国银行开出 5 亿美元罚金，这是富国银行史上最高的罚单。

2018 年 2 月，美联储曾发布禁止令（Consentcease and Desistorder），要求富国银行在充分完善其管理和控制能力之前，其资产需限制在 2017 年年底水平。美联储还要求富国银行需在 4 月之前替换三名董事会成员，在年底前替换四名董事会成员。富国银行必须在 60 天内向美联储提交一份计划，详细说明如何加强董事会的履职，改进合规和风险管理职能，以及改进计划。早在 2016 年，美国消费者金融保护局、货币监理署曾向富国银行开具罚单。上述处罚原因在于富国银行部分员工在开展业务营销过程中，私自为客户开立了 200 多万个银行及信用卡账户，并通过账户管理费、年费、滞纳金等形式违规向消费者收取费用；以及在客户不知情的情况下，代客购买汽车保险并收取相关保费。

随着金融市场的飞速发展，当前商业银行的业务范围也越来越广，不仅涉及存贷款、信用卡、支付结算等传统银行业务，还拓展至基金、保险、理财等投资业务，并购重组等顾问业务，以及电子商务平台等非金融业务。各类业务既有银行自有产品或服务，也包括第三方代销产品。此外，银行投资领域也不断扩展，银行系基金公司、保险公司、资产管理公司、融资租赁公司等子公司飞速发展，银行集团内联合营销的需求也越来越大。强化客户营销已成为商业银行增强竞争力、实现利润增长的重要因素。

一、银行业务营销中常见的法律问题

1. 客户信息使用与共享问题

业务营销以客户信息的使用和共享为基础，包括银行内部不同业务条线的信息共享，以及集团内不同机构之间、银行与合作机构之间跨机构的信息共享。

2. 销售方式不当问题

银行营销渠道一般有柜面、互联网、电话、短信等方式。在业务营销过程中需注意营销方式应遵守法律法规，避免过度营销，对客户造成骚扰，否则不仅违法违规，还影响客户体验造成客户反感，从而导致客户流失。

3. 捆绑销售问题

产品销售应以客户自主选择和决定为前提。捆绑销售行为多发生于客户申请贷款等情形下，《中国银监会关于整治银行业金融机构不规范经营的通知》规定，严禁银行存贷挂钩、借贷搭售，不得在发放贷款或以其他方式提供融资时强制捆绑、搭售理财、保险、基金等金融产品。

4. 误导销售问题

在销售投资产品时忽略产品属性、风险等级、客户承受能力等关键信息，而片面强调产品的收益、利润等，导致客户在未全面认识产品风险的情况下作出购买产品的决定。人民银行、银保监会、证监会等监管部门均规定金融产品销售应遵守投资者适当性原则，向客户销售适合的产品，向客户充分揭示风险，避免对客户进行误导销售，例如将"结构性存款"作为"定期存款"进行推介等。

5. 不当收费问题

根据《商业银行服务价格管理办法》，银行服务价格分为政府指导价或定价、市场调节价两种。该办法对各类服务价格的制定程序、信息披露等要求进行了详细规定。

二、商业银行业务营销法律风险防范的建议

富国银行作为一家有着悠久历史和健康企业文化的"百年老店"，曾凭借其次贷危机中的稳健表现而一度成为全球银行业的楷模。此次美联储的监管措施引起了广泛关注，对其声誉造成了重大负面影响。其在产品销售过程中过度销售、误导销售、虚假销售、捆绑销售、违规收费等不当行为最终损害消费者权益，面临监管严厉处罚，值得反思。结合我国法律法规关于商业银行营销的相关规定，分析我国商业银行业务营销的主要法律问题并提出以下防范措施。

1. 贯彻以客户为中心的理念，重视保护消费者合法权益

客户是银行经营发展的基础，任何销售手段、销售文化都不应脱离以客户为中心这一基本理念。获客、活客、黏客的根本途径在于提供符合客户需求的优质产品和服务，在此基础上合理利用营销手段。以损害客户合法权益获得的收益只能在短期内带来利

润，最终会加剧客户的流失，给银行的声誉带来不可弥补的损失。

2. 合理设计客户信息授权使用条款，获得客户充分授权

在对不同产品进行营销或与合作机构进行信息共享时，首先需要遵守客户信息保护的相关规定，按照双方约定的范围和目的使用客户信息。为提前获得客户充分授权，在与客户首次建立业务关系时（如开户），可与客户约定信息使用范围和对外提供的情形，包括：一是允许银行为提供其他金融服务之目的使用其客户信息；二是在不违反法律法规前提下，允许在集团内共享其客户信息；三是为其提供基金、保险等服务之必要，授权银行向第三方提供其信息。

3. 坚持投资者适当性原则，注重营销方式合法合规

在销售产品或者提供服务的过程中，应当遵守法律法规有关规定，勤勉尽责，审慎履职，全面了解投资者情况，深入调查分析产品或者服务信息，科学有效评估，充分揭示风险，基于投资者的不同风险承受能力以及产品或者服务的不同风险等级等因素，提出明确的适当性匹配意见，将适当的产品或者服务销售给适合的投资者。

4. 合法合规收费，切实提升服务质量与内容

服务收费应合乎质价相符和公开透明的原则，不得对未给客户提供实质性服务、未给客户带来实质性收益、未给客户提升实质性效率的产品和服务收取费用。各项服务须"明码标价"，充分履行告知义务，使客户明确了解服务内容、方式、功能、效果，以及对应的收费标准，确保客户充分了解信息，自主选择。从商业银行长远发展看，则应着重从丰富服务内容、提高服务质量上下功夫。此外，与第三方开展业务合作，需加强第三方监督管理，严禁第三方向客户收取不合理费用。

资料来源：https：//mp. weixin. qq. com/s/AUEq51PqlfO3nWEAC0xZDg。

案例 8 - 3　钱端与招商银行事件始末

2019 年 5 月，招商银行与钱端公司"14 亿元逾期"事件备受业界关注，事涉 9 000 余名投资者，并引起中央第十二巡视组的关注和介入。

（1）钱端的第一次逾期出现在 2018 年 12 月，彼时按照合约进行延期兑付。

（2）2019 年 5 月，在钱端致广州市金融工作局的《关于钱端 APP 运营现状及问题的情况说明》中表示，2018 年 12 月起，招商银行发布的部分项目开始出现逾期未兑付问题，后续可能出现待兑付的金额约 14 亿元（含投资额及投资收益）。至于项目逾期原因，钱端称由于招商银行迟迟不协商处置方案。

（3）随后招商银行发布声明，称在 2017 年 4 月就与钱端解除所有合同，其逾期资产与招商银行无关，不存在招商银行与钱端公司协商处置方案的情况。声明中还表示，合作终止后，钱端公司未经同意擅自使用招商银行标识和名称，误导投资者。

（4）钱端再次发布声明，称 2017 年 4 月后，招商银行仍持续在钱端 APP 上发布、销售投资产品，且一直对钱端 APP 各方面工作进行督导。同时指出，双方签订的合同需要解约发起方提前三个月通知另一方，并就已开展的业务协商处置方案方可解除，而招商银行并未履行此条款，无权解除合同。

（5）2019年5月29日，招商银行再度表示，以招商银行提供"信息见证"的金融资产为底层资产的钱端APP投资产品，已于2018年年初全部到期顺利结清，没有出现任何资金回款风险。其关联方广东网金控股也向招商银行出具了结清说明。

（6）2019年5月30日，钱端针对"网金控股出具结清说明"一事回应称，招商银行实际主导了小企业E家智能投资业务的整体运作，而非仅仅提供融资见证服务。

（7）双方各执一词，一个想就逾期资产处置问题让对方负责，另一个则声明解约之后的项目乃"子虚乌有"，自身毫无任何责任。2019年6月26日，广州天河警方通报称钱端已被立案侦查。

（8）2019年6月27日，招商银行承认通过公司项目"员企同心"推广过钱端，并表示会对此次事件负责到底，至于最后招商银行要承担怎样的责任则由法院判决或者政府来决定。

此次争端的焦点在什么地方？钱端APP曾经属于招商银行的小企业e家投融资平台，于2016年推出，彼时推广名称为"员企同心"，分为企业版和个人版两个端口，通过网银接口可以直接注册为企业用户，而个人版就是钱端APP，如图8-3所示。

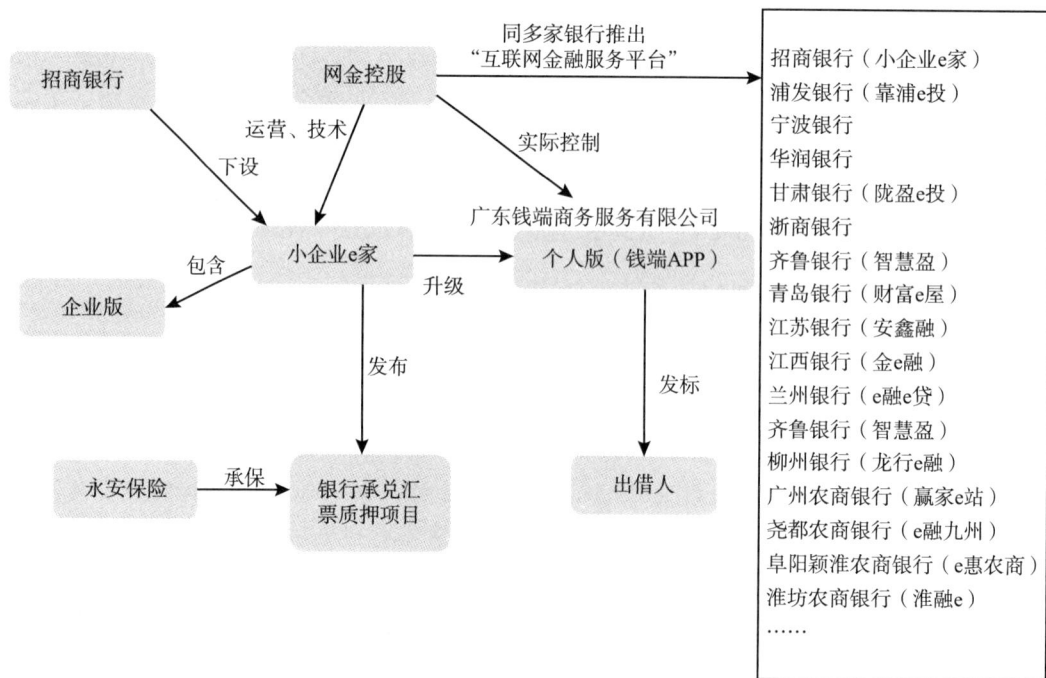

图8-3 招商银行与钱端合作关系

注：（1）招商银行公告称该行已于2017年4月终止了与钱端的所有合作，目前与钱端APP无任何关系；钱端反驳称2017年4月后，招商银行仍持续在钱端APP上发布、销售投资产品；

（2）永安银行与招商银行的合作于2017年4月底全面终止，所合作的业务于2017年9月底全部到期；

（3）网金控股与其他银行合作的"互联网投金融服务平台"模式与小企业e家类似。

资料来源：根据零壹财经·零壹智库整理。

网金控股这个公司逐渐被公众所注意到。网金控股给自己的定义是"一家金融互联网运营商及金融信息服务商，为银行、基金、保险等金融机构创建并运营基于云计算的互联网交易型银行平台及生态。"在相当长的一段时间里，网金控股代为运营多家银行的直销银行，主要业务形态是网金控股搭建投融资平台，资产由银行筛选并发布在直销银行官网或 APP 上，资金来自该行直销银行客户。同网金控股合作的银行机构有招商银行（小企业 e 家）、浦发银行（靠浦 e 投）宁波银行、华润银行、甘肃银行、浙商银行、齐鲁银行、青岛银行（财富 e 屋）江苏银行、江西银行（金 e 融）、兰州银行、齐鲁银行（智慧盈）、柳州银行（龙行 e 融）、广州农商银行（赢家 e 站）、尧都农商银行（e 融九州）、阜阳颍淮农商银行（e 惠农商）、潍坊农商银行（潍融 E）等。

除了接口之外，招商银行通过总—分—支架构，自上而下层层动员，运动式推广大幕由此拉开，钱端的推广任务也顺利进入了新一年的所有一线营销员工的平衡计分卡当中。据相关人士透露，每一个人的业绩完成不仅直接关系到整个团队的考核和等级评定，还关乎每一家支行行长甚至分行、总行层面的各类福利和竞聘升级。在 KPI 的考核大棒之下，所有员工步调高度保持一致。所有营销人员通过注册将推广码打出来，之后就开始了轰轰烈烈的推广活动。从朋友圈、微博，到对每一位进入厅堂的客户，最大限度营销，得到了大量用户的关注和注册。

不止一名招行员工表示，钱端在当时是一个"投资人抢着买，员工抢着做"的产品。因为钱端这边的业务提成比较高，有时候有些业务员连传统的业务都不做了，为了赚钱端项目的提成，把一些客户贷款也开成了银行承兑汇票，再用来做互联网金融的项目。当时无论业务大小，因为提成比较高，他们做得不亦乐乎，几乎天天都要往分行送项目资料。"没有招商银行的推荐，谁会知道钱端这种规模较小的平台？"一位投资人表示。

招商银行的创新本应"摸着石头过河"，先局部地区试点，再全国推广复制。而这次，招商银行凭借着多年深耕零售过程中培养出来的强大执行力和行动力，直接挥舞起了 KPI 和平衡计分卡的考核"大棒"，掀起运动式的推广。

钱端 APP 在开发完成之后并没有在分行和支行进行很好的业务培训，一线员工对此产品认知比较模糊，只知道不推广会影响到个人奖金和职场升迁，并没有全面理解风险点。即使在 2018 年 4 月 KPI 上没有考核指标之后，也没有收到总行任何通告，直到最终出事。产品的爆雷，极大伤害了营销人员积累深厚的客户关系，辞职成为很多员工的无奈选择。14 亿元的爆雷，虽然对招行产生一定程度的负面影响，但对于每一个被波及的营销人员，却是百分之百、实打实的伤害。

钱端受害者之所以众多，一方面源于营销条线不遗余力地推广；更重要的一方面则源于投资者对招行背书的信赖。招行在推广的过程中并没有做到尽责告知的义务和风险提示，尤其是 2018 年 4 月以后，对相关情况没有及时公告。

资料来源：http：//www. sina. com. cn/stock/relnews/hk/2019 - 12 - 05/doc - iihnzahi5549128. shtml。

实 训 模 块

一、实训目的

熟练掌握本章理论内容，学会分析金融营销风险来源，总结处理营销风险的有效措施，了解金融企业营销风险管理的管理手段，并能灵活运用。

二、实训内容及要求

学生分为不同项目小组，每个小组对本组选择的营销对象分析营销过程中可能会遇到的风险，采取哪种措施可化解、避免、防范营销风险。

三、实训方式

通过查阅相关书籍、网页搜索、调研咨询等方式进行学习分析。

四、实训结果

撰写一篇书面报告，阐述所选取的营销对象营销活动中可能遇到的风险及其相应的处理方法。

第9章 互联网金融与营销创新

随着移动互联网交互智能化、终端移动化的不断深化发展，基于移动通信的手机流量应用服务正在市场突显，贴合用户移动通信需求的产品、服务、功能不断涌现，目前国内许多银行、证券、保险企业均纷纷推出基于流量市场的"拉新""促活""回馈"等营销活动，未来金融企业的发展将加速移动互联网应用布局，其营销手段、创新模式也将发生深层次的变化。金融企业将开发用户和企业双向需求结合，解决用户需求痛点，提高黏性，帮助金融企业快速构建起企业服务与移动终端用户的营销服务体系，从而加速金融企业移动互联网应用布局，提升金融企业的商业营销及服务能力。

9.1 互联网金融的基本含义与主要特征

9.1.1 互联网金融的基本含义

目前，对于互联网金融还没有一个严格准确的定义。银行从业者对互联网金融下过定义，即互联网金融是指银行等金融机构利用信息技术为客户服务的一种新的经营模式，但就目前发展情况来看，这样的定义已经远远不能全面概括互联网金融这一新兴业态。

当前，互联网与金融业务的融合既诞生出了多种互联网金融业务模式，也通过这些模式积累数据从而为金融领域的科技运用打下基础。基于此，互联网金融的定义包含狭义与广义之分，狭义的互联网金融是指互联网与金融业务的结合；广义的互联网金融在狭义的基础上增加了科技与金融业务的结合。本书讨论的是广义的互联网金融。

广义的互联网金融包含三类参与机构：第一，传统金融机构的互联网化、科技化业务板块；第二，互联网巨头的金融业务板块或主业为互联网金融的机构，例如蚂蚁金服、腾讯 FiT、乐信、宜人贷；第三，金融行业客户占比高的科技企业，如百融云创、第四范式等。此外值得一提的是，这三类机构的边界正在变得越来越模糊，例如蚂蚁金服转型为向传统金融机构输出科技服务的科技类机构，再如银行通过系统对接向其他金融机构输出科技服务，等等。

9.1.2 互联网金融的主要特征

1. 金融服务基于大数据的广泛应用

数据一直是信息时代的象征。2011年5月麦肯锡全球研究院发布了报告《大数据：创新、竞争和生产力的下一个新领域》后，大数据的概念备受关注。金融业是大数据的重要产生者，交易、报价、业绩报告、消费者研究报告、官方统计数据公报、调查、新闻报道无一不是数据来源，同时金融业也高度依赖信息技术，是典型的数据驱动行业。互联网金融环境中，数据作为金融核心资产，将撼动传统客户关系、抵质押品在金融业务中的地位。

大数据促进了高频交易、社交情绪分析和信贷风险分析三大金融创新。这三方面都体现了互联网对于大数据的广泛运用。

（1）高频交易是指交易者为获得利润，利用硬件设备和交易程序的优势，快速获取、分析、生成和发送交易指令，在短时间内多次买入卖出，且一般不持有大量未对冲的头寸过夜。例如，如果一只共同基金通常在收盘前一分钟的第一秒执行大额订单，能够识别出这一模式的算法将预判出该基金在其余交易时段的动向，并执行相同的交易。该基金继续执行交易时将付出更高的价格，使用算法的交易商可趁机获利。

（2）社交媒体数据应用已经成为互联网商业模式的重要组成部分。金融市场的投资者将研究与应用结合起来，开始从Twitter、Facebook、聊天室和博客等社交媒体中提取市场情绪信息，开发交易算法。

（3）金融机构希望能够收集和分析大量中小微企业用户日常交易行为的数据，判断其业务范畴、经营状况、信用状况、用户定位、资金需求和行业发展趋势，解决由于小微企业财务制度的不健全，无法真正了解其真实的经营状况的难题，从而降低信贷风险。

阿里金融正是这个互联网与大数据结合的典型案例。作为一家拥有大数据的互联网金融机构，首先阿里金融通过分析客户在淘宝、天猫的购买情况或者是搜索记录等其他维度，判断出客户的年龄层次、生活阶段，甚至是潜在的消费需求，同时引入海关、税务、电力等外部数据加以匹配，建立数据库模型。通过对多个维度的数据分析，对客户的信用有了准确的识别。其次，通过交叉检验技术辅以第三方验证确认客户信息的真实性，将客户在电子商务网络平台上的行为数据映射为企业和个人的信用评价，通过沙盘推演技术对地区客户进行评级分层，研发微贷通用规则决策引擎、风险定量化分析等技术。最后，开发了网络人际爬虫系统，突破地理距离的限制，捕捉和整合相关人际关系信息，并通过逐条规则的设立及其关联性分析得到风险评估结论，结合结论与贷前评级系统进行交叉验证，构成风险控制的双保险。

2. 服务趋于长尾化

一直以来，"二八定律"被视作银行经营管理的"金科玉律"，20%的客户可以带来 80% 的利润，因此资源有限的高端客户成为激烈竞争的对象，"长尾"客户的资金需求无法得到满足。而互联网金融争取的更多是 80% 的"长尾"小微客户。这些小微客户的金融需求既小额又个性化，互联网金融在服务小微客户方面有着先天优势，从而代替传统金融体系解决用户的个性化需求。这些 80% 的"长尾"客户形成了"长尾市场"，也称为"利基市场"。菲利普·科特勒在《营销管理》中给利基下的定义为：利基是更窄地确定某些群体，这是一个小市场并且它的需要没有被服务好，或者说"有获取利益的基础"。这种利基产品一旦集合起来可以形成一个庞大规模市场，即一个极大的数乘以一个相对较小的数仍然可以得到一个极大的数。

数据显示，截至 2019 年 6 月，阿里集团旗下定位小存小贷、聚焦小微企业的民营银行浙江网商银行已联合 400 多家金融机构为超过 1 700 万小微经营者提供了近 3 万亿元贷款，其独创的"310"模式也已复制到 50 家金融机构。截至 2019 年 6 月末，余额宝累计用户数达到 6.19 亿，规模达到 1.03 万亿份，户均持有 1 669.22 份。其中个人投资者比例达 99.97%，持有份额最多的一位个人投资者持有额超 2.2 亿份，且前十名份额持有人均为个人投资者，成为目前中国用户数最多的货币基金。与传统基金理财户均七八万元的投资额相比，余额宝用户的人均投资额仅为 3 589.93 元，满足了"小白"用户的小额理财需求。运营的众筹平台数量在 2016 年达到顶峰，共有 532 家。截至 2019 年 6 月底，正常运营的众筹平台为 105 家，其中股权型平台数量最多，有 39 家，占比 37%；权益型平台次之，共 32 家，占比 31%；综合型平台 14 家，占比 13%；物权型平台 13 家，占比 12%；公益型平台数量最少，只有 7 家，仅占比 7%。2019 年 6 月，人人创、投哪儿、第五创和众筹中原四家股权型众筹平台共成功 10 个项目，成功项目总融资金额约 9 335.51 万元。其中人人创成功项目 7 个，数量最多，成功项目融资金额为 8 665.01 万元。2019 年 6 月，点筹网、京东众筹、演娱派、开始吧、聚米众筹、摩点网、苏宁众筹、淘宝众筹、小米众筹和乐童音乐十家权益型众筹平台共成功 1 155 个项目，成功项目总融资额为 3.43 亿元。其中，摩点网众筹成功项目最多，数量为 685 个；小米众筹成功项目融资金额最高，为 14 788.61 万元。[①]

3. 金融服务低成本、高效率

互联网金融的低成本化特点体现在以下两个方面。

（1）在交易成本上，传统金融中，由于小微企业、部分个人客户等大众客户群体信用记录很少，缺乏有效的抵押品，加上交易金额小，难以实现规模经济，运营成本较高，传统金融机构无法有效满足这部分客户的金融需求，从而导致金融排斥；而互联网金融最大的优势在于其开放性和共享性，资金供求双方可以通过网络平台完成信息甄别、匹配、定价及交易等流程，减少传统中介的介入，降低了交易过程中的成本。如阿里金融单笔贷款的审批成本与传统银行相比大幅降低，其利用了大数据和信息流，依托

---

① 资料来源：https：//www.qianzhan.com/analyst/detail/220/191211 – b20362db.html，https：//www.sohu.com/a/322789930_177992，https：//www.sohu.com/a/335973054_114760。

电子商务公开、透明、数据完整等优势，与阿里巴巴、淘宝网、支付宝数据贯通、信息共享，实现金融信贷审批、运作与管理，与金融机构传统的"三查"相比，成本低、速度快。

（2）在服务成本上，互联网金融降低了小微企业融资成本，因为可以避免开设营业网点的资金投入和运营成本，让客户以更低成本搜索比价更多优质的金融服务产品。例如2014年第三季度，阿里金融累计借贷的小微企业数超过70万户，这些企业全年平均占用资金时长为123天，实际付出的年化利率成本为6%~7%。

互联网金融带来了全新的渠道，为客户提供便捷、高效的金融服务，极大地提高现有金融体系的效率。因为互联网金融业务主要由计算机处理，操作流程完全标准化，客户不需要排队等候，业务处理速度更快，用户体验更好。例如阿里小贷依托电商积累的信用数据库，经过数据挖掘和分析，引入风险分析和资信调查模型，商户从申请贷款到发放只需要几秒钟，日均可以完成贷款1万笔。与银行相比，阿里小贷的优势是申请贷款流程比较简单，从客户申请贷款到贷前调查即可获取贷款。

9.2　互联网金融的六大模式

9.2.1　第三方支付

1. 第三方支付的定义

第三方支付（Third - Party Payment）狭义上是指具备一定实力和信誉保障的非银行机构，借助通信、计算机和信息安全技术，采用与各大银行签约的方式，在用户与银行支付结算系统间建立连接的电子支付模式。

根据央行2010年在《非金融机构支付服务管理办法》中给出的非金融机构支付服务的定义，从广义上讲第三方支付是指非金融机构作为收、付款人的支付中介所提供的网络支付、预付卡、银行卡收单以及中国人民银行确定的其他支付服务。第三支付已不仅仅局限于最初的互联网支付，而是成为线上线下全面覆盖，应用场景更为丰富的综合支付工具。

2. 第三方支付的模式

从发展路径与用户积累途径来看，目前市场上第三方支付公司可以归为两大类。

一类是独立第三方支付模式，是指第三方支付平台完全独立于电子商务网站，不负有担保功能，仅仅为用户提供支付产品和支付系统解决方案，以快钱、易宝支付、汇付天下、拉卡拉等为典型代表。以易宝支付为例，其最初凭借网关模式立足，针对行业做垂直支付，而后以传统行业的信息化转型为契机，凭借自身对具体行业的深刻理解，量身定制全程电子支付解决方案。

另一类是以支付宝、财付通为首的依托于自有 B2C、C2C 电子商务网站提供担保功能的第三方支付模式。货款暂由平台托管并由平台通知卖家货款到达、进行发货。在此类支付模式下，买方在电商网站选购商品后，使用第三方平台提供的账户进行货款支付，待买方检验物品后进行确认后，就可以通知平台付款给卖家，这时第三方支付平台再将款项转至卖方账户。

第三方支付公司主要有交易手续费、行业用户资金信贷利息及服务费收入和沉淀资金利息等收入来源。

比较而言，独立第三方支付立身于 B（企业）端，担保模式的第三方支付平台则立身于 C（个人消费者）端，前者通过服务于企业客户间接覆盖该客户的用户群，后者则凭借用户资源的优势渗入行业。

第三方支付的兴起，不可避免地给银行在结算费率及相应的电子货币/虚拟货币领域带来挑战。第三方支付平台与商业银行的关系由最初的完全合作逐步转向了竞争与合作并存。随着第三方支付平台走向支付流程的前端，并逐步涉及基金、保险等个人理财等金融业务，银行的中间业务正在被其不断蚕食。另外，第三方支付公司利用其系统中积累的客户的采购、支付、结算等完整信息，可以以非常低的成本联合相关金融机构为其客户提供优质、便捷的信贷等金融服务。同时，支付公司也开始渗透到信用卡和消费信贷领域。第三方支付机构与商业银行的业务重叠范围不断扩大，逐渐对商业银行形成了一定的竞争关系。

目前在牌照监管下，随着支付行业参与者不断增多，在银行渠道、网关产品以及市场服务等方面的差异性越来越小，移动支付、细分行业的深度定制化服务、跨境支付、便民生活服务将成为新的竞争领域，拥有自己独特竞争力及特色渠道资源成为众多第三方支付企业生存及竞争的筹码。

当然，国家对第三方支付机构的金融监管也在进一步加强。2017 年 1 月 13 日下午，中国人民银行发布了一项支付领域的新规定《中国人民银行办公厅关于实施支付机构客户备付金集中存管有关事项的通知》，明确了第三方支付机构在交易过程中，产生的客户备付金，今后将统一交存至指定账户，由央行监管，支付机构不得挪用、占用客户备付金。2018 年 3 月，网联下发 42 号文督促第三方支付机构接入网联渠道，明确 2018 年 6 月 30 日前，所有第三方支付机构与银行的直连都将被切断，之后银行不会再单独直接为第三方支付机构提供代扣通道。

9.2.2 P2P 网贷

1. P2P 网贷的定义

P2P 网络贷款英文名称为 Peer - to - Peer lending，即点对点信贷，网络信贷起源于英国，随后发展到美国、德国及其他国家，国内称之为"人人贷"。P2P 网络贷款是指个人或法人通过独立的第三方网络平台相互信贷，由 P2P 网贷平台作为中介平台，借款人在平台发放借款标，投资者进行竞标向借款人放贷的行为。

2. P2P 网贷的模式

根据目前我国 P2P 网贷公司相关借贷流程的不同，P2P 网贷可以分为纯平台模式和债权转让模式两种。

（1）纯平台模式。网络信贷典型的模式为：网络信贷公司提供平台，由借贷双方自由竞价，撮合成交。资金借出人获取利息收益，并承担风险；资金借入人到期偿还本金，网络信贷公司收取中介服务费。我国纯平台模式的典型代表为拍拍贷，其操作流程为：首先，出借人和借款人在平台上填写相关信息注册，出借人将其出借资金充值到平台虚拟账户中，平台对出借人进行信用审核并给予评级；其次，经过审核的借款人填写借款信息，平台将其信息列入借款列表并列示在网站页面，出借人浏览借款列表并投标，最后由平台进行信息撮合并确定最后有交易资格的出借人，至此交易达成。整个过程中，拍拍贷仅仅作为一个平台，进行信息匹配，不保证投资人的本金也不承担坏账风险。

（2）债权转让模式。债权转让模式不同于纯平台模式的借贷双方直接签订债权债务合同，而是通过第三方个人先行放款给资金需求者，再由第三方个人将债权转让给投资者，而 P2P 网贷平台则通过对第三方个人债权进行金额拆分和期限错配，打包成类似理财产品的债权包，提供给出借人选择，这种模式不再是纯平台的"一对一""一对多"或"多对一"，而是变成了"多对多"。在这种模式下，P2P 网贷平台也承担着借款人的信用审核以及贷后管理等相关职责，宜信便是该种模式的代表。首先宜信的创始人唐宁（或其他宜信公司高管）作为第一出借人，将其自有资金借给需要借款的用户，并签署《借款协议》。然后，宜信再把唐宁获得的债权进行拆分，打包成固定收益的组合产品，并以此销售给投资者，由此一笔大额债权就划分为多笔小额、短期的债权。2016 年 4 月出台的《互联网金融风险专项整治工作实施方案》明确要求"P2P 网络借贷平台和股权众筹平台未经批准不得从事资产管理、债权或股权转让、高风险证券市场配资等金融业务"。因此，P2P 债权转让模式在我国是不合法的。

9.2.3 大数据金融

1. 大数据的定义

大数据（Big Data），或称巨量资料，指的是所涉及的资料数量规模巨大，不能用常规方式在合理时间内达到撷取、管理、处理并整理成为帮助企业经营决策更积极目的的资讯。也可以说是一种新处理模式下，具有更强的决策力、洞察发现力和流程优化能力的海量、高增长率和多样化的信息资产。

2. 大数据金融的定义

大数据金融是指依托于海量、非结构化的数据，通过互联网、云计算等信息化方式对其数据进行专业化的挖掘和分析，并与传统金融服务相结合，创新性开展相关资金融通工作的统称。

3. 大数据金融的两种模式

目前，大数据服务平台的运营模式可以分为以阿里小额信贷为代表的平台模式和以京东、苏宁为代表的供应链金融模式。

阿里小贷以"封闭流程＋大数据"的方式开展金融服务，凭借电子化系统对贷款人的信用状况进行核定，发放无抵押的信用贷款及应收账款抵押贷款，单笔金额在 5 万元以内，与银行的信贷形成了非常好的互补。阿里金融目前只统计、使用自己的数据，并且会对数据进行真伪性识别、虚假信息判断。阿里金融通过其庞大的云计算能力及多种模型，为阿里集团的商户计算其信用度及其应收账款数量，依托电商平台、支付宝和阿里云，实现客户、资金和信息的封闭运行，有效降低了风险因素，同时保证了发放贷款的及时性。

京东商城、苏宁的供应链金融模式是以电商作为核心企业，以信息提供方或以担保方的方式，通过与银行等机构合作，对产业链条中的上下游企业进行融资。这一模式中，京东等龙头企业并没有实质上对用户提供资金的融通，主要是为融资双方提供流量、数据或信息。

9.2.4　众筹金融

1. 众筹的定义

众筹来自 Crowd Funding 一词，即大众筹资或群众筹资，是指项目发起者通过利用互联网和社会性网络服务（Social Networking Services，SNS）传播的特性，让小企业、艺术家或个人对公众展示他们的创意，争取大家的关注和支持，进而获得所需要的资金援助。众筹具有低门槛、多样性、依靠大众力量、注重创意的特征，一般而言是通过网络平台连接起赞助者与提案者的作用。

现代众筹指通过互联网方式发布筹款项目并募集资金。相对于传统的融资方式，众筹金融更为开放，能否获得资金也不再是项目的唯一标准。只要是客户喜欢的项目，都可以通过众筹方式获得项目启动的第一笔资金，为更多小本经营或创作的人提供了可能。

2. 众筹运作流程

众筹商业模式包括项目发起人（筹资人）、公众出资人和中介机构（众筹平台）三方主体。

其构建及流程如图 9-1 所示。

首先，项目发起人将项目策划交给众筹平台，项目发起人通常是需要解决资金问题的创意者或小微企业的创业者，而项目可以是制作专辑、出版图书，也可以是生产某种电子产品等。在经过相关审核后便可以在平台上建立属于自己的页面，将其创意和融资需求信息发布在虚拟空间里，然后，公众利用在线支付方式对自己感兴趣的创意项目进行小额投资。公众所投资的项目成功实现后，对于出资人的回报可以是一个产品样品，也可以是一场演唱会的门票或是一张唱片。

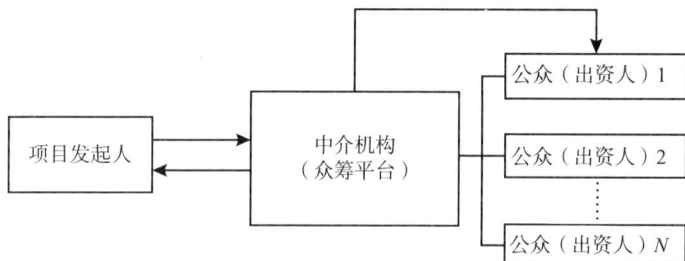

图 9-1 众筹商业模式的流程

9.2.5 信息化金融机构

1. 信息化金融机构的定义

信息化金融机构，是指在互联网金融时代，通过广泛运用以互联网为代表的信息技术对传统运营流程、服务产品进行改造或重构，实现经营、管理全面信息化的银行、证券和保险等金融机构。

2. 信息化金融机构的模式

信息化金融机构的运营模式在互联网背景下发生了巨大的变化，目前信息化金融机构主要运营模式可分为以下 3 类。

（1）传统金融业电子化模式。传统金融业电子化是指金融机构采用现代通信技术、计算机技术、网络技术等现代化技术手段，提高传统金融服务业的工作效率，降低经营成本，实现金融业务处理的自动化、业务管理的信息化和金融决策的科学化，从而为客户提供更为快捷方便的服务，达到提升市场竞争力的目的。

纵观我国信息化发展历程，大体经历了三个阶段：第一个阶段是 20 世纪 70 年代末到 80 年代末以自动化建设为主的阶段，银行开始采用信息技术代替手工操作，实现银行后台业务和前台业务处理的自动化、金融机构的业务以计算机的处理代替手工操作；第二阶段是 20 世纪 80 年代末到 90 年代中期，以连接业务为代表的全面电子化建设阶段，该阶段电子化的应用从最初的试点试验逐渐扩展到全行业，实现了处理过程的全过程电子化；第三阶段是从 20 世纪 90 年代末一直持续到今天的以业务系统整合、数据集中为主要特征的金融网络化新阶段，其主要标志就是实现全国范围的同行业内电脑互联，由城市建设到省域网络建设，再到全国性网络建设。

（2）基于互联网的创新金融服务模式。基于互联网的创新金融服务模式包括直销银行、智能银行等形式的银行以及券商、保险等的创新型服务产品。北京银行便是基于互联网的创新金融服务模式的代表。该银行最早与其境外战略合作伙伴"荷兰 ING 集团"开通直销银行服务模式，注重线上线下渠道服务的融合和互通，线上由互联网综合营销平台、网上银行、手机银行等多种电子化服务渠道构成，线下建设便民直销门店，在技术上获得了荷兰 ING 集团的开发支持，有明显的技术优势。余额宝也正是这种模式下的完美体现，从 2013 年 6 月 13 日上线到 2013 年 7 月 1 日，短短 18 天，余额宝用户就突破 250 万人，获得了巨大的成功。

（3）金融电商模式。金融电商模式主要表现为两种：自建电商平台或与其他拥有海量客户信息和渠道的互联网企业合作建设电商平台。就银行业来说，中国建设银行便是自建平台模式的代表，建行的"善融商务"面向广大企业和个人提供专业化的电子商务服务及金融支持服务。平台合作模式主要以招商银行为代表。2013 年，招商银行利用腾讯建立的微信平台推出了全新概念的"微信银行"，可以实现转账汇款等一系列服务。

9.2.6 互联网金融门户

互联网金融门户是指利用互联网提供金融产品、金融服务信息，汇聚、搜索比较金融产品，并为金融产品销售提供第三方服务的平台。

互联网金融门户大致可以分成第三方咨询平台、垂直搜索平台以及在线金融超市三大类。第三方资讯平台是指为客户提供含有金融数据以及行业资讯的门户网站，和讯网、网贷之家就是第三方资讯；垂直搜索平台是利用垂直搜索，对金融产品信息进行提取、整合以及处理后反馈给客户，通过提供信息的双向选择，从而有效地降低信息不对称程度，典型代表有融 360、好贷网；在线金融超市提供大量的金融产品，并给予在线导购及购买匹配，还提供与之相关的第三方专业中介服务，在一定程度上充当了金融机构的角色，典型代表有 91 金融超市、大童网。

9.3　互联网金融营销创新

9.3.1　互联网金融营销的定义

互联网金融营销是以互联网为基础，利用数字化的信息及金融网络媒体的交互性来辅助营销目标实现的一种新型的市场营销方式。

9.3.2 互联网金融营销方略

1. 基于大数据的创新营销方式

（1）采取精准人群的营销策略。在目前的数字营销市场上，精准营销有两种流派：一种是精准媒体；另一种是精准人群。以人群为目标的精准营销，不按照男人、女人和年龄去定义人群，而是通过行为去辨别什么样的人群对所营销的产品有兴趣。而根据行为可以反推人群属性，如性别、年龄和收入等，并且不断用其他的方式来验证，对准确性的量化指标进行确认。

专门做属性的传统数据公司也会对用户注册和使用等数据的产生与运算产生帮助，而互联网金融利用大数据技术可以将数据库的人群属性、维度丰富起来，与传统数据进行比对，更为精准、可靠。例如，将目标客户群的单纯数据资料以画像的形式展示出来。

（2）采取浏览行为定向和实时投放相结合的方式。互联网金融企业用非 Cookie 网民数据库，可以获取多家竞争理财网站的人群，以及去过理财内容网站、搜索过指定关键词的人群。基于目标人群定位，通过动态定向技术，调取短期特定时间段内访问过竞品网站或是理财类垂直网站和最近的搜索等行为，通过搜索词和浏览数据建立用户模型，并实时优化投放。投放中的特色之一就是"即搜即投"，即当用户在任何搜索引擎搜索过选定的关键词后，再访问相关广告位时，就可以展现此广告，而这个时间被缩短到了几分钟以内。

把搜索词和展示结合起来，已经被证明是最有效的投放方式。而目前大多数公司尚不具备这种能力，除非是在搜索引擎上进行广告投放，否则在展示广告上没有这样的机会。以浏览行为定向和投放为基础方法，再辅以时间、地域、人群属性等其他的定向方式，也就自然达到了良好的营销效果。

（3）进行实时动态优化，不断提升营销效果。广告公司之前进行优化都是通过传统调研方式，一旦要调整策略，往往也要等到上波广告执行完成之后才能进行，调整方式都是人为的，耗时长、效率低，营销效果大打折扣。而互联网金融企业利用大数据可以迅速得到什么样的关键词捆绑和浏览定向在广告投放中带来的流量最多，人群质量最高，然后，通过画像还原这部分人群，调整重点投放，甚至调整广告创意，从而使营销效果大幅度提升。

（4）控制成本，同时提升效果和质量。在成本方面，与在主流搜索引擎上进行广告投放的方式相比，利用大数据带来用户的单位用户注册成本则大大降低。除此之外，利用大数据筛选之后得到的用户质量，整体比之前传统电商的数字营销公司带来的要高，得到的客户都是真实的用户，从而使得营销效果大幅上升。

2. 营销工具的创新应用

互联网的普及，使得金融企业愈发重视互联网平台对于金融业务发展的巨大作用，例如基金公司的基金产品在有影响力的支付平台如支付宝进行销售。互联网金融企业的营销工具不断推陈出新，从原来将独立网站作为营销平台、利用各种形式的网络广告宣传，到现在利用各大社交软件，如微博、微信进行金融产品的营销，营销工具也越来越吸引人。

金融市场同质化竞争日趋严重，而网站成为企业提高顾客忠诚度和满意度的有力武器是互联网与金融服务的完美结合，更是企业重要的营销平台。网站作为有效的品牌传播窗口，在金融组织推广自身业务与金融产品的过程中蕴含着重大价值，能激发更多潜在客户的消费和投资欲望。

国内金融业的传播已经从传统媒介营销的竞争如平面、广播、电视等领域转移到了互联网，开始在网络广告中投放。网络广告形式包括展示类广告、搜索排名广告、视频广告和文字链接广告等，大多数金融机构投放网络广告集中在门户网站和财经网站。例如，中国银行的网络推广选择了在阿里巴巴网站的首页投放其赞助奥运会的品牌广告，使其赞助商品牌形象的美誉度得到最大程度的提升。

微博、微信的兴起，使得各家金融组织纷纷在各门户网站开通自己的官方微博、微信公众号，各种网络流行语信手拈来，微博和微信等网络工具开始成为新的营销方式。光大银行领先业内首开微博，之后各家企业的官方微博如雨后春笋一般不断涌现。经过几年的发展，各家机构的"粉丝"数最低都是数十万计，产品营销、活动介绍、财经信息等应有尽有。

交互式营销成为竞争的常用工具。为了以人们乐于接受的方式推广传统的金融业务，各大金融网站不断推陈出新，充分利用互联网资源，与更多的企业跨行业运作，试图开创一种全新的网络合作营销模式。如中国民生银行与小熊在线携手，通过大型益智线上游戏"创智大富翁"活动的运作，推广该行的网上银行业务，就是一个互利共赢、新型网络营销的良好范例。

3. 基于互联网营销思维创新

互联网思维最早是由百度公司创始人李彦宏提出，是指在互联网、大数据、云计算等科技不断发展的背景下，对市场、对用户、对产品、对企业价值链乃至对整个商业生态进行重新审视的思考方式。从营销角度讲，互联网思维就是：以用户为中心，创造极致体验，深入到消费者内心以满足其需要；同时，以互联网为核心平台，对传统产业的组织架构、运营模式等进行整合重组的经营管理理念。

（1）客户为中心的营销理念。很长的一段时间，金融资源是稀缺资源。券商、基金、保险、银行等金融机构在投资者面前都处于强势地位，金融机构将各自的产品陈列在网点之后便不再打理。至于产品是不是符合投资者的风险收益特征、收益能否让投资者满意、是否做到了细分化从而满足特定投资者的需求，金融机构都是不大考虑这些的，客户的体验也无从谈起；而互联网金融恰恰相反，它之所以得以迅速发展，追根溯源还是得益于用户的满意度。新金融模式凭借互联网平台的优势，针对客户快速变化的需求，有针对性地进行创新，把客户的体验置于第一位。以支付宝为例，公司非常注重用户体验，在组织架构中专门设置了用户体验部，积极尝试将重力加速感应、虹膜等新技术应用到移动支付中。除此之外，为了满足客户不同的投资需求，支付宝平台推出了招财宝以及各式各样的基金等理财产品。此外，为了消除用户对资金安全的顾虑，支付宝还推出了保险，如果出现网络安全问题，账户余额被盗，用户将获得赔偿，并且在账户安全保障方面，支付宝也采取了各种措施力保用户账户安全。

（2）开放包容的营销态度。传统金融模式由于历史原因，内部制度较为封闭，并且自身有一套严格的风险控制制度，这是由传统金融体系自身的特点所决定的；而互联网金融是开放的、包容的，在一个开放的平台上大家可以共同讨论，参与到研发中。

一种情况是按需定制，厂商提供满足用户个性化需求的产品即可，如海尔的定制化冰箱；另一种情况是在用户的参与中去优化产品，如淘品牌"七格格"，每次新品上市，都会把设计的款式放到其管理的粉丝群组里，让粉丝投票，这些粉丝决定了最终的潮流趋势，自然也会为这些产品买单。让用户参与品牌传播，便是粉丝经济。

（3）营销对象的巧妙定位。在传统的商业银行，"二八定律"被视作银行经营管理的"金科玉律"，而"长尾"客户往往被忽视；相反的，互联网金融争取的更多是80%的"长尾"小微客户。这些小微客户的金融需求既小额又个性化，之前往往不受重视，而互联网金融在服务小微客户方面有着先天优势，代替传统金融体系解决用户的个性化需求。这种巧妙之处将营销对象定位于未被重视而人数众多的"长尾"客户不仅满足了这些80%的客户的个性化需求，也给企业自身打开了巨大的市场。从余额宝、百度理财到理财通，从微信支付到P2P，它立竿见影地改变着传统行业，从一定程度上解决了小微企业及个体工商户的融资需求和投资理财需求。这种营销对象的巧妙定位以用户为中心，满足消费者，从而使营销效果最大化地体现出来。

精选案例

案例9-1　平安银行的三大供应链金融业务

平安银行作为国内业内最早提出并践行供应链金融的银行，在供应链金融领域进行了一些有益的探索。在这一探索的过程中，其角色和地位逐步从原来传统的银行借贷，通过平台和生态的打造，向供应链金融演化。

2013年，平安银行提出了他们称之为"3.0"的平台和供应链金融模式，即在组织架构上单独设立公司网络金融事业部——全行唯一的平台事业部，专职于供应链金融产品的创新与推广，在平台建设上搭建了跨条线、跨部门的银行公共平台——橙e平台，与政府、企业、行业协会等广结联盟，通过综合平台的建设，突破传统金融的边界。

平安银行主要承接三大供应链金融业务。

1. 与供应链协同平台合作推出商超供应贷

C 公司是国内领先的供应链电子商务解决方案和行业信息化服务提供商，总部位于北京，设有上海分公司及深圳、苏州、宁波等多家分支机构。C 公司服务 20 余家核心企业，为其提供财务供应链平台，主要解决供采双方之间的结算对账、发票开具及管理、应付账款生成、付款通知等与往来账款相关的线上协同服务，以期提高结算效率和费用可视度，降低发票退票率，加快资金周转。

2013 年，平安银行与 C 公司签署《供应链金融战略合作协议》，双方在供应链金融领域全面合作，同年 11 月，双方系统实现对接，首个产品"商超供应贷"投产上线。

"商超供应贷"是由平安银行和 C 公司合作开发，专为国内商场百货、超市供应商定制的一款应收类融资产品。产品基于平安银行线上供应链金融系统与 C 公司的财务供应链平台对接，及时了解和掌握商超企业与上游供应商之间的订单、收货、发票、付款等信息，并以一定的融资比例将认可的资产入池（见图 9 - 2），为客户提供全流程的线上融资服务和应收账款管理服务。

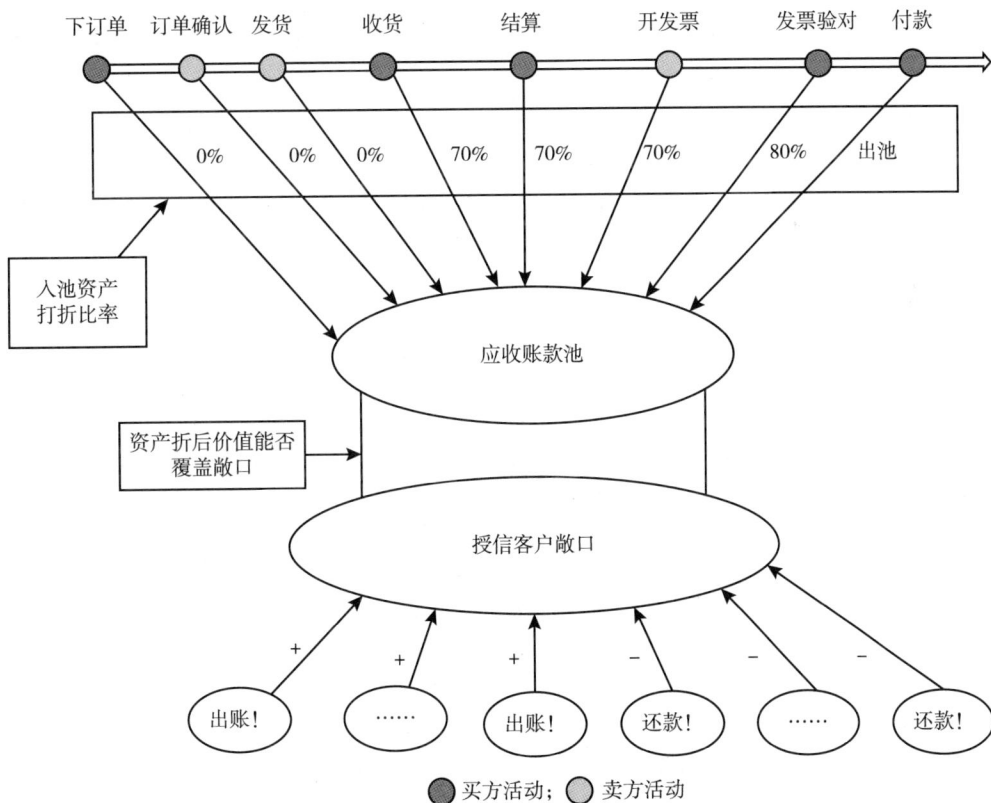

图 9 - 2　平安银行商超发票贷方案示例

对银行而言，将 C 平台上沉淀的商流、物流、资金流等信息用于额度审批、出账、预警等操作，能实现贷前、贷中流程的简化与优化及贷后管理的智能化和自动化，降低银行风险和操作成本。同时，由于应收账款界定从收货阶段开始，供应商的授信额度比传统保理从发票开始的情形更高。

最后，"商超供应贷"是基于商超供应商的日常经营信息和应收账款信息进行授信，无须企业提供额外的抵押物和担保，较好地适应了中小企业普遍轻资产的局面。

2. 与海关支付平台合作推出货代运费贷

D 电子支付有限公司是国内企业公共电子支付行业的领先品牌，在 B2B（企业对企业）和 B2G（企业对政府）的电子支付业务领域拥有强大的技术力量和丰富的行业经验。D 公司是目前国内唯一一家海关税费电子支付平台，为广大进出口企业提供海关税费电子支付服务，各家银行的"银关通"系统均需对接 D 的系统。2014 年，平安银行与 D 公司合作推出的"货代运费贷"产品是基于货代企业应收账款的"池"融资模式。

产品通过分析税务和海关的大数据判断企业经营资质及业务真实性，为银行授信发放过程中的额度审批、出账、贷后预警等操作提供支撑，货代企业无须额外增加抵押和担保，就可通过平安银行橙 e 网在线申请融资，平安银行凭借发票数据和货代企业在 D 支付公司系统的交易信息，为其提供发展所急需的资金支持。

办理"货代运费贷"产品，货代企业只需在线向银行提供尚未付款的发票及对应的货运提单信息，平安银行即与 D 支付公司内部进行数据交互验证，验证通过后向货代企业发放贷款。

全流程线上化操作，多部门配合联动，简单快捷环保。该产品的推出降低了货代企业贷款的准入门槛。

平安银行橙 e 平台通过与 D 公司线上系统的对接，实现各方数据共享，贸易背景真实性和连续性的线上交叉核查，有效解决了中小企业融资中银企间信息不对称的难题，开创了货代企业"一揽子"在线金融服务解决方案的规模化实践。

3. 与大型企业 B2B 平台合作推出采购自由贷

H 集团是全球大型家电的第一品牌，其名下拥有 26 000 多家经销商，在全国建立了 90 余个物流配送中心，2 000 多个二级配送站。G 公司是 H 集团下的全资子公司，其核心业务是四网，即虚网、营销网、物流网、服务网的融合，通过虚实融合战略，为用户提供全流程一体化的解决方案融合的平台型业务。

H 集团从去年开始，紧随产业互联网化的步伐，启动 G 公司下的 B2B 电商平台的建设。G 公司的 B2B 平台的定位为集信息流、物流、现金流为一体的大型开放式服务平台。H 集团的两万多家经销商可在平台上在线下订单，发起在线融资申请，实现对订单、物流、资金等信息的跟踪。

平安银行橙 e 网与 G 公司的 B2B 平台实现无缝对接，双方共享订单、物流、资金等信息，合作推出"采购自由贷"。采购自由贷极大降低了经销商的准入门槛，大幅简化了经销商的授信资料，对业务进行批量授信、批量开发。经销商无须抵押，免担保，只要和 H 集团生意往来超过一年时间，不论经销商规模大小都可以向银行申请融资（见图 9-3），同时通过允许经销商随借随还，大大降低了中小企业的融资成本。借还款等操作都是线上完成，经销商从 G 公司的 B2B 网站在线发起订单，到平安银行橙 e

网网络融资平台完成贷款交易，最快只要 6 分钟。

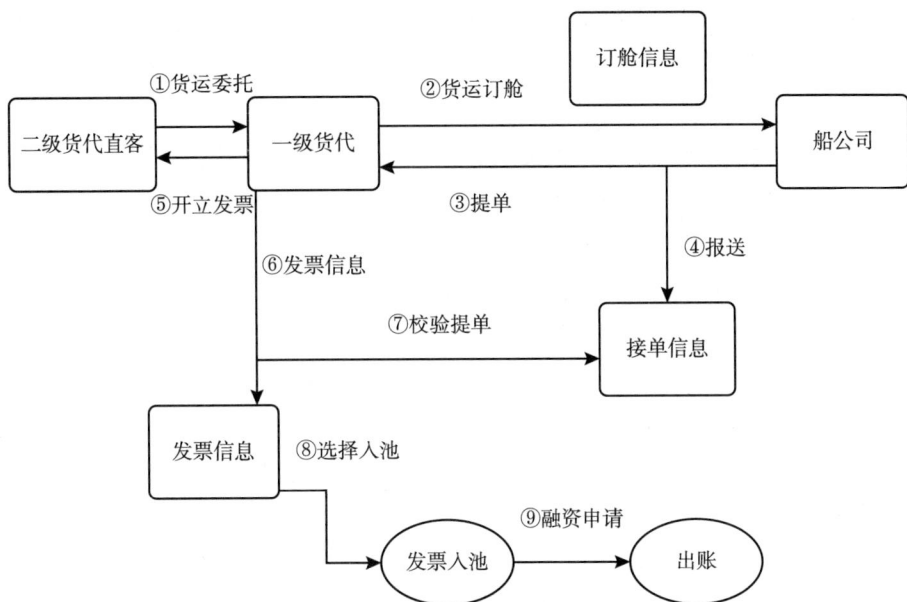

图 9 - 3 平安银行的采购自由贷方案

目前平安所提供的供应链金融业务正从传统的银行借贷业务转向了基于组织生态的供应链金融。从组织生态的结构上看，平安银行通过橙 e 网的建设和运营，实现供应链全流程的交易信息和数据的沉淀和管理，并且为了保证这些信息数据的完整和真实性，同时与外部合作者（包括第三方支付、电商、物流、海关等）的平台对接，从而发挥了交易平台提供者的角色。根据橙 e 网的信息数据，结合银行原有的征信体系，针对供应链上的主体提供定制化的融资解决方案，同时，资金的来源也是来自平安银行自身的运营资金。因此，它又起到了综合风险管理者和流动性提供者的作用。

资料来源：https：//mp. weixin. qq. com/s？ src = 11&timestamp = 1574415242&ver = 1990&signatur。

案例 9 - 2 3W 咖啡的运作模式

W 是由中国互联网行业领军企业家、创业家、投资人组成的人脉圈层，3W 是一家公司化运营的组织，其业务包含天使投资、俱乐部、企业公关、会议组织和咖啡厅，3WCoffee 是 3W 拥有的咖啡馆经营实体。北京旗舰店位于中关村海淀图书城南口籍海楼对面，毗邻微软、腾讯、新浪、创新工场和优酷网。3W 深圳旗舰店位于南山科技园北区源兴科技大厦东座。上海、无锡分店正在筹备中。

3W 是中国最完善的创业服务生态圈，集创业咖啡馆、孵化器、创业基金、品牌推广、人才招聘等于一体的完整创业生态体系。

3W 咖啡是由许单单、马德龙、鲍春华三位创始人负责经营的，以股权众筹模式创办的新型咖啡馆。3W 咖啡联合创始人鲍春华解释咖啡馆的经营理念为"以咖啡为载体，为创业培训及风险投资机构寻找项目搭建平台"。3W 采用的众筹模式是，向社会公众进行资金募集，每个人 10 股，每股 6 000 元，相当于一个人 6 万元。3W 有一个豪华的投资人阵容，包括乐蜂网创始人、知名主持人李静，红杉资本中国基金创始及执行合伙人沈南鹏，新东方联合创始人、真格基金创始人徐小平，德讯投资创始人、腾讯创始人之一曾李青，高德软件副总裁郄建军等，这也让创始人许单单春风得意。而 3W 咖啡也被福布斯中文网喻为有中国特色的众筹创业模式的案例之一。3W 很快以创业咖啡为契机，将品牌衍生到了创业孵化器等领域。

3W 的游戏规则很简单，不是所有人都可以成为 3W 的股东，也就是说不是你有 6 万元就可以参与投资的，股东必须符合一定的条件。3W 强调的是互联网创业和投资人的顶级圈子。而没有人是会为了 6 万元未来可以带来的分红来投资的，更多是重视 3W 给股东带来的圈子和人脉价值。试想如果投资人在 3W 中找到了一个好项目，那么多少个 6 万元就赚回来了。同样，创业者花 6 万元就可以认识大批同样优秀的创业者和投资人，既有人脉价值，也有学习价值。很多顶级企业家和投资人的智慧不是区区 6 万元就可以买到的。

3W 咖啡不只是一家普通的咖啡馆，它的业务还包括天使投资等，它还会定期组织深度沙龙和聚会，促进富有创意的年轻人和创业者之间的经验分享交流和股东之间的合作交流。3W 咖啡正在运营的一个名为"拉勾网"的互联网求职与招聘网站，在 2014 年 8 月获得 2 500 万美元的融资。

会籍式的众筹方式在中国创业咖啡的热潮中表现得淋漓尽致。会籍式的众筹适合在同一个圈子的人共同出资做一件大家想做的事情。比如 3W 这样开办一个有固定场地的咖啡馆方便进行交流。

在集合了大量的案例之后分析，创业咖啡注定赚钱不易，但这与会籍式众筹模式无关。实际上，完全可以用会籍式众筹模式来开餐厅、酒吧、美容院等高端服务性场所。这是因为现在圈子文化盛行，加上目前很多服务场所的服务质量都不尽如人意。比如食品，可能会使用地沟油。通过众筹方式吸引圈子中有资源和人脉的人投资，不仅是筹措资金，更重要的是锁定了一批忠实客户。而投资人也完全可以在不需经营的前提下拥有自己的会所、餐厅、美容院等，不仅可以赚钱，而且还可以在自己朋友面前拥有更高的社会地位。

值得注意的是，除了 3W 咖啡项目，国内绝大多数的咖啡众筹项目都已经以失败而告终，这不得不引起我们的思考，3W 咖啡的成功之道究竟在哪，其他咖啡众筹项目的失败又究竟是为何。为此，天使街专门为咖啡馆一类的股权众筹设计了融资模版，提出股权众筹与分配的建议，并提供运营建议与投后管理，解决了现在各地非标准化、非科学的咖啡馆众筹问题。

资料来源：杨东，黄超达，刘思宇. 赢在众筹：实战·技巧·风险 [M]. 北京：中国经济出版社，2014。

案例 9 – 3　蚂蚁金服的发展历程

第一阶段：2003—2007 年

该阶段支付宝的主要作用，是服务阿里系的公司，比如淘宝。在此期间，支付宝创立了担保交易的模式，构建网上信任体系，开设虚拟账户，与多家商业银行的网银系统对接，实现在线支付。

此举意义重大，对整个电子商务行业作出了巨大的贡献。中国人的传统商业交易模式是"一手交钱，一手交货"，但这种传统交易的局限性特别大。比如买家在广州，卖家在杭州，他们之间就很难发生交易。因此，如果淘宝要想继续发展，就必须解决网上交易的信任问题。当时淘宝网的负责人孙彤宇为了解决这个问题，看了很多关于网上安全支付方面的资料，甚至曾经想过模仿腾讯的 Q 币，搞一个淘宝币，后来发现行不通。

这个问题的顺利解决有赖于群众的力量。孙彤宇在淘宝论坛上发现买家和卖家都在讨论安全支付的问题，于是他在与群众的讨论中找到了新出路：既然用户最关心的是钱，那么只要保证资金安全，有第三方担保，网上交易的信任问题就迎刃而解。虽然担保交易只是改变了一个交易流程，并不是什么重大创新，但有的时候，突破性的创新就是这样，一开始就是一个不起眼的小创意。担保交易很快就被广大用户接纳，淘宝上超过 70% 的商品交易都选用了这种方式。随后，淘宝网出台新规，要求网上交易必须采用担保交易的方式，使之成为网上交易的标配，淘宝将这一项基于担保支付的服务命名为"支付宝"。

第二阶段：2007—2010 年年初

该阶段就是著名的"出淘"阶段。在此期间，支付宝开始跟其他大型电商合作，而不只是服务于淘宝。在这个过程中，支付宝面对的主要问题是用户体验太差。解决这个问题的是蚂蚁金服的第一位女性 CEO 彭蕾，她主导了蚂蚁金服历史上著名的"骆驼大会"，带领公司回归到重视用户价值的导向上。

第三阶段：2010—2012 年

在此期间，支付宝开通了快捷支付功能，完成了银行与银行之间的连接，做好了准备迎接移动支付时代的到来。支付宝通过了第二个"双十一"巨大交易量的考验，还经历了赫赫有名的"支付宝私有化"事件。

快捷支付有多重要？假如现在去超市用手机结账，每次都要输入姓名、卡号、有效期及密码，那么大家还会选择手机支付吗？答案肯定是"不"！所以，没有快捷支付，就没有今天到处都扫码支付的繁荣景象。在普通用户看来，这就是支付宝新增的功能，没什么可大惊小怪的，但是背后推动这件事的人付出了巨大的努力。2010 年，支付宝在北京、上海、深圳、成都开了分公司，商务团队分进合击，找当地的银行谈判，通常是和分行谈完，高层马上就去攻坚总行，就连马云一年中拜访各大银行的董事长和行长的次数也不下十次。

2014 年 9 月 19 日，随着阿里巴巴在纽交所上市的一声钟响，一切纷争烟消云散。在第三个阶段结束的时候，支付宝已经成为国内数一数二的支付平台，从前的竞争对手要么已经不在了，要么已经被甩得很远。

第四阶段：2013 年至今

该阶段支付宝从支付工具转向金融服务。

余额宝在金融服务中的表现非常亮眼，它起初诞生于一个饭局。2012 年年底，当时在业界还没什么名气的天弘基金，找到了阿里小微金融服务集团，双方一拍即合，决心打造一款可以用来购物的"货币基金产品"。很快，这个命名为"二号产品"的项目就进入了开发阶段。闭关三个月，互联网公司和传统基金公司的思维差异很大，发生了很多碰撞。双方讨论最多的问题是实时消费支付。传统基金的申购赎回规则比较复杂，通常需要一两天，钱才能到账户里。但是支付宝提出，要让用户可以随时把钱拿出来买买买。这怎么可能！此外，购买基金的最低门槛也是双方争议的焦点。通过银行等传统渠道购买基金，至少需要 100 元起购，天弘基金认为努力降到 10 元就已经很不错了，但是支付宝竟要求 1 元起购，这使得产品开发更具挑战性。

2013 年 6 月 13 日，这个名字有点土的产品——"余额宝"正式上线。就在余额宝被推出后不久，中国货币市场经历了一次前所未有的"钱荒"危机，余额宝的年化收益率迅速攀升至 6% 以上。比银行存款利息更高的收益率，更便捷的购买方式，一下点燃了大众的热情。"时也，命也，运也"，余额宝一下子火了起来，唤醒了老百姓的理财意识，刮起了一股互联网金融旋风。

在此之后，蚂蚁金服围绕金融和商业开拓了更多新业务，成立网商银行、推出"芝麻信用分"、推广"农村金融"等，明确了科技金融的道路。

资料来源：http：//www. 360doc. com/content/17/0927/20/2530266_690671295. shtml。

实 训 模 块

一、实训目的

（一）理解互联网金融的主要特征

（二）了解互联网金融的六大模式

（三）对互联网金融的监管内容有所认识

二、实训内容及要求

（一）实训内容

组织学生讨论收集通过大数据应用，服务趋于长尾化、金融服务低成本和高效率的现实案例。

（二）实训要求

1. 学生一定要深入市场中进行仔细认真的调查、讨论。

2. 分析不同案例的流程、优势和风险点。

三、实训方式

实地调研，查阅资料、小组讨论。

四、实训结果

通过调研，将收集案例分类，并进行分析总结和撰写报告或设计一款互联网金融营销创新项目。

参 考 文 献

［1］万后芬．金融营销学［M］．北京：中国金融出版社，2003.

［2］宁淑惠，李月芳．浅谈西方金融营销的历程进程及发展趋势［J］．经济师，1999（7）：3-5.

［3］陆剑清．金融营销学［M］．2版．北京：清华大学出版社，2016

［4］徐玫．银行营销实务及案例［M］．重庆：重庆大学出版社，2016.

［5］骆志芳，许世琴．金融学［M］．北京：科学出版社，2013.

［6］张亦春，郑振龙，林海．金融市场学［M］．4版．北京：高等教育出版社，2013.

［7］刘志梅，石飞，柳欣．金融营销学［M］．北京：高等教育出版社，2014.

［8］安贺新，张宏彦．商业银行营销案例评析［M］．北京：清华大学出版社，2015.

［9］田新民等．金融工程方法及应用［M］．北京：首都经济贸易大学出版社，2005.

［10］唐小飞，周晓明．金融市场营销［M］．北京：机械工业出版社，2010.

［11］［美］索尔森·亨斯，克雷门纳·巴克曼．私人银行的行为金融［M］．张春子，译．北京：中信出版社，2019.

［12］孙国辉，李煜伟．金融企业营销管理［M］．北京：北京大学出版社，2008.

［13］数据预测分析——金融营销的未来［J/OL］．零售银行，2013（3）：130-131．（2018-04-12）［2020-04-20］．https：//xw.qq.com/cmsid/20180412B1JC9J00.

［14］李斐，王宇露．花旗银行的国际营销战略及其对我国商业银行跨国经营的启示［J］．新疆财经，2006（4）：64-67.

［15］高萍．浅析招商银行信用卡营销环境——基于SWOT分析［J］．新经济，2014（8）：38-39.

［16］陈忠言．产业扶贫典型模式的比较研究——基于云南深度贫困地区产业扶贫的实践［J］．兰州学刊，2019（5）：161-175.

［17］成善栋，谢倩，陈秋敏．商业银行财富客户金融消费行为的统计与分析［J］．金融论坛，2011（3）：58-63.

［18］杨东，黄超达，刘思宇．赢在众筹：实战·技巧·风险［M］．北京：中国经济出版社，2014.